팀 켈러를
읽는 중입니다

팀 켈러를 읽는 중입니다

지은이 | CTC코리아
초판 발행 | 2019. 12. 24
2쇄 발행 | 2023. 12. 5
등록번호 | 제1988-000080호
등록된 곳 | 서울특별시 용산구 서빙고로 65길 38
발행처 | 사단법인 두란노서원
영업부 | 2078-3352 FAX | 080-749-3705
출판부 | 2078-3331

책값은 뒤표지에 있습니다.
ISBN 978-89-531-3660-1 03230

독자의 의견을 기다립니다.
tpress@duranno.com www.duranno.com

* 이 책에 실린 저작물은 해당 저작권자의 허락을 받아 게재하였으나
  부득이 하게 저작권자와 연락이 닿지 않아 허락 받지 못한 저작물도 있습니다.
  관련 저작물에 대해서는 출판사로 연락주시기 바랍니다.

ⓒ 이 출판물은 저작권법에 의해 보호를 받는 저작물이므로
  무단 전재와 무단 복제, 무단 사용을 할 수 없습니다.

두란노서원은 바울 사도가 3차 전도여행 때 에베소에서 성령 받은 제자들을 따로 세워 하나님의 말씀으로 양육하던 장소입니다. 사도행전 19장 8-20절의 정신에 따라 첫째 목회자를 돕는 사역과 평신도를 훈련시키는 사역, 둘째 세계선교(TIM)와 문서선교(단행본·잡지) 사역, 셋째 예수문화 및 경배와 찬양 사역, 그리고 가정·상담 사역 등을 감당하고 있습니다. 1980년 12월 22일에 창립된 두란노서원은 주님 오실 때까지 이 사역들을 계속할 것입니다.

팀 켈러의 7가지 핵심 가치

팀 켈러를 읽는 중입니다

CTC코리아 엮음

도시
일과 영성
설교
변증
교회 개척
복음 생태계
복음

두란노

목차

추천사 6 서문 12 주 314

1. 복음

세상을 변화시키는 하나님의 능력

/ 전재훈 목사 추천 도서 《팀 켈러의 탕부 하나님》
22

2. 도시

현대 도시인들에게 복음의 능력을 나타내는 교회

/ 전재훈 목사 추천 도서 《팀 켈러의 내가 만든 신》
62

3. 팀 켈러의 변증

/ 고상섭 목사   추천 도서 《팀 켈러의 답이 되는 기독교》

96

4. 팀 켈러의 설교

/ 박두진 목사   추천 도서 《당신을 위한 사사기》

144

5. 연합을 통한 복음 생태계

/ 고상섭 목사   추천 도서 《운동에 참여하는 센터처치 3》

186

6. 교회 개척

/ 박두진 목사   추천 도서 《팀 켈러의 정의란 무엇인가》

222

7. 팀 켈러의 일과 영성

/ 고상섭 목사   추천 도서 《팀 켈러의 일과 영성》

274

추천사

팀 켈러가 저술한 다수의 책들이 많은 이들에게 보편적으로 읽히는 상황에서 그에 관한 핵심적인 이야기를 정리하는 일에는 적지 않은 부담이 따를 것이다. 나 역시 번역되어 나온 그의 저서 대부분을 읽었지만, 나와 유사한 간접 경험을 하고 있는 사람들 앞에서 그에 관한 이야기를 하는 일은 여간 조심스러운 게 아니다. 하지만 전재훈, 고상섭, 박두진, 이 세 사람이 말하는 팀 켈러는 내가 읽고 이해한 것보다 월등하게 잘 정돈되어 있을 뿐 아니라, 방대한 팀 켈러의 생각들을 잘 정리해서 연결해 내며, 동시에 내가 미처 발견하지 못한 부분들을 통찰력 있게 요약한다. 더구나 이들 중 두 사람은 수년간의 교제 기간을 통해 팀 켈러의 핵심적인 생각들을 비평적으로 읽어 내고 정리하는 일에 자신들의 탁월성을 명백하게 드러냈고, 나머지 한 사람 역시 단 한 번의 만남만으로도 그가 얼마나 알차고 야무진 실력가인가를 선명하게 보여 주었다.

오늘날은 말씀 편에 섰다고 자부하는 자신과 말씀과 분리된 세상을 말씀 위에서 총체적으로 통찰하되, 자신을 지배하게 된 가장 위대한 진리를 세상도 들어야만 한다는 사실을 그들이 이해할 수 있는 논리와 언어로 겸손히 전달하는 일이 어느 때보다 필요한 시대라고 할 수 있다. 그런 점에서 이 책은 팀 켈러의 방대한 사고 체계 안으로 들어가려는 입문자들에게나, 몇 권의 독서를 통해 어느 정도 알고 있다고 말할 수 있는 이들에게나, 심지어 팀 켈러를 꽤 알고 있다고 자부할 수 있는 이들 모두에게 인상 깊은 출발과 진전과 정돈의 시간을 선사해 줄 거라고 생각한다.

_ 정갑신(예수향남교회 담임목사)

오늘날 영어권에서 가장 영향력 있는 목회자를 꼽으라 한다면 단연 팀 켈러를 꼽을 수 있을 것이다. 맨해튼 한복판에서 도시 선교를 효과적으로 이루었을 뿐 아니라, 전 세계적으로 도시 교회 개척 운동을 실천하고 있기 때문이다. 그의 신학은 철저하게 개혁주의적인 성경신학에 기초하고 있다. 동시에 그의 사역은 문화적 상관성을 가진 실천신학으로 열매 맺고 있다. 그리고 복음에 깊이 뿌리 내려져 있는 그의 설교와 사역 철학은 21세기 어떤 목회자보다도 매우 체계적이다.

팀 켈러의 책들과 사역이 한국에 접목되어 열매 맺고 있다. 앞서 그의 사역 철학에 동의해서 한국적 적용에 앞장선 목사님들이 팀 켈러의 교회론과 목회 철학을 소화해서 소개하는 것은 매우 의미 있는 일이다. 이러한 시도는 서구 목회자나 신학자들의 사역 철학을 무분별하게 적용해서 한국 교회 안에 상황화하는 일에 실패한 과거의 여러 사례에서 교훈을 얻었기 때문이다. CTC코리아에서 동역하는 신실한 사역들의 이번 헌신을 통해 한국 교회 안에 또 다른 도시 교회 개척 운동이 일어나게 되기를 소망하며, 이 책이 많은 사역자들과 성도들에게 영향을 미칠 수 있기를 기대하며 추천한다.

_ 이재훈(온누리교회 담임목사, TGC코리아 이사장)

복음으로 그 시대 및 사회와 원활하게 소통하는 것은 모든 목회자들의 간절한 바람일 것이다. 팀 켈러 목사는 이것을 두고 '상황화'라는 압축된 단어를 사용한다. 그는 가장 세속적인 도시인 뉴욕 맨해튼에서 복음으로 사람들을 전도하고, 복음으로 도시와 함께 호흡했다. 또 회의주의가 짙게 드리워진 사람들의 마음을 복음적 변증으로 어루만져 그들을 복음의 자리로 초대하는 탁월함이 단연 돋보이는 목회자다.

과거 한국 교회와 성도 그리고 목회자들은 복음의 열정

이 대단했다. 순교적 믿음으로 세상과 소통하며 많은 복음의 열매를 거두었다. 그러나 '한국 교회의 위기'라는 말이 익숙하게 들릴 정도로 어려움을 겪고 있는 것이 작금의 현실이다. 우리는 다시 일어나야 한다. 복음의 열정에 있어 그 어느 나라에도 뒤지지 않았던 한국 교회는 다시 복음으로 새 바람을 불러일으켜야 한다. 그리고 복음의 뜨거운 열정을 담아 낼 수 있는 좋은 그릇을 준비해야 한다.

이를 위해 한국 교회는 시대와 사회, 무엇보다 현재를 살아가는 '사람'에 대한 관심과 연구가 선행되어야 한다. 이런 차원에서 팀 켈러의 목회 철학과 비전은 관심 받아 마땅하다. 그러나 매일 사역의 현장에서 치열한 전투를 벌이고 있는 목회자나 성도가 팀 켈러의 수많은 저서를 탐독, 연구한다는 것은 현실적으로 어려운 일이다. 이러한 상황 가운데 CTC코리아와 두란노서원이 공동 기획·제작하고 전재훈, 고상섭, 박두진 목사님이 집필한 《팀 켈러를 읽는 중입니다》의 출간은 많은 사람들의 수고와 어려움을 해소해 주었다. 팀 켈러와 리디머교회의 목회·사역 발자취를 따라가며 방대한 분량의 저서를 체계적으로 연구하고 정리해서 소통하는 저자들의 노고는 치열한 목회 현장에서 분주히 사역하는 목회자들에게 더없는 유익이 될 것이다. 무엇보다 일곱 가지 핵심 키워드를 중심으로 팀 켈러와 그의 목회 철학을 연구하는 것은, 바쁜 일상을 보내는 목회자와 성도들이 지적 성숙과 영적 도약이라는 두 마리 토끼를 잡는 절호의 기회가 될 것으로 생각한다. 복음으로 이 시대와 소통하며 사람들을 진리의 길로 인도하고 싶은가? 그런 당신에게 이 책은 최고의 기쁨이 될 것이다.

_ 이인호(더사랑의교회 담임목사, 복음과도시 이사장)

눈 오는 날 누군가가 남겨 둔 발자국은 길을 잃은 사람에게 너무나 소중한 이정표가 될 것이다. 마치 사사 시대처럼 각자 소견에 옳은 대로 사는 이 시대 사람들에게, 진리를 변증하고 그것에 기초해서 복음을 전하는 팀 켈러의 설교는 이미 많은 뉴요커들의 마음을 열었고 길을 제시해 주었다.

요즘 한국인들은 각기 언론사를 소유하고 자기주장을 마음껏 펼치고 있는 전문가처럼 보인다. 그리스도인들은 그 엄청난 기세 앞에 알아서 꼬리를 내리고 뒤로 숨기 바쁘다. 그들의 논리 앞에 지레 겁을 먹고 스스로 광신도가 된 건 아니라는 걸 밝히기에 급급하다. 이런 시대에 미리 발자국을 남겨 준 팀 켈러가 한국에 소개된다는 건 너무 기쁘고 소중한 일이다. 특히 팀 켈러의 책을 깊이 있게 탐독하고 정리해서 일반인들이 쉽게 접근할 수 있도록 안내서를 내 준 세 분에게 깊이 감사드린다. 이분들은 이미 자신들이 만든 정교한 그물에 팀 켈러의 생각을 잘 걷어 올려서 다른 사람이 먹기 좋게 만들어 주었다. 냇물이 불어 쉽게 건너지 못하는 사람들을 위해서 친절한 누군가가 놓아 둔 징검다리처럼, 이 책이 그런 역할을 하리라고 확신한다. 많은 사람들이 이 책을 징검다리 삼아 팀 켈러에게 성큼 다가가기를 소망해 본다.

_ 이규현(은혜의동산교회 담임목사)

서문

맨해튼 사람들은 대단히 똑똑하고, 자기 분야에서 전문가이거나 그렇게 되기를 열망하는 사람들로, 오랜 시간 상담을 받아 온 경험이 있고 심리학적으로 사고하는 경향이 있었으며, 성관계에 매우 적극적이고, 인간관계의 대부분이 직장과 관련된 사람들일 정도로 자기 직업에 철저히 몰두하고, 자유주의적 사회의식을 지니고 있었으며, 헌신을 두려워하고, 극도로 사적이고 개인주의적이며, 매우 고독하고, 떠들썩한 변화들을 끊임없이 경험했으며 매우 세속적인 반면, 두세 가지 상이한 종교 체계들을 이미 시도해 본 적이 있고, 조직화된 종교와 특별히 복음주의적 기독교를 불신하는 경향이 강한 사람들이었다.[1]

1980년대 후반, 미국의 뉴욕은 교회가 성장하기 매우 어려운 도시였다. 많은 교회들이 맨해튼 외곽의 비교적 땅 값이 싼 곳으로 교회를 이전하고 있었다. 놀랍게도 위 글은 맨해튼 도심 한복판에 교회를 개척하고자 하는 한 개척자가 자신이 전도해야 될 대상이 누구인지에 대한 오랜 연구 끝에 내린 평가다. 이는 맨해튼에서 개척하지 못할 이유를 적은 것이 아니라, 개척하고자 하는 굳은 결심을 가지고 누구를 전도해야 되는지를 알기 위해 적어 놓은 글이었다. 이 글을 적은 사람은 다름 아닌 팀 켈러이고, 그가 개척한 교회는 앞에 나오는 맨해튼 사람들로 구성된 리디머교회다.

  1989년에 맨해튼 중심가에 세워진 리디머교회는 60여 명의 성도들로 시작해서 꾸준히 성장해 오늘날 6천 명이 넘는 대형 교회를 이루었다. 이 교회의 대다수는 맨해튼에서 일하는 젊은 전문직 종사자들이다. 리디머교회를 개척한 팀 켈러 목사는 1950년생으로, 개척할 당시 39세였다. 40도 안 된 젊은 목사가 교회 개척의 불모지인 맨해튼에서 이룬 성과는 상당히 놀라웠다. 많은 이들이 교회 개척자인 팀 켈러에게 주목했다. 아마도 그의 설교가 탁월했기 때문에 맨해튼의 많은 젊은이들이 리디머교회로 몰려든 게 아닐까 하는 생각을 했다. 물론 그 생각은 맞지만, 팀 켈러의 설교를 듣고도 그 탁월함에 대해서 알아내기란 쉽지 않았다. 영어의 장벽을 가진 한국 목회자들은 더더욱 이해할 수 없었다. 팀 켈러의 설교는 톤이 높거나 사람들을 웃기고 울리는 스타일이 아니었다. 그저 별 감정 없이 차분하게 이야기하는데도 수많은 사람들이 몰려드는 이유를 알 수 없었다. 팀 켈러는 매주 교회를 배우러 오는 사람들을 만나서 리디머교회의 성공 이유를 설명해야 했지만 쉽지 않았다. 그리고 사람들은 팀 켈러의 설명을 제대로 이해하지 못했다. 그들은 성공 매뉴얼을 듣고 싶었으나, 팀 켈러는 전혀 다른 이야기를 했기 때문이다. 방문자들은 한두 번의 교회 탐방과 설명만으로는 당장 교회에 돌아가 적용할 만한 아이디어를 얻지 못했다. 이런 문제는 팀 켈러에게도 숙제가 되었다. 사람들이 교회 성장 비결을 예배 스타일이나 주보, 내부 인테리어, 프로그램들로 생각하면서 리디머교회의 것을 가져가 그대로 베껴 쓰고 싶어 하는 것이 안타까웠다.

과연 리디머교회의 성공은 어떤 배경을 가지고 있는 것일까? 팀 켈러는 리디머교회를 개척하기 전 웨스트민스터신학교에서 교수 사역을 했다. 뿐만 아니라 24세 때부터 버지니아 웨스트호프웰교회에서 10년간 사역하면서 1,400여 편의 설교를 작성한 현장 목회 경험도 가지고 있었다. 버지니아는 맨해튼과 달리 사람들의 유입이 별로 없는 전형적인 시골 도시 형태를 가지고 있다. 팀 켈러가 60이 넘어 버지니아를 방문했을 때에도 그 교회의 대부분의 사람들을 알고 있었을 정도로 변화가 지극히 적은 도시였다. 한 교회에서 10년간 사역하고 신학교에서 학생들을 가르쳤던 그의 경험들이 맨해튼에서 리디머교회를 성공적으로 개척하는 밑거름이 되었던 것은 아닐까? 물론 팀 켈러가 그간의 목회 경험과 교수 생활에서 얻은 아이디어를 정리해 도시 개척의 길을 나섰던 것은 맞다. 하지만 우리가 이해할 수 있는 방식으로 버지니아 목회 스타일을 맨해튼에 그대로 옮겨 심은 것은 아니었다. 버지니아와 맨해튼은 한국과 미국만큼의 차이는 아닐지라도, 미국 내에서 성향이 전혀 다른 동네였다. 시골 목회의 경험만으로 도시 목회를 성공적으로 이룰 수는 없기 때문이다.

팀 켈러가 웨스트민스터신학교에서 설교학을 가르칠 당시, 그 학교에는 하비 콘 교수가 있었다. 하비 콘 교수는 한국에서 선교사로 일한 경험을 가지고 있었다. 하비 콘 교수는 웨스트민스터신학교에서 실용신학과 학과장을 맡고 있었으며, 선교학과 신학을 가르쳤다. 그는 도시 목회에 특별한 애정을 가지고 있었다. 팀 켈러는 하비 콘 교수와 매주 학과 회의를 해야 했는데, 이때 그의 영향을 많이 받았다. 팀 켈러는 매주 학과 회의 때 15분가량 하비 콘 교수와 독대할 수 있었는데, 그것이 도시 목회의 비전을 갖는 계기가 되었다. 팀 켈러가 웨스트민스터에서 교수로 지낼 때 그가 가르친 것은 설교학과 목회 리더십, 복음 전도, 교회론 등이었다. 이미 교회 성장에 필요한 대부분의 것들을 가르칠 정도의 지식적 소양을 갖추고 있었던 셈이다. 거기에 더해 하비 콘 교수로부터 도시 목회에 대해 배움으로써 리디머교회에 대한 기본 구상을 세울 수 있었다.

결국 리디머교회의 배경에는 웨스트호프웰교회에서의 경험과 더불어 하비 콘 교수의 영향을 받은 팀 켈러가 있었던 셈이다. 하지만 단순히 목회 경험과 하비 콘 교수의 영향만으로 맨해튼에서 성공적인 교회 개척자가 되었다고 단정하기에는 무리가 있다. 팀 켈러의 강해 설교 배경에는 제임스 패커가 있었고, 그의 복음 전도적 설교에는 로이드 존스와 영국의 비숍게이트 세인트헬렌교회의 딕 루카스가 있었다. 뿐만 아니라 《반지의 제왕》(씨앗을뿌리는사람 역간)을 쓴 톨킨이나 《순전한 기독교》(홍성사 역간)의 저자 C. S. 루이스의 영향도 적지 않다. 특별히 팀 켈러의 복음 설교에 큰 영향을 준 리처드 러블레이스도 빼놓을 수 없을 것이다. 팀 켈러는 1972년 고든콘웰신학교에서 리처드 러블레이스의 '영성의 역학'(The Dynamics of Spiritual Life)을 이수했던 것을 자신의 중요한 경험으로 이야기하고 있다. 팀 켈러는 리처드 러블레이스로부터 이신칭의(以信稱義)와 양자(養子) 됨의 복음을 배웠고, 그 복음이 어떻게 개인의 삶과 교회를 회복하는지도 배울 수 있었다. 이 밖에도 조지 휘트필드나 조나단 에드워즈, 잭 밀러와 같은 사람들에게서도 적지 않은 영향을 받았다고 한다.

이런 배경을 가지고 있었던 팀 켈러가 리디머교회를 개척할 당시 그의 목회 철학에 대해 다음과 같이 기록했다.

> 맨해튼의 전문직 종사자들로 하여금 그리스도를 위해 그들이 관계 맺고 있는 사람들을 전도하게 함으로써 뉴욕 시를 변화시키고, 그것을 통해 서서히 뉴욕 시 전체를 바꾸는 것.
> 1. 복음. 율법이며 동시에 은혜. 복음은 모든 것을 변화시킨다. 율법주의적 교회와 값싼 은혜를 제시하는 교회 모두를 지양.
> 2. 성경. 권위를 지니되 언약적이고 인격적임. 단지 규범만을 기록한

책도, 단순한 문학작품도 아님.

3. 도시. 하나님은 도시를 사랑하심. 하나님 나라는 도시 안에서 자라나야 함. 도시에서 물러나는 삶, 혹은 도시의 가치들을 그대로 따르는 삶 모두를 지양함.
4. 교회. 연결 기능. 우리가 거주하는 장소와 지역 공동체의 특성을 충실히 반영하되, 그 지역과 나라 안의 다른 교회들에 대한 책임을 다하는 교회.[2]

팀 켈러는 단순히 교회 개척만을 목표로 하지 않았고, 개척 초기부터 그의 마음에는 뉴욕 시 전체에 대한 관심이 컸던 것을 알 수 있다. 팀 켈러와 같은 배경을 가진 사람이 아니라면 그의 목회 철학에 대해 팀 켈러의 설명 없이 이해하기란 쉽지 않다. 목회자라면 누구나 복음도 알고, 성경도 안다고 생각하지만, '율법이며 동시에 은혜'라는 것이 정확히 무엇을 의미하는지 직관적으로 알게 되는 것은 아니다. 특히나 '복음은 모든 것을 변화시킨다'라는 말이 의미하는 것은 오직 팀 켈러의 설명이 있어야만 그 뜻을 알 수 있을 뿐이다.

어쩌면 우리는 팀 켈러가 지양했던 율법주의적 혹은 값싼 은혜를 제시하는 교회 중에 하나일 수 있다. 이것은 목회자 개인이 냉철하게 판단해야 할 문제지만, 팀 켈러를 만나기 전 나도 그 둘 중 하나였음을 부인할 수 없다. 또한 도시에 관한 팀 켈러의 입장은 시골 목회를 하는 사람들의 마음을 상하게 할 수도 있다. 농어촌 목회를 하는 목회자라면 팀 켈러가 설명하는 도시에 관한 이해를 갖기 전까지 판단을 잠시 미뤄야 할 것이다. 다른 교회에 관한 팀 켈러의 목회 철학도 아직 리디머교회가 성공할지 실패할지 모르는 상황에서 30대 후반의 젊은 목회자가 하기에는 교만이 엿보이는 이야기다. 우리가 리디머교회의 성공과 팀 켈러의 현재 사역을 모르고 있다면 그의 목회 철학은 그저 허황된 꿈을 꾸는 젊은 목회자의 치기 어린 열정 정도로 치부할 수 있을 만한 내용이다. 하지만 이 모든 목회 철학은 단순히 기도와 열정만으로 이뤄진 것이 아니라, 그의 목회 경험과 교수 생활을 거쳐 철저히 연구된 결과물이었다. 우리는 그의 목회 철학이 틀리지 않았음을 보고 있다.

팀 켈러가 한국에서 많은 관심을 얻고 있다. 그가 쓴 책들이 많은 독자들의 선택을 받고 있다. 여러 지역에서 그에 관한 세미나가 열리고 있으며, 대학가에서는 그의 책을 읽기 위한 모임들이 생겨나고 있다. 목회자 필독서 목록에 팀 켈러의 책들이 상위를 기록하고 있으며, 그 내용들이 목회자 독서 모임의 중요 주제로 다뤄지고 있다. 팀 켈러의 책은 약 26권가량 출판되었는데, 아직 출판을 기다리고 있는 책들도 있다. 한 달에 한 권씩 소화하려고 해도 족히 2년 이상이 걸린다. 어떤 책은 800페이지에 달하고, 500페이지가 넘는 책들도 많아서 쉽게 손이 가지 않기도 하며, 그의 책이 그동안 접하던 설교집이나 간증집과는 다른 탓에 정독하지 않으면 이해하기도 어렵다. 혼자 읽고 이해하기에는 다소 무리가 있다 보니 여럿이 함께 모여 책에 대한 토론도 하고 세미나에 참석해서 다른 이들의 설명을 듣기도 한다.

팀 켈러의 책이 한국에서 이토록 큰 관심을 끄는 이유는 무엇일까? 그것은 팀 켈러가 교회 개척의 불모지인 맨해튼에서 젊은 전문직 종사자들을 전도해서 대형 교회가 된 리디머교회의 담임 목사이기 때문이다. 이미 한국에서는 미국 교회의 성장에 대해 많은 관심을 보여 왔다. 미국 교회의 쇠퇴가 다음에는 한국 교회의 쇠퇴로 이어질 것이라는 다소 어두운 전망 앞에서 미국 내에서 성공한 교회 이야기는 한국 교회의 새로운 희망으로 비쳐지기도 한다.

《팀 켈러의 센터처치》[3]는 그동안 봐 왔던 부흥하는 방법을 가르치는 책이 아니었다. 이 책은 팀 켈러의 목회 원리를 담은 것으로서, 제목인 '센터처치'는 균형 잡힌 목회라는 의미다. 800페이지에 달하는 이 책을 읽은 사람들은 이 두꺼운 책이 팀 켈러의 목회 철학을 소개한 입문서라는 사실에 놀란다. 《팀 켈러의 센터처치》에서 소개하는 복음, 도시, 운동에 관해 제대로 이해하기 위해서는 그의 다른 책들을 더 읽어야만 했다. 복음에 대해서는 《팀 켈러의 탕부 하나님》[4]을 필두로 대여섯 권의 책들을 더 읽고 연구해야 했으며, 도시는 《팀 켈러의 답이 되는 기독교》[5]를 시작으로 또다시 대여섯 권의 책을 더 읽어야 했다. 이 외에도 설교, 기도, 묵상, 우상 등 읽어야 하는 책들이 고구마 줄기에 달린 또 다른 고구마처럼 줄줄이 엮어져 있었다. 심지어 팀 켈러의 책을 한 번도 안 읽은 사람은 있어도, 한 권만 읽은 사람은 없다는 말이 생길 정도였다.

팀 켈러에게 관심을 갖는 이유가 단지 리디머교회가 대형 교회로 성장했기 때문만은 아니다. 리디머교회에는 상당히 많은 젊은 전문직 종사자들이 다닌다. 한국 교회에서 이들은 교회를 떠나는 그룹에 해당한다. 어떻게 하면 그들을 다시 교회로 불러올 수 있을지에 대해 고민하는 많은 목회자들이 팀 켈러에게 주목했다. 또한 포스트모더니즘 사회를 살아가는 다음 세대들에게 복음을 소개하는 방법을 찾던 이들에게도 팀 켈러는 좋은 대안이었다. C. S. 루이스 이후 복음을 변증하는 논리적인 책에 갈급해하던 이들에게도 팀 켈러는 오아시스 같은 느낌을 주었다. 팀 켈러 말고도 C. S. 루이스라는 평을 받았던 많은 이들이 있었다. 달라스 윌라드나 데이비드 웰스, 톰 라이트도 같은 평을 받았다. 하지만 어딘지 모르게 그들의 글에서는 접근을 가로막는 장벽이 느껴졌다. 존경받는 기독교 저자들임은 분명하지만 목회 현장보다는 상아탑에서 다뤄야만 할 것 같은 신학적 부담이 컸었다. C. S. 루이스는 본인 자신이 신학자도 아니고 목회자도 아닌 평신도로서 읽기 쉽고 이해하기 쉬운 글을 썼던 반면, 다른 책들은 읽기도 어렵고 이해하기도 힘든 내용들이 많았다. 그러나 팀 켈러는 신학자이기도 하지만 그의 책들은 모두 목회 현장에서 집필되었고, 비그리스도인들을 대상으로 쓴 책들이기도 해서 목회자들의 공감대를 이끌어 낼 수 있었다.

팀 켈러의 책을 읽을 때 느끼는 어려움들을 덜어 주면서 반드시 읽었으면 하는 추천 도서들을 선정해서 소개하기 위해 이번 책을 기획했다. 팀 켈러의 신학을 한마디로 요약하면, '상황화된 신학적 비전'이다. 복음에 대한 열정과 회중을 향한 사랑이 목회자의 성품 안에서 하나로 빚어지는 놀라운 결과가 팀 켈러의 책을 읽은 목회자들에게서 일어나고 있다. 이 책을 통해서 보다 많은 목회자들이 팀 켈러의 책에 담긴 깊은 참맛을 알아 가길 바라며, 이 책에서 소개하지 않은 다른 책들까지도 모두 읽고 싶은 욕구가 생겨나기를 바란다. 그로 인해 복음 안에서 진정한 자유를 누리는 목회자들이 각자가 처한 목회적 상황 속에서 하나님이 주시는 넘치는 기쁨으로 사역할 수 있는 지혜를 얻게 되기를 기도한다.

2019년 12월
박두진 전재훈 고상섭

복음은, 하나님의 아들 예수 그리스도에 관한 것이다. 이것은 가장 위대한 왕이 오셨다는 것이고, 어둠 속에 빛이 비치기 시작했다는 것이며, 좌절과 절망 속에서 죽어 가던 백성에게 구원의 길이 열렸다는 것을 의미했다.

1. 복음

세상을

변화시키는

하나님의 능력

/ 전재훈 목사

상황화된 신학적 비전
———— 성경에 대한 깊은 성찰과 문화에 대한 우리의 이해

《팀 켈러의 센터처치》가 많은 기독교 지도자들의 관심을 받고 있다. 그 책에는 맨해튼에서 개척해서 6천 명의 성도가 모이는 리디머교회의 목회 철학이 담겨 있기 때문이다. 많은 이들이 교회 개척의 불모지라 불리는 미국 뉴욕의 맨해튼이라는 도시에서 어떻게 이런 일이 일어날 수 있었는지 매우 궁금해 한다. 팀 켈러의 목회 방법은 번영 신학과 다르고, 목적이 이끄는 새들백교회나 구도자를 향해 열린 예배를 주도하던 윌로우크릭교회와도 달랐다. 팀 켈러가 리디머교회를 이룬 힘은 복음이었다. 《팀 켈러의 센터처치》의 표지에는 "도시라는 밭에 심겨진 복음의 씨앗이 어떻게 풍성하게 열매 맺는지 당신 눈으로 직접 지켜보라!"라고 쓰여 있다.

"복음은 모든 것을 변화시킨다."[1]

팀 켈러는 복음으로 뉴욕 맨해튼에서 살아가는 젊은 전문직 종사자들을 변화시켰다. 그들의 마음을 변화시키고, 그들이 하는 일의 동기나 개념, 윤리와 방식 등을 새롭게 조정할 수 있게 했다. 그리고 그들을 도시의 가난한 사람들을 섬길 수 있도록 정의와 자비 사역으로 이끌었다. 복음으로 개인의 정체성과 자유, 행복, 진리, 도덕에 대한 관점까지 변화시켜 결혼과 성의 문제를 새롭게 볼 수 있도록 했으며, 고통에 처했을 때 견디는 힘도 강화시켜 주었다. 그야말로 복음은 모든 것을 변화시킬 수 있었다.

팀 켈러는 사역의 핵심을 이루는 복음을 '복음 DNA' 혹은 '신학적 비전'이라고 부른다. 목회자들은 각기 다른 교단적 배경과 조직신학 및 교리적 기초들을 가지고 목회의 현장에서 특정한 사역들을 행한다. 신학적 비전이란 교리적 기초와 특정한 사역 형태 사이의 '복음의 본질과 적용'에 관한 깊은 고민을 의미한다. 많은 목회자들이 이러한 고민 없이 유명한 프로그램들을 교회에 그대로 적용시키려다가 효과를 보지도 못하고, 때로는 불필요한 문제까지 발생시키고 있다. 교리적인 기초와는 전혀 다르게, 오직 교회 부흥에 도움이 된다고 알려진 많은 프로그램들을 신학적 고민 없이 무리하게 적용하다가 부작용을 낳은 사례 또한 많았다. 유명하고 검증된 부흥 프로그램보다 우리 자신에게 맞는 신학적 비전이 더 중요하다는 사실을 미처 생각하지 못했던 것이다.

신학적 비전은 복음의 상황화와 깊은 관련이 있다. 하나님이 모세에게 십계명을 주실 때는 하늘의 언어로 주신 것이 아니라, 모세가 알아듣고 읽을 수 있는 형태로 주셨다. 예수님 역시 히브리어나 헬라어가 아닌 아람어로 설교하셨다. 페르시아의 오랜 지배를 받아 자신의 언어를 잃어버린 민족에게 히브리어의 중요성을 가르치고 깨우치기보다 그들이 듣기 편한 언어로 복음의 진리를 전하셨다. 예수님이 당시의 문화 속에서 공유되는 이야기들, 즉 농사나 목축, 혹은 고기 잡는 어부 등을 비유로 삼아 복음을 전하신 것이 바로 상황화였다. 상황화는 반드시 필요한 것이었고, 우리도 이미 상황화된 언어를 사용하고 있다. 다만 상황화에 대한 고민 없이 언어나 비유를 사용하다 보면 문화와 너무 비슷해져서 복음의 능력이 사라지고, 반대로 문화와 너무 다른 복음을 전하게 되면 복음을 알아듣지 못하는 문제가 생긴다. 팀 켈러는 복음의 본질과 적용에 관한 깊은 고민과 더불어 특정 문화 속에서 복음을 효과적으로 전달할 상황화도 중요하다고 여겼다.

상황화는 "사람들에게 그들이 원하는 것을 주는 것"이 아니다. 오히려 특정 시기와 특정 지역에서 사람들이 삶에 대해 갖는 질문에 대해 그들이 이해할 수 있는 언어와 형태로, 그리고 그들이 힘 있게 느낄 수 있는 호소와 논증을 통해서, 비록 그들이 듣고 싶어 하지 않고 심지어 반대할지라도 성경의 답을 주는 것이다.[2]

《팀 켈러의 센터처치》를 한마디로 요약한다면, 그것은 '상황화된 신학적 비전'이라고 할 수 있다. 팀 켈러는 상황화된 신학적 비전을 가지고 기도 운동, 전도적 사역, 정의와 자비 사역(구제), 신앙과 직업의 통합, 도시의 가정생활 지원, 신학-목회 훈련, 그리스도인 지도자들의 연합 같은 특화된 사역들을 했고, 더불어 교회 개척과 교회 부흥 운동을 할 수 있었다. 우리가 팀 켈러에게 배워야 할 것은 특화된 사역들이 아니라, 그 사역들 중심에 놓인 상황화된 신학적 비전이다.

복음에 대한 오해들
───── 모든 것이 복음은 아니다

"하나님의 아들 예수 그리스도의 복음의 시작이라"(막 1:1).

마가복음은 '복음의 시작'이라는 말로 시작한다. NIV에는 "The beginning of the gospel"이라고 되어 있지만 NLT, NRSV, GNT, MSG 등 많은 영문 성경에서는 복음을 'Good News', 즉 좋은 소식으로 해석한다. 예수님 당시에 좋은 소식은 왕의 귀환과 관련되어 있었다. 전쟁을 치르러 나간 왕이 승리한 후 돌아오고 있다는 소식을 전할 때 '좋은 소식'이라고 했다. 이 말은 이제 더 이상 두려워하지 않아도 된다는 뜻이었고, 평화가 시작되었다는 의미이기도 했다. 어떤 경우에는 왕이 오심으로 더 나은 삶이 펼쳐지리라는 기대감도 함께 담겨 있었다.

예수님과 마가 당시의 고대 로마 비문에는 이런 글이 새겨져 있다. "가이사 아구스도 복음의 시작." 이 비문은 로마 황제 가이사 아구스도의 탄생과 즉위 과정을 기록하고 있다. 이처럼 복음은 큰 변화를 일으킨 사건에 관한 소식이었다. 이를테면 대관식이나 승리에 관한 소식이 복음이었다. 그리스는 마라톤 평원과 솔누스(Solnus) 전투에서 페르시아 침략군을 상대로 대승을 거둔 뒤 도시마다 사자(혹은 복음 전도자)를 보내 이 복음을 전했다. "우리가 여러분을 위해 싸워 승리를 거두었소. 이제 여러분은 노예가 아니라 자유인이오." 복음은 역사 속에서 발생한 사건을 선언하는 것이다. 당신의 신분을 영원히 변화시키는 역사적 사건이 발생했음을 당신에게 알리는 선언이다.[3]

복음이라는 말에는 '우리 삶을 바꾸는 영향력 있는 어떤 사건의 발생에 대한 소식'이라는 의미가 있으며, 소식은 '어떤 일이 시작되었으며 그 일로 인해 앞으로 어떤 일이 벌어질 것'이라는 내용이 담겨져 있다. 불치병을 고치는 신약이 개발되었다는 소식은, 언젠가는 우리 아이도 불치병에서 나을 것이라는 기대를 갖게 하고, 남북의 정상이 만나 상호 교류하기로 결정했다는 소식은, 헤어진 가족들이 다시 만날 것을 기대하게 하며, 보다 많은 일자리가 창출되고 더 부강한 나라가 될 것이라는 기대감을 갖게 하는 것과 같다. 아직 아이가 나은 것은 아니지만, 신약이 개발되었다는 소식만으로 삶은 변하게 된다. 매일 눈물로 살았던 삶이 이제는 웃을 수 있는 삶으로 바뀌게 된다. 병이 나으면 가고 싶은 곳을 상상하며 흥분된 삶을 살 수도 있다. 또한 남북이 교류하기로 했다는 소식만으로 벌써 헤어진 가족을 만난 것처럼 기뻐하기도 하고, 새로운 일자리가 생길 것을 기대하거나 오토바이를 타고 북한을 거쳐 유럽 여행을 꿈꾸는 사람도 있다. 이와 마찬가지로 좋은 소식은 그 자체로 우리 삶을 본질에서부터 변화시키는 힘을 가지고 있다.

성경이 말하는 복음은 단순히 신약이 개발되고 남북이 통일되는 정도가 아니라, 하나님의 아들 예수 그리스도에 관한 것이다. 이것은 가장 위대한 왕이 오셨다는 것이고, 어둠 속에 빛이 비치기 시작했다는 것이며, 좌절과 절망 속에서 죽어 가던 백성에게 구원의 길이 열렸다는 것을 의미한다. 실제로 예수 그리스도는 평화의 왕으로 오셨고, 세상 임금들이 힘과 권력으로 통치하는 방식이 아닌, 섬김과 희생의 모습으로 우리를 통치하셨다. 예수님은 하나님의 저주 아래 있다고 여겨졌던 가난한 이들과 함께하셨고, 하나님 나라에 들어갈 수 없다고 여겨졌던 세리와 죄인의 친구가 되어 주셨으며, 사람의 수에도 들어가지 못했던 여성과 아이들을 따뜻하게 반겨 주셨다. 나병을 비롯한 모든 병든 자들을 고치시고, 귀신을 내어 쫓으시며, 죽은 자를 살리시고, 우리의 모든 죄를 짊어지고 십자가에 죽으심으로 우리의 죄가 소멸되게 하셨으며, 죽음 가운데서 부활해 모든 잠자는 자들의 첫 열매가 되어 주셨다. 우리는 주님 안에서 새로운 피조물이 되었고, 의롭다 하심을 얻었으며, 하나님의 자녀가 되었다. 하늘로 올라가신 주님은 다시 오실 때까지 하나님 보좌 우편에 앉아 우리를 위해 날마다 중보하시며, 우리에게는 성령을 보내시어 언제나 함께하게 하셨다. 주님이 오심으로 시작된 하나님 나라는 지금도 확장 중에 있으며, 주님 안에서 모든 만물이 새로워지고, 결국에는 가장 아름답고 완벽한 하나님 나라가 이 땅에 온전히 임하게 될 것을 바라보게 하셨다.

  이것이 좋은 소식이다. 하지만 좋은 소식이어야 할 복음이 이미 많은 사람들이 알고 있는 소식처럼 여겨지면서 이제는 소식의 기능을 상실한 것처럼 보인다. 좋은 소식은 점점 다른 모습으로 변해 갔다. 예수 믿으면 천국에 간다는 것은 이제 식상할 정도가 되었고, 예전에는 치유 기적과 천국 체험이 주를 이루다가 요즘은 교회 안에 자랑할 만한 것들로 복음의 자리를 채워 가고 있다. 다양한 콘서트가 열리고, 문화 교실이 개설되며, 멋지게 꾸며 놓은 실내 놀이터와 헬스장, 분위기 있는 카페 등이 전도지의 지면을 채우고 있다. 교회가 점점 예수 그리스도에 대한 이야기를 하기보다 세상에서의 성공 노하우나 행복의 비결을 더 많이 가르치는 곳으로 변해 가고 있다. 이제 좋은 소식은 예수 그리스도에 관한 것이 아니라, 리모델링된 교회 건물 이야기나 성공 스토리로 변질되었다.

  복음은 좋은 충고가 아니라 '우리가 구원받았다'는 것을 선포하는 기쁜 소식이다. 하지만 선포의 대상이 어느덧 가르침의 대상이 되면, 복음은 윤리 규정이나 지혜 어록, 혹은 조직신학 같은 느낌을 준다. 복음을 이해하기 위해 필요한 것들이기는 하지만 그것 자체로 복음은 아니다. 따라서 복음은 우리가 살아가는 어떤 삶의 방식(성공, 건강, 행복)이 아니라, 우리가 하나님의 진노하심으로부터 구원받도록 우리를 위해 주님이 행하시는 일들이다. 좋은 소식의 특성상 우리 삶이 그 소식을 듣기 전과는 다른 삶을 살아가게 한다. 하지만 달라진 삶이 곧 복음을 의미하지는 않는다.

> 복음은 사랑의 삶을 창조하는 소식이다. 그러나 사랑의 삶 자체가 복음인 것은 아니다. 우리가 믿고 행하고 말하는 모든 것이 복음인 것은 아니다. 복음은 무엇보다도 기쁜 소식으로 이해되어야 한다. 그 소식은 우리가 무엇을 성취해야 한다는 것에 대한 것이 아니라, 무엇이 성취되었는가에 대한 것이다.[4]

팀 켈러는 복음을 종교나 비종교 사이의 중간 어디쯤에 있는 것이 아니라, 종교와 전혀 다른 것으로 설명한다. 세상의 모든 종교는 '내가 잘해야 비로소 받아들여질 수 있다'는 논리를 가지고 있다. 하지만 복음은 완전히 정반대의 입장에 서 있다. 예수님이 먼저 나를 온전히 받아 주셨기에 내가 순종한다는 것이다. 칭의가 성화의 토대가 된다는 것을 알면서도 우리는 자주 성화가 되어야 의로워질 수 있다는 생각을 하게 된다.[5] 하나님의 은혜가 먼저고 순종은 그 반응으로 나타나는 것이 복음이지만, 은혜와 순종이 반복되면 어느 순간 순종과 은혜로 바뀌고 만다. '은혜-순종-은혜-순종-은혜-순종'의 패턴이 '순종-은혜-순종-은혜-순종-은혜'의 패턴으로 바뀐다는 것이다.

> 복음에 이끌려 살아가는 사람도 계속해서 자극받고 갱신되지 않으면 자연스레 종교로 다시 미끄러지게 된다.[6]

우리는 복음을 이야기하면서 너무 쉽게 "구원받으려면 믿음을 갖고 바른 삶을 살아야 합니다"라고 말하거나, "하나님은 당신을 있는 모습 그대로 사랑하시며 용납하십니다"라고 말한다.[7] 이 둘은 복음의 양 끝에 존재하는 율법주의와 율법폐기주의를 보여 준다. 초대 교부 터툴리안은 "예수님께서 두 강도 사이에서 십자가에 못 박히신 것처럼, 복음은 두 오류 사이에서 십자가에 못 박힌다"[8]고 했다. 팀 켈러는 터툴리안이 말한 두 오류를 율법주의(도덕주의)와 율법폐기주의(상대주의)로 규정했다.[9]

> 이러한 오류들은 언제나 복음의 메시지를 오염시키며 복음의 능력을 앗아간다. 율법주의는 우리가 구원받으려면 거룩하고 선한 삶을 살아야 한다고 말한다. 율법폐기주의는 우리가 구원받았기 때문에 이제는 거룩하고 선한 삶을 살지 않아도 된다고 말한다.[10]

팀 켈러는 율법주의와 율법폐기주의를 복음 안에 있는 같으면서도 서로 다른 두 개의 적(The Gospel has two Equal and opposite enemies)으로 규정했다. 삶을 변화시키는 영향력 있는 좋은 소식이 좋은 권면으로 바뀌거나, 삶을 바꾸지 못하는 소식으로 변질될 우려가 생기기 때문이다. 좋은 소식은 마음의 변화를 일으키고 삶을 새롭게 한다. 하지만 복음이 좋은 소식이라는 사실을 놓치면 자연스럽게 복음은 종교로 미끄러지게 된다. 교회에서 하는 모든 일은 어느 정도 의무가 필요하고 개인의 수고와 노력이 뒷받침되어야 한다. 하지만 복음으로 먼저 하나님에게 우리 자신을 맞추지 않으면 성도의 의무를 무시하게 되거나 자신의 수고를 공로로 여길 우려가 있다. 우리는 복음과 복음의 결과를 혼동해서도, 분리해서도 안 된다. 복음의 선포 없이 결과만 강조하면 율법주의로 변질되고, 복음의 결과 없이 선포만 강조하면 율법폐기주의로 변질될 수 있음을 늘 명심해야 한다.

복음의 능력과 마음의 변화
― 겸손함과 담대함으로 사랑의 춤을 추다

예수를 믿는 사람들은 물 가운데로 지날지라도 침몰하지 않을 것이며, 불 가운데로 행할 때에도 불꽃이 사르지 못할 것이라고 믿는다(사 43:2). 또한 예수의 "이름으로 귀신을 쫓아내며 새 방언을 말하며 뱀을 집어 올리며 무슨 독을 마실지라도 해를 받지 아니하며 병든 사람에게 손을 얹은즉 나으리라"(막 16:17-18)고 믿는다. 심지어 믿음이 좋은 사람은 기도의 응답도 확실하고, 두세 사람이 합심해서 기도하면 어떤 기도든 응답받는다고 믿는다. 우리는 이것이 복음의 능력이라고 생각했다. 이런 능력을 방해하는 두 가지 적은 우리의 의심과 연약함이라고 배웠다. 그러나 팀 켈러는 복음의 능력을 다음과 같이 설명한다.

복음의 능력은 두 가지 움직임으로 다가온다. 첫째, "나는 내가 감히 생각했던 것보다 훨씬 더한 죄인이고 허물 많은 존재입니다"라고 고백하는 것이다. 둘째, "나는 내가 감히 바랐던 것보다 더 많은 사랑을 받고 용납되었습니다"라고 말하는 것이다.[11]

우리는 죄로 인해 하나님으로부터 단절되었고, 이는 사회적 단절과 자연과의 단절도 함께 불러왔다. 하나님과 단절된 이들은 수치심과 두려움을 갖게 되었고, 사회적으로 단절된 사람들은 소외감을 느끼거나 다른 이들을 배제하게 되었다.[12] 또한 자연과 단절된 인간은 슬픔을 경험하고 수고를 겪어야 하며, 결국은 죽음에 이르게 된다. 이는 우리 삶의 다양한 모습으로 나타나, 과도한 자기 집착과 자기 연민에 빠져 자기중심성이 강화되었다. 자기중심성에 사로잡힌 인간은 이기적인 욕심과 두려움에 근거해 마음이 움직인다. 선행도 결국 선한 사람이라는 자부심을 갖기 위함이거나, 나쁜 사람이라는 말을 들을까 봐 두려운 마음에서 이뤄진다. 신앙생활을 열심히 하는 이유도 하나님에게 복을 받기 위한 이기적인 욕심, 혹은 지옥에 가게 될까 봐 두려운 마음에서 비롯된다.

인간이 스스로 왕이 되기로 결심한 것이다. 우리는 그만 자기중심의 길로 들어서고 말았다. 이 자기중심주의는 관계를 파괴한다. 자기중심주의만큼 우리를 불행하게(혹은 재미없게) 만드는 것도 없다. 내 기분이 좋은가? 남들이 나를 잘 대접하고 있는가? 내가 성공했는가? 이처럼 나 자신만 생각하면 정적인 삶으로 흐른다. 자기중심주의보

다 더 파괴적인 것도 없다.[13]

　우리 삶에 일어나는 문제들 중 많은 부분이 자기중심성에서 비롯된다. 일을 열심히 하는 것은 좋지만, 자기 안에 있는 이기적인 욕심과 두려움은 일을 너무 과도하게 하도록 몰아붙인다. 그로 인해 사람들과 좋은 관계를 유지하기가 어렵고, 심지어는 일 때문에 가족을 희생시키기도 한다. 자녀를 사랑하는 것은 좋은 일이지만, 이 역시도 자기중심성에서 벗어나기가 힘들다. 아이들을 훌륭하게 키우겠다는 욕심이 도리어 자기가 그토록 두려워했던, 아이들이 망가지는 결과를 가져오기도 한다. 교회 성장이라는 것도 목회자의 자기 욕망의 표현일 수 있으며, 생각만큼 교회가 성장하지 못하면 심한 자괴감에 빠지기도 한다. 하나님 앞에 충성스런 종이라는 평가가 듣고 싶어 열심을 내다 보면 자칫 그것이 다른 사람들을 정죄하는 방식으로 사용될 때가 있다. 어떤 일이든 이기적인 욕심은 자기 교만에 빠지게 하고, 두려운 마음은 우울증으로 빠지게 한다.

　인간을 창조하신 하나님은 삼위일체로 계셨다. 삼위의 하나님은 서로에게 충분히 헌신적이었고, 사랑의 관계였으며, 그 안에서 무한히 행복하고 만족하셨다. 하나님은 창조가 있기 전부터 타자 지향적 사랑의 관계를 누리고 계셨다. 다른 종교의 창조 설화들은 대부분 신들의 전쟁과 투쟁의 결과로 나타나지만, 성경의 창조는 그런 갈등에 의한 것이 아니다. 하나님의 형상대로 지음 받은 인간은 하나님의 타자 지향적 사랑의 관계처럼 살아가도록 창조되었다. 이것을 팀 켈러는 하나님의 사랑의 춤으로 표현하며, 그 춤 안으로 우리를 초대하고 있다고 말한다.

하나님은 춤 속으로 초대하기 위해 우리를 창조하신 것이다. "나를 찬양해라. 나를 중심으로 살아가라. 나의 아름다움을 깨달아라. 그러면 춤 속으로 들어오게 될 것이다. 너는 춤을 위해 창조된 존재니라. 나를 믿기만 해서는 부족하다. 가끔 기도하면서 종교인의 외향만 갖추어서는 부족하다. 힘들 때 내 말씀에서 약간의 힘을 얻는 것만으로는 부족하다. 너는 나를 중심으로 살도록 창조된 존재다. 매사에 나를 생각해야 한다. 나를 무조건적으로 섬겨야 한다. 거기서 참된 행복을 찾을 수 있다. 이것이 춤의 의미다."

당신은 춤을 추고 있는가? 아니면 어딘가에 하나님이 계시다고 막연히 믿기만 하고 있는가? 당신은 춤을 추고 있는가? 아니면 가끔 힘들 때만 하나님께 기도하는가? 당신은 춤을 추고 있는가? 아니면 당신의 주위를 돌아줄 누군가를 찾고 있는가? 우리는 무엇보다도 하나님의 춤 안으로 들어가야 한다. 그것이 우리 삶의 목적이다. 우리는 삼위일체와 함께 춤을 추기 위해 창조되었다.[14]

죄로 인해 자기중심성에 빠진 인간은 타자 지향적인 사랑의 관계 속으로 들어가 함께 춤을 추지 못하는 존재가 되었다. 이에 대한 해결은 인간의 노력으로는 불가능하고, 예수 그리스도가 오셔서 하나님과 단절되게 한 죄의 문제를 해결하고 하나님과 화목하게 하셔야 가능했다. 복음은 예수 그리스도가 그 일을 행하셨음을 선포한다. 십자가에서 대속의 제물이 되신 주님으로 인해 나의 죄가 사함을 받았고, 화목제물이 되심으로 하나님과의 단절된 관계가 회복되었다. 나를 위해 십자가에서 대속의 제물로 돌아가신 주님을 바라볼 때, '나의 죄가 얼마나 크면 하나님의 아들이 십자가에서 죽어야 했을까'를 묵상하며 겸손해지고, 나를 위해 십자가에서 화목제물로 돌아가신 주님을 볼 때, '하나님이 나를 얼마나 사랑하셨으면 그 아들을 나를 위해 십자가에서 죽게 하셨을까'를 묵상하며 담대해진다.

복음의 능력은 예수 그리스도가 내 안에서 가장 존귀하고 사랑스런 분이 되게 하고, 그리스도를 십자가에서 죽게 한 자기중심성의 죄악들을 미워하게 한다. 내 안의 자기중심성이 주님을 향해 타자 지향적으로 변해 가면서 내 안의 이기적인 욕심과 두려움에서 기인한 죄의 유혹도, 죄의 능력도 점점 사라져 간다. 어느덧 내 삶은 그리스도를 중심으로 사랑의 춤 안에 있음을 보게 된다. 그래서 팀 켈러는, "복음은 모든 것을 변화시킨다"[15]고 말한다. 우리의 마음이 자신의 죄인 됨을 깊이 인식하면 이기적인 욕심을 버릴 수 있게 하고, 자신이 하나님에게 큰 사랑을 받는 존재라는 것을 깊이 인식하게 되면 실패의 두려움을 이기게 해 준다. 우리는 하나님의 사랑받는 죄인이다.

복음의 능력과 우상 숭배

———— 복음만이 우리의 우상을 해체할 수 있다

"예수께서 이르시되 네 마음을 다하고 목숨을 다하고 뜻을 다하여 주 너의 하나님을 사랑하라 하셨으니 이것이 크고 첫째 되는 계명이요 둘째도 그와 같으니 네 이웃을 네 자신같이 사랑하라 하셨으니 이 두 계명이 온 율법과 선지자의 강령이니라"(마 22:37-40).

우리는 과연 하나님을 사랑할까? 물론 사랑한다. 하지만 '마음을 다하고 목숨을 다하고 뜻을 다해서' 사랑하는지는 자신할 수 없다. 인간이라면 어느 누구도 자신 있게 마음과 목숨과 뜻을 다해서 하나님을 사랑하고 있다고 말할 수 없다. 인간은 자신이 생각하는 것보다 훨씬 더 악한 존재라서, 만약 우리가 마음과 목숨과 뜻을 다해서 하나님을 사랑하고 있다고 생각한다면 그것은 우리의 착각이거나 기대일 뿐이다. 그렇다면 우리가 마음과 목숨과 뜻을 다해서 하나님을 사랑하지 못하는 이유가, 인간은 애초에 그 어떤 것도 마음과 목숨과 뜻을 다해서 사랑할 수 없는 존재이기 때문에 그런 것은 아닐까? 그렇지 않다. 우리가 하나님을 마음과 목숨과 뜻을 다해서 사랑하지 못하는 것은, 사실 다른 것을 마음과 목숨과 뜻을 다해서 사랑하고 있기 때문이다.

사람들이 스스로의 목숨을 끊는 이유는, 자신이 그토록 사랑했던 어떤 것을 성취하는 일에 실패했기 때문이다. 다리를 다쳐서 더 이상 축구를 할 수 없게 된 선수가 자살을 했다면, 그는 축구를 마음과 목숨과 뜻을 다해서 사랑했음을 의미한다. 명예의 전당에 오르기 위해 약물을 복용하면서까지 야구를 하는 선수가 있다면, 그는 명예의 전당에 자신의 이름이 오르는 것을 마음과 목숨과 뜻을 다해서 사랑하고 있었던 것이다.

목회자들도 마찬가지다. 하나님을 너무나 사랑해서 목회자의 길에 들어섰지만, 어느 순간 자신의 마음을 들여다보면 하나님보다 교회의 부흥이나 설교자의 명성을 더 사랑하는 경우가 많다. 그들은 교회가 성장하지 못하는 것을 견디기 힘들어하고, 자신보다 다른 설교자의 인기가 더 많을 경우 크게 낙담하기도 한다.

우리는 우상을 금송아지나 모세의 놋 뱀같이 눈에 보이는 어떤 신상이라고 생각하기가 쉽다. 하지만 우상은 하나님보다 더 사랑하는 모든 것을 의미한다. 성공이나 사랑, 재물, 가정 등 보편적으로 좋은 것들을 가장 궁극적인 것으로 여기는 모든 것이 우상이 된다. 종교 개혁자 칼뱅의 말대로, "우리의 마음은 우상을 만드는 공장"이다. 겉으로 보기에는 신앙이 좋아 보이는 사람조차도 어쩌면 하나님보다 자신의 성실함을 더 사랑하고 있는 것일 수 있다.

> 우리 마음과 삶을 다해 경배하고, 섬기고, 의지하는 것이 곧 우상이다. 일반적으로 우상은 좋은 것들일 수 있다(예를 들어 가정, 성공, 일, 경력, 연애, 재능, 심지어 복음 사역도). 이것들이 궁극적으로 우리에게 절실한 의미와 기쁨이 된다면 우상인 것이다.[16]

1. 복음

인간의 마음에는 기본적으로 안정과 인정, 통제와 권력의 우상이 숨겨져 있다. 교회의 부흥을 위해 노력하는 목회자의 마음에도 훌륭한 주의 종이라는 인정을 받고 싶어 하는 마음이 있을 수 있다. 설교를 잘해야 한다고 느끼는 목회자도 그것을 통해 삶이 안정되기를 바라는 마음이 있거나, 설교에 은혜 받았다는 인사를 받고 싶은 것일 수 있다. 때로는 설교를 통해 성도들을 통제하려고 하거나, 교회 내에서 특정한 권력을 누리고 싶어 할 수도 있다.

죄로 인해 모든 사람들 안에는 존경받고 싶고, 인정받고 싶고, 후한 대접을 받고 싶어 하는 결핍된 마음이 생겼다.[17] 결국 모든 사람은 우상 숭배의 문제에서 결코 자유롭지 못하다. 이는 십계명의 제1계명을 포함해서 십계명 자체를 지키지 못하고 있음을 의미한다.[18]

> 우리가 거짓말하거나 간음하거나 도적질한다는 것은 소망, 기쁨, 의미 등에 있어서 하나님보다 더 중요한 것이 마음에 있다는 것이다.[19]

하나님만이 우리의 모든 필요를 채우신다. 하나님이 우리에게 주시지 않은 것이 있다면, 그것은 우리에게 필요한 것이 아니기 때문이다. 하나님은 우리를 당신의 자녀로 받아 주시고, 우리를 가장 존귀하고 보배로운 존재로 여겨 주셨다. 그럼에도 불구하고 먹고사는 문제로 고민하거나 다른 이들의 인정을 받고 싶은 마음이 강하다면, 그것은 하나님을 믿고 있지 않음을 의미한다.

우상 숭배의 문제는 그것이 단지 하나님 앞에 죄가 된다는 것만을 의미하지 않는다. 우리 마음에 있는 우상은 반드시 우리를 배신한다는 것이 큰 문제가 된다.

소설가 데이비드 포스터 월러스(그는 무신론자였다)는 2005년 케니언 대학 졸업식 축사에서 다음과 같은 연설을 남겼다(그가 자살하기 얼마 전이었다).

사람들은 모두 무언가를 예배한다. 우리가 하는 유일한 선택이란 무엇을 예배할 것이냐이다. 어떤 종류의 신이나 영적 대상을 예배하기로 선택할 수밖에 없는 이유는 … 아마도 당신이 무엇을 예배하든 그것에게 산 채로 삼켜질 것이기 때문이다.
만일 당신이 돈이나 물질을 예배한다면, 그리고 그것에서 인생의 참 의미를 찾고 있다면, 당신은 결코 충분히 가지지 못할 것이다. 아무리 가져도 부족하다고 느낄 것이다. 자신의 몸이나 외모, 성적 환상을 예배한다면 당신은 늘 자신이 못생겼다고 느낄 것이다. 그리고 나이가 들고 세월의 흔적이 몸에 나타나기 시작하면, 아직 무덤에 묻히기 전인데도 수만 번이나 죽음을 경험하게 될 것이다. 당신이 권력을 예배한다면 결국 약함과 두려움을 느끼게 될 것이다. 그리고 그 두려움을 무마시키기 위해서 더 많은 권력을 다른 사람들 위에 부리고 싶어질 것이다. 당신이 지성을 예배한다면 똑똑한 사람처럼 보이려고 애쓰겠지만 결국은 스스로가 멍청하다고 느낄 것이다. 그리고 언젠간 자신이 가짜라는 것을 들킬지도 모른다는 두려움 속에서 살아갈 것이다. 그러나 이러한 종류들의 예배에서 가장 불길한 것은 … 이것들이 무의식적으로 일어난다는 것이다. 이것들은 인간의 근본적 상태이다.[20]

우상 숭배의 근원적인 힘은 그것이 우리 삶을 의미 있게 하고 우리를 만족시켜 줄 것이라고 믿게 하는 것이다. 내 집만 있으면 만족할 것 같았는데 더 큰 집을 탐내게 하고, 이번 프로젝트만 성공적으로 끝마친다면 마음이 기쁠 것 같은데 이내 다른 프로젝트로 우리를 몰아세운다. 우상은 마음에 쉼을 주지 않고, 우상을 만족시키지 못하면 우리를 학대하고 억압하며 심지어 죽음으로 몰아세우기도 한다.

우리 마음의 우상을 깨닫고 그 우상을 섬기지 않으려는 몸부림은 또 다른 우상 숭배로 이어질 뿐, 결코 우리 마음에서 우상을 몰아내 주지는 못한다. 아무리 금식을 하고 고행을 한다고 해도 우상은 형태만 바꿀 뿐 사라지지 않는다. 우리 마음에 있는 우상은 오직 대체될 뿐이다.[21] 그래서 무엇으로 대체할 것인지가 가장 중요하다.

오직 그리스도만이 마음을 다하고 목숨을 다하고 뜻을 다해서 하나님을 사랑하셨다. 그럼에도 불구하고 마치 하나님의 원수로 살았던 사람처럼 십자가 위에서 하나님의 저주를 모두 받아 내셨다. 그분의 십자가는 하나님을 마음과 목숨과 뜻을 다해 사랑하지 않은 우리의 자리였다. 그리고 우리에게는 온전히 하나님만을 사랑하는 자가 받을 축복의 자리를 내어 주셨다. 오직 그리스도만이 자기 자신같이 우리를 사랑하는 분이셨다.

우리는 모든 설교에서 그리스도의 아름다움을 선포해야 한다. 그럴 때 사람들의 마음에서 자연스럽게 우상이 사라지고, 그 자리에 우리를 인정하고 아끼고 세워 주고 존중하며 생명까지 내어 주시는 그리스도가 진정한 주인으로 자리 잡게 된다. 이 말은 복음을 통해 그리스도의 아름다움을 발견하게 되면, 우리 안에 있던 우상은 자연스레 사라지고 그분이 우리 마음을 차지하게 된다는 것이다. 그리스도의 아름다움을 보여 주는 복음의 능력은 사람들의 마음에 안식을 심어 주며, 진정한 자유를 맛보게 한다.

예수님은 위엄이 높으면서도 지극히 겸손하시고, 정의에 온 마음을 다 쏟으면서도 놀라운 자비와 은혜를 베푸시며, 스스로 초월적으로 충분하면서도 하늘 아버지를 전적으로 신뢰하고 의지하신다. 연약하지 않은 부드러움, 매정하지 않은 담대함, 불안하기는커녕 당당한 확신에 찬 겸손 등은 보기만 해도 놀랍다 … 그분은 소신을 굽히지 않되 붙임성이 더없이 좋으시고, 진리를 고수하되 늘 사랑을 물씬 풍기시고, 강하되 둔감하지 않으시고, 정직하되 완고하지 않으시며, 열정적이되 편견이 없으시다 … 진리와 사랑이 찬란하게 공존하고, 정의를 향한 열정과 자비에 대한 헌신이 공존한다. 과연 예수님은 은혜와 진리가 충만하신 분이다.[22]

복음의 속성

———— 그리스도를 아는 지식

"그러나 무엇이든지 내게 유익하던 것을 내가 그리스도를 위하여 다 해로 여길뿐더러 또한 모든 것을 해로 여김은 내 주 그리스도 예수를 아는 지식이 가장 고상하기 때문이라 내가 그를 위하여 모든 것을 잃어버리고 배설물로 여김은 그리스도를 얻고 그 안에서 발견되려 함이니 내가 가진 의는 율법에서 난 것이 아니요 오직 그리스도를 믿음으로 말미암은 것이니 곧 믿음으로 하나님께로부터 난 의라"(빌 3:7-9).

바울은 자신을 "나는 팔 일 만에 할례를 받고 이스라엘 족속이요 베냐민 지파요 히브리인 중의 히브리인이요 율법으로는 바리새인이요 열심으로는 교회를 박해하고 율법의 의로는 흠이 없는 자라"(빌 3:5-6)고 소개한다. 바울은 누구나 부러워할 만한 조건들을 두루 갖추었다. 팔 일 만에 할례를 해 줄 믿음의 가정에서 태어났고, 이스라엘 초대 왕을 배출했던 베냐민 지파 사람이며, 공부도 많이 한 바리새인이고, 율법을 어긴 일이 없는 성실한 사람이라는 이야기다. 이것은 굉장한 자기 자랑이다. 바울의 표현대로, 이는 유대인으로서는 매우 '유익하던 것'이다. 그런데 예수 그리스도를 알고 난 후부터는 이 모든 유익하던 것을 해로 여겼고, 심지어 배설물로 여기기까지 했다. 그리스도를 아는 지식이 무엇이기에 모두가 부러워할 만한 '유익하던 것'을 배설물로 여기게 된 것일까?

우리는 하나님의 지혜와 능력을 힘입어 좋은 가문으로 거듭나기를 기대하고, 할 수만 있다면 많이 공부해서 사회의 엘리트 그룹에 합류하기를 원한다. 뿐만 아니라 도덕적으로도 존경받는 사람이 되기 위해 날마다 기도한다. 이렇게 해서 진짜 바울의 '유익하던 것'을 얻게 된다면, 우리는 그것을 하나님의 은혜라고 여겨 책으로 출판하고 여러 교회를 순회하며 간증하게 될 것이다. 하지만 그 '유익하던 것'을 바울은 다 배설물로 여겼다. 도리어 유익한 것이 아니라 해가 될 뿐인 조건들임을 고백했다. 그러한 것들을 가지고 하나님의 은혜라고 간증하고 다닌다면, 이는 도리어 하나님을 영화롭게 하지 못하고, 하나님의 영광을 훼손하는 일이 될 수도 있다.

결국 우리는 그리스도를 아는 지식이 부족한 탓에 바울의 '배설물'을 추구하는 이상한 신앙에 사로잡혀 사는 것이다. 바울이 알고 있는 그리스도를 아는 지식은, 그가 썼던 여러 서신들과 복음서를 면밀히 살펴보면 알 수 있다.

팀 켈러는 신약학자 사이몬 개더콜을 인용해서 바울 서신과 복음서들에서 공통적으로 가르치는 복음의 개요를 다음과 같이 소개했다.

1. 하나님의 아들은 자신을 비워 예수 그리스도로 세상에 오셨으며 친히 종이 되셨다.
2. 그분은 십자가에서 대속의 희생 제물로 죽으셨다.
3. 그분은 새로워질 만물의 첫 열매로서 무덤에서 일어나셨다.[23]

1. 복음

팀 켈러는 성육신과 속죄와 부활을 복음의 속성이라고 불렀는데, 성육신은 '위에서 아래로 임하는'(Upside-Down) 복음의 속성이고, 속죄는 '안에서 바깥으로 임하는'(Inside-Out) 복음의 속성, 부활은 '미래를 앞서 경험하는'(Forward-Back) 복음의 속성이다.[24]

위에서 아래로 임하는 성육신 사건은, 단순히 하나님의 아들이 인간의 몸을 입고 이 땅에 내려오는 '낮아지심'만을 의미하지 않는다.

> 예수님은 부유하셨지만 가난하게 되셨다. 그분은 왕이셨으나 섬기셨다. 가장 위대한 분이셨으나 모든 사람의 종이 되셨다. 그분은 권력을 거머쥠으로써가 아니라 자신을 희생하며 섬김으로써 죄에 대해 승리하셨다. 그분은 모든 것을 잃어버림으로써 모든 것을 얻으셨다.[25]

그리스도의 이런 구원 방식은 세상의 가치에 대한 역전 현상을 불러왔다. 성경의 말씀대로 '먼저 된 사람들이 나중 될 것이다'(마 19:30). 더 이상 개인의 성공을 가지고 믿음을 판단하지 않아도 되고, 병들고 가난해지고 사업에 실패한 사람은 믿음이 없거나 하나님의 은혜를 받지 못한 사람이라는 편견을 극복하게 해 준다. 오히려 그리스도를 알고 예수 닮기를 원하는 사람이라면, 세상에서 가치 있게 여기는 권력, 명성, 부, 지위에 대한 집착을 버리고 낮아짐과 섬김의 삶을 더 중요한 가치로 여기게 된다. 복음 안에서 진정한 가치는 개인의 성공보다 진실한 공동체를 세우고, 헌신적인 구제와 자원 공유, 계층 간 화해, 가난한 자들과의 공존이 소중한 가치로 부각된다.[26]

안에서 바깥으로 임하는 속죄의 복음은, 예수님이 십자가 위에서 우리를 대속해 주심으로 구원을 완성하고 그것을 우리에게 은혜의 선물로 주셨음을 깨닫게 한다. 은혜로 주어진 구원의 선물은 우리가 무엇을 행해야지만 하나님의 은혜를 받을 수 있다는 생각을 뒤집어 놓았다. 우리가 순종함으로 구원을 얻는 것이 아니라, 이미 은혜로 주어진 구원으로 인해 감사와 기쁨으로 하나님에게 순종하게 되는 것이다. 이는 바울이 복음을 전하던 당시의 바리새인들이 생각하던 것과는 전혀 다르다. 바리새파 사람들은 안식일 준수나 할례, 모세의 율법을 지키는 것이 구원의 중요한 문제였다. 그러나 복음은 우리가 무언가를 해서가 아니라, 오직 은혜로만 의롭게 된다는 사실을 깨닫게 했다. 우리는 오직 그리스도가 하신 일 때문에 하나님 보시기에 아름답고 의로운 사람이 된다.[27]

어릴 적 부흥회에 참석하면 늘 듣던 말이 주일 성수와 십일조였다. 거기에 덧붙여 전도까지 강조되던 분위기였다. 주일을 한 번 빠지면 천국 가는 계단이 하나 사라진다고 했고, 십일조를 하지 않는 것은 하나님의 것을 도둑질하는 죄가 되어 지옥에 가게 된다고 했다. 전도하지 않는 것은 예수님의 지상 명령을 어기는 것이며 하나님을 믿지 않는 것이기에 천국에 들어갈 수 없다고 가르쳤다. 이런 분위기 속에서 신앙생활은 기쁨과 감사보다 언제나 긴장의 연속이었다. 어쩌다가 이 중에 하나라도 지키지 못하는 상황이 되면 지옥에 가게 될까 봐 두려움에 사로잡혔고, 늘 불안에 떨어야 했다. 반대로 이 모든 것을 지켰다고 생각하면, 천국은 은혜로 가는 것이 아닌 나의 노력으로 들어가는 곳으로 여기곤 했다.

안에서 바깥으로 임하는 속죄의 복음은 이런 나를 하나님의 풍성한 은혜 안에서 기쁨으로 회개하게 하고, 다른 이들에게 하나님의 은혜를 알리고 싶은 마음의 소원을 갖게 했다. 하나님을 알지 못하고 살아가는 사람들과 나라들을 보면 안타까운 마음이 들었고, 그 마음은 그대로 선교의 열정으로 이어졌다. 이처럼 안에서 바깥으로 임하는 속죄의 복음의 속성을 깨달으면, 자신의 의를 내세우는 교만함을 내려놓고 교도소 사역과 빈민 사역, 비행 청소년 사역, 노숙자 사역이 일어날 수 있게 한다. 속죄의 복음 안에 깊이 잠기게 되면, 하나님에게 예배하는 일이 더 이상 긴장과 불안이 아닌, 기쁨과 감격으로 행해지는 일이 된다.

미래를 앞서 경험하는 부활의 복음은 이 땅에 하나님 나라가 시작되었음을 의미한다. 하지만 아직 완전히 임한 것은 아니고, 마지막 날 그리스도가 다시 오실 때 완성된다.[28] 그때를 바라보며 우리는 죄와 악의 지배로부터 벗어나 가장 평안하고 행복한 나라의 백성으로 살게 될 것을 꿈꾸게 되었다. 태초에 에덴동산에서 하나님과 함께 거닐던 아담과 하와의 기쁨을 우리도 누릴 수 있는 것이다.

부활의 복음은 죽음으로 인해 경험해야 했던 상실의 아픔을 극복할 힘이 된다. 세상에서는 단지 위로만 해 줄 수 있을 뿐이지만, 다가올 하나님 나라는 그 모든 것을 회복시켜 준다. 신체에 장애를 가지고 있어도 원망으로 세상을 살지 않을 수 있게 하고, 어린 자녀를 먼저 떠나보낸 부모의 상한 마음도 마지막 날 다시 만날 희망으로 치유해 준다.

그리스도인들은 지금 다가올 미래를 생각하며 살고 있다. 사람들에게 복음을 전하며 심판에 대비하라고 말한다. 또한 가난한 자들을 도우며 정의를 위해 일한다. 이것이 하나님의 뜻이고, 궁극적으로는 그분이 이 모든 억압을 없앨 것을 알기 때문이다. 또한 우리는 그리스도인들에게 신앙과 일을 통합하라고 가르친다. 그래서 문화의 창조자가 되어서 인류의 번영이라는 공공선을 위해 일하라고 가르친다. 하나님 나라의 '이미 그러나 아직' 측면은 우리로 하여금 문화 정복에 대한 유토피아적, 승리주의적 비전을 가질 수 없게 하고 동시에 사회에 대해 비관적이거나 은둔할 수 없게 한다.[29]

미래를 앞서 경험하는 복음의 속성은 도시와 이웃의 복지, 사회 참여, 문화 변혁에 관심을 갖게 하고, 기독교 세계관을 가지고 세상에 나가 일할 힘을 얻게 한다.[30]

바울에게 그리스도를 아는 지식이 그분의 성육신과 대속의 죽음, 부활에 대한 깊은 묵상에 관한 것이었다면, 왜 그가 자신에게 유익하던 것을 해로 여기고 배설물로 여겼는지 충분히 이해할 수 있다. 복음의 부요함을 깨달았던 바울은 다음과 같이 고백했고, 이제는 이것이 우리의 고백이 되었다.

"내가 그리스도와 그 부활의 권능과 그 고난에 참여함을 알고자 하여 그의 죽으심을 본받아 어떻게 해서든지 죽은 자 가운데서 부활에 이르려 하노니 내가 이미 얻었다 함도 아니요 온전히 이루었다 함도 아니라 오직 내가 그리스도 예수께 잡힌바 된 그것을 잡으려고 달려가노라"(빌 3:10-12).

복음의 재발견

――――― 복음은 부흥의 핵심 수단이다

조직신학개론을 보면 제일 먼저 성경론이 나오고, 이어서 신론, 인간론, 기독론, 구원론, 교회론 그리고 종말론이 나온다. 이는 성경에 나오는 중요한 주제들을 논리적이고 체계적인 방법론을 사용해서 서술한 것이다. 성경을 주제 중심으로 보는 것을 공시적 방법 또는 조직신학적 접근 방법이라고 부른다. 조직신학의 주제들을 순서대로 보면, '세상을 창조하신 하나님이 인간을 창조하셨는데 최초의 인간이 선악과를 따 먹음으로써 범죄해서 세상에 악과 고난이 생겼고, 이를 해결하기 위해 예수 그리스도가 이 땅에 내려와 십자가를 지심으로 당신의 백성을 구원하시고, 예수를 머리로 하는 그의 몸 된 교회를 세워 종말의 때까지 당신의 백성을 지키신다'는 이야기 구조로도 볼 수 있다. 성경을 이야기 구조로 접근하는 것을 통시적 방법 혹은 구속사적 방법이라고 부른다.

팀 켈러는 성경을 볼 때 조직신학적 방법과 구속사적 방법을 모두 사용하는 것이 중요하다고 말한다.

조직신학적 방법은 구속사적 방법과 병행되지 않는다면, 이성주의적, 율법주의적, 그리고 개인주의적 기독교를 만들 수 있다. 마찬가지로 구속사적 방법은 조직신학적 방법과 병행되지 않는다면 이야기와 공동체는 사랑하지만 은혜와 율법 사이, 진리와 이단 사이의 분명한 차이점을 외면하는 기독교를 만들 수 있다. 이야기 흐름과 성경의 주제들을 모두 활용할 수 있는 접근법은 신구약 성경을 관통하고 연결하는 주제들(intercanonical themes)을 중심으로 읽는 것이다.[31]

팀 켈러에게 있어 신구약을 관통하고 연결하는 주제들은 복음이다. 성경의 특정 본문을 읽을 때 발견되는 다양한 주제들 중에서 신구약의 핵심인 예수 그리스도를 가리키는 주제들을 찾아내어 설교의 주제로 삼을 것을 권하고 있다. 팀 켈러는 복음을 설교할 때 스토리를 살펴보는 것이 매우 중요하다고 말한다. 스토리 구조는 '발단-갈등-절정-대단원'의 형태를 가지고 있다. 이를 플롯의 4단계 구조라고 하는데, 이것은 창조, 타락, 구속, 회복으로 이어지는 성경 이야기의 기본 줄기와 흡사하다. 어떤 이야기든 플롯의 전체 이야기를 알아야 각 단계의 이야기가 더 잘 이해된다.

복음은 우리를 구원하기 위해 하나님의 아들, 예수 그리스도가 이 땅에 내려와 성취하신 일들에 대한 선포다. 하지만 복음이 어떤 스토리라인을 가지는가에 따라 우리의 반응은 달라진다. 많은 사람들이 죽음 이후의 삶에 대해 궁금해 한다. 그들은 인간이 짧은 생을 살다가 먼지처럼 사라지는 것이 아니라는 사실을 복음의 핵심으로 붙잡는다.

어떤 사람들은 정말로 천국과 지옥이 있는지 궁금해 한다. 만약 있다면, 누가 천국에 갈 수 있는지도 알고 싶어 한다. 이런 사람들에게 복음은 천국을 보장하며, 천국 가는 방법을 알려 주는 이야기로 들린다. 또 다른 이들은 복음을 세상을 이해하는 다양한 세계관의 하나쯤으로 생각하고 만다.

바울은 복음의 스토리라인을 성경, 즉 구약으로 이해했다.

> "내가 받은 것을 먼저 너희에게 전하였노니 이는 성경대로 그리스도께서 우리 죄를 위하여 죽으시고 장사 지낸 바 되셨다가 성경대로 사흘 만에 다시 살아나사"(고전 15:3-4).

바울은 예수님의 죽으심과 부활이 '성경대로' 이루어졌다고 말한다. 따라서 신약 사복음서에 나오는 예수님의 이야기는 구약의 스토리라인의 연장선으로 이해해야 복음을 바르게 이해할 수 있게 된다는 말이다.

1세기 유대인들의 메시아 사상은 매우 정치적이며 전투적이었다. 그들의 생각 속에서 출애굽 사건은 구원의 이야기와 가장 흡사하게 느껴지는 것이었다. 애굽의 노예로 살아가던 유대인들에게 하나님이 모세를 보내어 열 가지 재앙을 통해 애굽을 심판하시고 가나안 정복 전쟁을 통해 이스라엘을 세우게 하셨던 경험이 메시아 대망 사상에 녹아 있었다. 그들은 모세와 같은 선지자(신 18:15)가 메시아로 올 것이라 기대했다. 예수님의 제자 중 야고보와 요한이 예수님의 좌우편에 앉기를 원했던 것(막 10:37)도 정치적 메시아 사상이 있었기 때문이다. 예수님의 죽음으로 인해 실망해서 엠마오로 내려가던 두 제자도 "나사렛 예수의 일이니 그는 하나님과 모든 백성 앞에서 말과 일에 능하신 선지자이거늘 우리 대제사장들과 관리들이 사형 판결에 넘겨주어 십자가에 못 박았느니라 우리는 이 사람이 이스라엘을 속량할 자라고 바랐노라"(눅 24:19-21)고 말하고 있다. 1세기 유대인들은 하나님의 통치가 세상에 임하는 방법이 강력한 왕의 등장이라고 생각했던 것이다.

그들의 생각대로 예수님은 왕으로 임하셨다. 하지만 그의 통치 방법은 그들이 알고 있던 세상의 방식과는 전혀 달랐다. 세상의 임금은 높은 자리에 앉아 사람들을 부리지만, 예수님은 낮은 곳에 오셔서 섬기는 자의 모습으로 세상에 임하셨다. 그들은 이스라엘의 구원만이 아니라 모든 만물을 새롭게 하실 분으로 오신 예수를 이해하지 못했다.

예수 그리스도는 십자가에서 죽으시고 3일 만에 부활하셨다. 죽은 자의 부활은 하나님의 통치가 세상에 임했음을 보여 주는 가장 강력한 증거가 되었다. 우리는 '누구든지 그리스도 안에 있으면 새로운 피조물'(고후 5:17)이 된다. 드디어 새 창조가 펼쳐지는 순간이 온 것이다. 하나님의 통치가 임하면 이사야가 예언했던 완벽한 나라가 될 것이 분명하다. 맹인의 눈이 밝아지고, 못 듣는 사람의 귀가 열리며, 저는 자는 사슴같이 뛰고, 말 못하는 자들이 노래하며, 사막에서 시내가 흐를 것이다(사 35장). 이리가 어린 양과 함께 살고, 사자가 풀을 뜯고, 독사 굴에 손을 넣어도 물지 않는 나라(사 11장)가 하나님의 통치로 이뤄질 것이다. 우리는 이미 시작됐으나 아직 완성되지 않은 하나님 나라에서 살아가고 있다. 이와 같은 스토리라인에서 복음을 들으면, "하나님의 아들 예수 그리스도의 복음의 시작"(막 1:1)이 안전하고 평화로운 하나님 나라를 기다리게 하는 좋은 소식이 된다.

팀 켈러는 신구약을 관통하는 스토리라인들 중 세 가지를 소개하고 있다. 그중 첫째는, 추방과 귀향의 이야기다. 삼위일체 하나님의 사랑의 관계에서 안식하던 사람들이 범죄함으로 평강을 잃어버리고 자기 중심성에 사로잡혀 두려움과 이기적인 욕심으로 살게 되었다. 하나님은 이스라엘을 택해서 부르셨지만, 그들은 결국 애굽으로 그리고 다시 바벨론으로 추방되는 삶을 살았다. 이렇게 평강과 안식을 잃어버린 세상에 예수 그리스도가 오셔서, 머리 둘 곳조차 없이 살다가 영문 밖에서 죽으셨다. 3일 만에 죽음의 권세를 깨뜨리고 부활하신 주님이 우리를 진정한 안식이 있는 하나님 나라로 이끄신다. 추방과 귀향의 모티브는 안식과 안식일, 정의와 평강, 삼위일체와 공동체 등의 주제들로 표현될 수 있다.[32]

둘째는, 언약과 성취의 이야기다. 하나님의 형상대로 지음 받은 인간은 하나님과 신실한 언약적 사랑의 관계였으나, 범죄함으로 인해 하나님의 저주와 진노 아래 살게 되었다. 택한 백성 이스라엘도 하나님의 언약을 저버렸지만, 예수님은 고난 받는 종의 모습으로 이 땅에 오셔서 하나님의 저주와 진노를 담당하고 십자가에 죽으셨다가 부활하심으로 새 언약이 되어 주셨다. 우리는 예수 그리스도 안에서 단장한 신부가 되어 어린 양의 혼인 잔치에 참여하게 되었다. 언약과 성취

의 이야기는 의로움과 벌거벗음, 결혼과 정절, 임재와 성소 등의 주제와 관련되어 있다.[33]

셋째는, 왕국과 도래의 이야기다. 하나님이 태초에 세우신 나라에서 범죄한 인간은 우상 숭배의 길을 걷다가 우상의 노예가 되고 말았다. 이스라엘을 택해서 세우셨지만, 그들의 사사나 왕은 진정한 자유와 해방을 주지 못해, 더 나은 사사 혹은 완벽한 왕의 등장을 기다려야만 했다. 예수님은 이 땅에 참된 왕으로 오시어, 세상의 모든 질고와 아픔을 친히 담당하고 마귀의 권세를 꺾어, 우리를 죄와 사망의 노예에서 풀어 해방하셨다. 완성될 하나님 나라에서 우리는 참된 자유를 누리며 살게 될 것이다. 왕국과 도래의 이야기는 형상과 모양, 우상 숭배와 자유, 지혜와 말씀 등의 주제들과 연결된다.[34]

기독교 지도자들이라면 복음이 중요하다는 사실을 너무나 잘 알고 있다. 그러나 같은 성도들 앞에서 매주 복음을 선포하기가 쉬운 것은 아니다. 그러다 보니 자연스럽게 복음보다는 복음의 결과를 요구하는 설교를 하게 되기가 쉽다. 복음이 우리를 어떻게 그리스도인이 되게 하는가보다는, 그리스도인이라면 어떻게 살아야 하는가를 더 자주 말하게 되는 것이다. 목회자가 복음을 더 자주, 더 많이 선포하지 못하는 이유 중 하나는, 목회자 자신이 복음을 풍성하게 알지 못하기 때문이다.

성경에서 복음을 표현할 때 공관복음은 나라(Kingdom)로 선포하고, 요한복음은 영생(Eternal life)으로, 바울은 칭의(Justification)로 나타낸다.[35] 그리스도의 대속을 설명할 때도 전쟁터의 언어(죄와 사망의 권세에 맞서 싸우심), 시장의 언어(노예였던 우리를 위해 속전을 지불하심), 추방의 언어(추방되었던 우리를 고향으로 이끄심), 성전의 언어(우리를 정결하게 하는 희생 제물이 되심), 법정의 언어(죄책감을 제거하고 의롭게 하심)로 표현할 수 있다.[36]

바울이 십자가를 헬라인들에게는 하나님의 지혜로 전하고 유대인들에게는 하나님의 능력으로 선포했듯이, 복음은 단 하나(singular)의 메시지이지만, 결코 단순한(simple) 메시지는 아니다. 복음의 풍성함은 모든 문화와 상황 속에서 가장 적절한 형태로 선포될 수 있다.

팀 켈러는 부흥이 일어나는 때를 "한 집단의 사람들이 이미 복음을 알고 있다고 생각했다가 실은 복음을 온전히 알지 못했음을 발견하면서, 복음을 자기의 것으로 수용하고 살아 있는 믿음으로 넘어갈 때"[37]라고 말한다. 부흥의 첫 번째 가시적 표지도 "명목상 그리스도인들이 회심하는 것"[38]이라고 말한다.

> 우리는 부흥의 핵심 수단이 신학적(복음의 재발견)이며, 일상적인 것(설교, 기도, 교제, 예배)임을 기억하고, 성령께서 특정한 순간에 사용하시는 복음 선포의 새로운 방식들을 계속해서 찾아야 할 것이다.[39]

복음의 능력은 예수 그리스도가
내 안에서 가장 존귀하고 사랑스런 분이 되게 하고,
그리스도를 십자가에서 죽게 한
자기중심성의 죄악들을 미워하게 한다.

추천 도서 《팀 켈러의 탕부 하나님》

"아들들을 위해 사랑을 탕진하시는 하나님."[40]

지금 이 책을 읽고 있는 사람이라면,《팀 켈러의 탕부 하나님》또한 읽었을 것이라 생각한다. 팀 켈러의 가장 대표적인 책이《팀 켈러의 탕부 하나님》이기도 하고, 그의 다른 책들에 비해 상대적으로 얇고 이해하기 쉽게 쓰였기 때문이다.

《팀 켈러의 탕부 하나님》은 이젠 더 이상 새로울 것이 없어 보이는 누가복음 15장의 잃은 아들의 비유를 다루고 있다. 하지만 이 책을 읽고 나면 그동안 잃어버린 아들의 비유를 절반밖에 다루지 않았음을 느끼게 된다. 우리는 작은아들이 아버지의 재산을 가지고 이웃 나라에 가서 허랑방탕하게 살다가 거지가 되어 돌아오는 이야기에 집중한 나머지, 아버지가 받았을 상처와 아버지가 치른 대가에 대해서는 잘 알지 못했다. 더군다나 아버지에게는 큰아들도 있었다는 사실을 새삼 새롭게 느끼는 사람들도 있을 것이다.

팀 켈러가 《팀 켈러의 센터처치》에서 복음을 종교나 비종교가 아닌 제3의 길로 설교하라고 말할 때, 그는 그 이유를 교회 안에 있는 큰아들에게 둔다. 신앙이 있다고 하는 많은 그리스도인들은 사실상 이름뿐인 신자들이기도 하고, 진정한 그리스도인들이라도 상당수가 큰아들과 비슷한 모습을 하고 있기 때문이다. 불신자들이 교회로 들어오려고 해도 큰아들과 같은 성도들로 인해 주저하게 되고, 어떤 이들은 교회에 가는 것을 큰아들처럼 되는 것이라고 느끼기까지 한다.[41]

> 당신이 끊임없이 명확하게 그들이 복음을 오해했음을 보여 주지 않는다면, 또한 종교가 아닌 다른 것에 대해 이야기하고 있다는 것을 보여 주지 않는다면, 그들은 진짜 복음에 대해 귀 기울이지 않을 것이다.[42]

팀 켈러는 이 책의 취지가 '복음의 본질을 제시'하는 데 있다고 했다.[43] 실제로 많은 사람들이 《팀 켈러의 탕부 하나님》을 팀 켈러의 복음 신학이 진하게 녹아 있는 책이라고 평가한다. 나를 포함한 많은 사람들이 이 책을 통해서 복음을 새롭게 깨닫게 되었다고 고백한다.

무엇보다 《팀 켈러의 탕부 하나님》을 추천하는 가장 큰 이유는, 잃은 아들의 비유에서 팀 켈러가 그리스도를 드러내고 복음을 선포하는 방식이 탁월하기 때문이다. 큰아들을 도덕주의적인 사람의 모습으로, 작은아들을 상대주의적인 사람으로 설명하는 방식도 탁월하고, 두 사람 모두 그리스도와 복음이 필요하다는 사실을 설명하는 그의 논리도 매우 탁월하다. 그리고 예수님의 비유에 등장하는 인물이라고는 도덕주의의 대표인 큰아들과 상대주의의 대표인 작은아들 그리고 하나님을 떠올리게 하는 아버지뿐임에도 불구하고, 본문을 벗어나지 않은 채 그리스도를 등장시키는 그의 전개 방식은《팀 켈러의 탕부 하나님》의 백미에 해당한다.

팀 켈러의 책은《팀 켈러의 탕부 하나님》으로 시작해서《팀 켈러의 방탕한 선지자》[44]로 끝난다고 해도 과언이 아니다. 원서의 제목을 보면,《팀 켈러의 탕부 하나님》은《*The Prodigal GOD*》,《팀 켈러의 방탕한 선지자》는《*The Prodigal Prophet*》으로 같은 표현을 쓰고 있다.

> 흔히 '탕자'(蕩子)로 번역되는 문구의 형용사 'prodigal'(프로디걸)은 '제멋대로 군다'라는 뜻이 아니라 Merriam-Webster's Collegiate Dictionary(메리엄웹스터 대학생용 사전)에 따르면 '무모할 정도로 씀씀이가 헤프다'라는 뜻이다. 하나도 남김없이 다 쓴다는 의미다.[45]

하나의 단어가 하나님에게는 아낌없이 쏟아 붓는 사랑의 의미로 사용되고, 선지자(요나)에게는 제멋대로 군다는 의미로 쓰였다. 팀 켈러가 의도했는지는 확신할 수 없지만, 다분히 팀 켈러답다는 느낌을 준다. 두 책은 평행이론을 떠올릴 만큼 유사한 내용으로 되어 있다. 하지만 《팀 켈러의 탕부 하나님》은 팀 켈러를 이해하는 서론에 해당하고, 《팀 켈러의 방탕한 선지자》는 팀 켈러를 요약하는 결론에 해당한다는 느낌을 받는다.

이미 두 권 다 읽은 사람들도 많겠지만, 아직 《팀 켈러의 탕부 하나님》을 읽어 보지 않았다면 반드시 읽어 볼 것을 권한다. 아울러 이미 읽었더라도 복음의 본질에 대해 더 깊이 알기를 원한다면 몇 번이고 더 읽어 볼 것을 추천한다.

교회 안에서 '신앙생활 좀 했다' 한다면, 《팀 켈러의 탕부 하나님》은 딱 당신을 위한 책이다.

팀 켈러는, 도시에 들어가서 복음을 전하는 것은 한두 사람이 아니라 그들이 속한 직업군에 복음을 전하는 것이며, 다국적이며 다문화 속에 복음을 전하게 되는 것이라고 했다.

2. 도시

현대 도시인들에게

복음의 능력을

나타내는 교회

/ 전재훈 목사

복음의 상황화

———— 게토화된 교회와 세속화된 교회의 대안

당신이 어떤 문화권이나 지역적 환경에 처해 있든지 간에, 전도하려고 하는 사람들에게 다가서는 신학적 비전을 형성하려고 할 때 도시를 반드시 고려해야 한다. 다시 말해서, 세계는 70퍼센트의 도시화에 근접하고 있으며, 우리에겐 도시를 염두에 둔 신학 비전이 필요하다 (역주-한국은 90퍼센트 이상이 도시화 되었다). 당신이 도시에서 사역하지 않더라도, 실수하지 말라. 도시가 당신을 향해 오고 있다.[1]

한국은 90년대 이전까지만 해도 교회 문화가 세상 문화보다 조금 앞서 있었다. 동네에서 가장 많이 배운 사람이 교회 목사님이었고, 청소년들이 악기를 배울 수 있는 곳도 교회뿐인 곳이 많았다. 나의 학생

시절, 교회에서 하는 문학의 밤은 청소년들의 문화 중심에 있었다. 그 시대를 살아 온 지금의 40대, 50대 목회자들은 새로운 문화를 모두 교회 안에서 배울 수 있었다. 하지만 시간이 지나면서 교회 문화가 세상 문화를 앞서가기보다 따라가기 급급한 시대가 되었다. 교회는 점점 방어적이 되어 세상 문화가 교회 안으로 들어오는 것을 막기에 급급했다. 가요를 전부 사탄의 음악으로 치부하고, 영화나 연극도 타락한 사람들의 전유물처럼 여겼다. 그런 교회의 분위기 탓에 드럼이나 전자 악기가 교회에서 사용되기까지 많은 진통을 겪어야 했으며, 한때는 교회 안에서 랩을 부르는 것만으로도 사탄이라는 소리를 들어야 했다. 인터넷이 발전하면서 등장한 상품의 바코드는 사탄의 표시로 여겨졌고, 신용카드를 쓰는 것은 믿음이 없는 행위로 간주되었다. 교회는 '세상 등지고 십자가 보네'라는 심정으로 고립되는 길로 들어서게 되었다.

교회가 세상 문화와 대적하기 시작하면서부터 교회 성장은 꺾이기 시작했다. 그러면서 다시 교회가 성장하기 위해서는 세상 문화에 적극적으로 참여하는 것이 중요하다는 생각이 고개를 들게 되었다. 교회 홈페이지를 만드는 것이 유행처럼 번지고, 인터넷 예배도 등장했다. 교회 시설은 빠르게 현대화되었으며, 교회 건물을 리모델링하거나 새로 짓는 일이 성장 비결로 여겨지기도 했다. 심하게는 '죄'라는 말 대신에 '상처'라는 말을 사용하고, 〈나 같은 죄인 살리신〉(새찬송가 305장)은 '나 같은 영혼 살리신'으로 바꿔 부르는 경우도 있었다. 교회는 복음을 전하는 곳이 아니라 문화를 가르쳐 주거나 커피를 마시는 곳으로 변해 갔으며, 비전이라는 말로 둔갑된 성공만을 설교하기도 했다. 한때 거룩함을 추구하던 교회가 어느 순간 부흥이라는 명목 아래 세속화되어 버린 것 같은 인상을 심어 주었다.

유럽은 르네상스를 거쳐 프랑스 대혁명과 계몽주의를 지나오면서 19세기 중엽에는 세속화의 길을 걷게 된다. 르네상스는 신 중심 문화였던 중세의 종말과 함께 철학이 재조명을 받으면서 인문 중심의 문예 부흥을 이루게 되는 시기다. 또한 프랑스 대혁명은 신의 대리자로 자처하던 왕과 성직자들을 배격하고 개인의 자유와 평등을 중심으로 한 민주주의를 꽃피우게 된다. 이후 계몽주의는 종교를 하나의 미신으로 간주하게 해, 기독교 세계관은 점점 설 자리를 잃게 되었다. 그리고 그 자리를 무신론적 세계관이 차지하게 되었다. 이는 종교 선택의 자유라는 이름으로 종교를 비판하거나 신이 없다고 주장할 수 있는 시대로 변해 가고 있음을 의미한다. 돈이 신과 같은 능력을 발휘하면서 돈을 많이 버는 것이 곧 성공이라는 신화에 갇혀 버리는 세속화의 길에 들어서게 된 것이다.

교회도 세속화의 물결에서 벗어나지 못해, 부흥이라는 명목 아래 성도가 많이 모이고 헌금이 많이 나오는 교회가 하나님의 복을 받은 교회인양 여겨지게 되었다. 부자가 되기 위해서 목사가 되려는 사람들도 많아졌고, 실제로 목회자의 능력을 헌금이 걷히는 액수로 평가하기도 한다. 심지어 '교인 수가 계급장'이라는 말이 나오고, 목회자가 타고 다니는 차가 목회자의 능력이 되기도 한다.

교회의 세속화는, 복음을 전해야 할 교회가 점차 시간이 지나면서 사회단체나 시민단체, 복지단체 정도로 비쳐지는 것을 의미하기도 한다. 특정 교회를 말할 때 문화센터나 카페가 생각나는 교회라면 세속화된 교회라고 말할 수 있다. 요즘은 자신들의 이익을 위해 특정 정당을 지지하거나 거리 시위를 하는 교회 역시 세속화된 교회라고 부른다.

세상 한복판에서 살아가는 교회가 거룩이라는 이름으로 게토화되거나, 세상과 동화되어 세속화가 되어서는 안 된다는 것이 모든 목회자들의 고민이다. 게토화와 세속화 사이에서 갈등하는 목회자라면 팀 켈러가 말하는 상황화를 주목할 필요가 있다.

팀 켈러가 말하는 상황화란, 교회가 복음을 전하기 위해 얼마큼 세상 문화에 참여해야 하는지를 설명하는 말이다. 복음을 세상에 전하기 위해서는 어쩔 수 없이 특정 문화의 옷을 입을 수밖에 없다. 팀 켈러는 상황화를 피할 수는 없다고 한다. 하지만 너무 과도하게 하면 복음이 세상 신념과 구별되지 못하고, 너무 최소한으로 한다면 세상 사람들이 이해하지 못하는 메시지가 되고 만다. 그는 복음을 전하고자 하는 복음 전도자라면 반드시 상황화에 대한 깊은 고민을 가져야 한다고 충고한다.

> 상황화는 "사람들에게 그들이 원하는 것을 주는 것"이 아니다. 오히려 특정 시기와 특정 지역에서 사람들이 삶에 대해 갖는 질문에 대해 그들이 이해할 수 있는 언어와 형태로, 그리고 그들이 힘 있게 느낄 수 있는 호소와 논증을 통해서, 비록 그들이 듣고 싶어 하지 않고 심지어 반대할지라도 성경의 답을 주는 것이다. 건전한 상황화는 특정

문화에 대한 복음의 소통과 사역이 복음 자체의 본질과 독특성을 타협하지 않으면서 번역되고 적응되는 것이다.[2]

팀 켈러는 복음의 능력이 전혀 훼손되지 않은 채 사람들에게 들려지는 것을 건전한 상황화라고 한다. 내 생각에, 건전한 상황화는 교회가 세속화되지 않으면서 또한 게토화되지 않는 것을 말하고, 거룩성을 유지한 채 세상 속에서 더불어 살아가는 것이라고 할 수 있다.

한국은 유교적 토양 아래 기독교가 전파되었다. 내가 판단하기로는 유교가 하나님의 질서라는 측면에서 교회에 유익이 되기도 했지만, 자칫 권위적인 교회가 곧 복음의 특징인 양 오해되기도 했다고 여겨진다. 예수 그리스도의 낮아지심에 대한 이해가 유교에 의해 가려져 버린 것이다. 팀 켈러는, "모든 인간은 자신이 가진 문화적 신념을 간혹 최고의 도덕적 미덕인 양 간주하는 습관이 있다"고 했다. 이런 정당화의 습관은 교회가 가진 특정 문화를 마치 복음이고 믿음인 양 착각하게 만든다. 이는 교회 안의 특정 직분들을 역할에 대한 것보다 서열에 대한 것으로 느끼게 했다. 나는 성도들이 정당화의 습관으로 인해 교회를 다닌 시간과 교회에 헌신한 공로를 바탕으로 구원도 마치 어느 정도의 자격 요건을 갖춰야 주어지는 것인 양 오해하게 되었다고 판단한다.

또한 한국은 토착 신앙이 기독교와 합쳐지는 과정에서 신의 능력을 빌어 무언가를 이루려 하던 신앙이 모양만 바꾼 채 남아 있다. 나의 부모님은 하나님을 믿어야 하는 이유가 잘 먹고 잘 살기 위함이었으며,

복음이란 복을 받기 위한 방법이라는 것으로 오해하고 계셨다. 이처럼 한국 교회의 복음에는 한국 특유의 신앙인 '정성'이라는 개념이 스며들어 있다. 그러므로 우리에게 적용해야 할 상황화란, 우리 안에 '오직 은혜에 의한 그리고 오직 믿음을 통한 구원의 복음'을 다시 찾아내는 일이 선행되어야 할 것이다.

오직 성경만이 삶에 대해 최종적인 권위를 갖는다. 그리고 성경이 우리의 양심에 자유롭게 맡겨 놓은 영역에서는 문화적으로 유연해야 한다. 성경은 어떻게 옷을 입을지, 어떤 종류의 음악을 들을지에 대해 세부 사항을 지시하지 않았다. 따라서 우리에게는 성경적인 범위 안에서 옷과 음악을 문화에 적합한 모습으로 만들어 갈 자유가 있다. 기독교의 많은 부분에 문화적으로 상대적인 영역들이 있음을 부인하는 것은 문화와 전통을 절대적인 수준으로 격상시키는 것이며, 이는 곧 성경을 낮추는 것이다.

프랜시스 쉐퍼는 종종 성경적으로 처방된 '형태'와 문화적 '자유' 간의 차이점에 대해 이야기했다. "교회의 형태와 관련하여 신약성경이 명하지 않는 것은 어떤 것이든지 성령님의 지도 아래 특정 시간과 장소에서 자유롭게 정할 수 있다."[3]

도시 비전

하나님의 도시 시민이 되게 하라

도시에 대한 성경의 관점은 적대적이지도 낭만적이지도 않다. 도시는 인류가 집중적으로 모여 사는 곳이기에, 인간 본성의 최선과 최악이라는 이중적 특성이 드러나는 곳이다.⁴

전 세계 도시들이 빠르게 성장하고 있다. 통계청에 따르면, 크기와 관계없이 통합된 사회가 도시로 간주되며, 2,500명 이상의 거주민을 가진 시(city)를 도시(urban)로 여긴다. 1980년대 이후 세계의 도시 인구는 매년 10만 명 이상씩 증가되고 있고, 인구 감소 현상이 나타나도 도시 인구는 계속 증가 추세에 있다. 현재 전 세계 인구의 절반이 도시에 살고 있으며, 21세기 말에는 전 세계 인구의 80-90퍼센트가 도시에서 살게 될 것으로 전망하고 있다. 특히 대도시 밀집 현상이 두드러지고 있는데, 우리나라만 해도 서울-인천-경기를 잇는 수도권에만 전체 인구의 절반가량이 살고 있다.

우리나라에서는 일제 강점기 시절 식민지 수탈의 방편으로 근대화된 도시가 나타나기 시작했다. 일본이 필요로 하는 자원의 개발과 대륙 침략기지 확보를 위해 도시를 건설했기 때문에 항만 도시들이 주요 도시로 발달했다. 그 당시 인구 2만 이상의 도시로는 서울, 대구, 평양을 제외하면 부산, 인천, 남포, 목포, 해주, 청진 등 모두 신흥 항만 도시였다. 이들 도시는 해방이 되고 한국전쟁이 터지면서 피난민들이 몰려들어 도시 인구가 크게 성장하게 되었다.

그 후에도 1960년대 이후 경제 개발 계획을 추진하면서 시골을 떠나 도시로 이동하는 사람들로 인해 서울과 부산이 대도시로 성장했고, 1970년대에는 국가가 정책적으로 투자한 포항, 울산, 마산, 창원 등이 신흥 공업 도시로 성장하게 되었다. 1980년대에는 성남, 안양, 부천, 안산 등 대도시 주변의 위성 도시들이 등장했는데, 대중교통의 발전과 자가용이 많아지면서 사람들이 대도시의 주택난과 환경 문제 등을 이유로 교외로 빠져나감으로써 위성 도시들이 성장하게 되었다.

오늘날에는 자연 발생으로 성장한 도시가 아니라 처음부터 계획적, 인공적으로 만들어진 신도시(new town)가 발달하고 있다. 분당, 일산, 산본, 중동, 평촌을 5대 신도시라 불렀는데, 지금은 전국적으로 신도시들이 개발되면서 5대 신도시를 1기 신도시라 부르고 있다. 이제는 신도시가 어디어디에 있는지조차 가늠하기 어려울 만큼 많아졌다. 그만큼 도시는 빠르게 확산되고 있다.

한국에서의 교회 개척은 신도시의 성장과 맞물려 있다. 도시가 완성되기도 전에 교회가 먼저 들어가 있는 경우도 많고, 새로운 건물이 하나씩 올라갈 때마다 교회도 하나씩 늘어 가고 있다. 2017년 말 기준의 '전국 사업체 조사'에 따르면, 기독교 단체는 55,104개로 편의점보다 많으며 커피 전문점과 비슷한 수준이다. 하지만 대다수 교회가 자립하지 못한 채 문을 닫는 경우가 많다. 한 교단의 보고에 의하면, 교회는 2일마다 하나씩 생기고 3일마다 하나씩 문을 닫는다고 한다(예장 합동 2018년 기준). 도시의 발전은 교회 성장의 기회이자 반대로 무덤이

기도 한 셈이다.

뉴욕의 맨해튼에서 리디머교회를 개척해 훌륭하게 성장시킨 팀 켈러는, 전 세계적으로 도시마다 교회 개척을 통한 복음 운동을 일으키고 있는 'CITY TO CITY'의 창립자이자 대표를 맡고 있다. 팀 켈러는 리디머교회 초기 시절 네 개의 핵심 키워드(복음/성경/도시/교회)를 중심으로 목회 철학을 세웠는데, 그중 하나가 도시였다. 그는, 하나님은 도시를 사랑하시며, 하나님 나라는 도시 안에서 자라나야 한다고 여겼기에 도시에서 물러나는 삶이나 혹은 도시의 가치들을 그대로 따르는 삶 모두를 거부했다. 팀 켈러는 도시에 대해 이렇게 말했다.

> 우리는 우리 자신들만을 위한 사역이 아니라, 도시 전체의 평화와 유익을 위한 사역을 실천하기를 원한다. 우리의 목표는 단지 보다 훌륭한 교회가 아닌, 보다 훌륭한 도시다(이 선언을 뒷받침하는 것은 그리스도인들이 살면서 섬겨야 하는 장소로 대도시보다 더 적합한 곳은 없다는 확신이었다).[5]

도시에서 개척하고자 하는 목회자라면, 신도시가 주는 기회만 보고 무턱대고 믿음으로 개척하기보다는 팀 켈러가 말하는 도시 비전에 대해 먼저 주의 깊게 주목해 볼 필요가 있다.

팀 켈러는 오늘날 인구가 많이 모이는 곳은 '도시'로, 중간인 곳은 '소도시'나 '읍'으로, 적은 곳은 '마을'이라고 부르지만, 히브리어에서는 '요새나 벽으로 둘러싸인 인간 거주지'(이르[ir])를 도시로 불렀다고 말한다. 그는 사람들이 밀집해서 모여 사는 사회적 형태를 도시로 설명하기도 했다. 도시의 사람들은 물리적으로 가까이 있었기에 독특한 인간 문화와 고유한 삶의 방식을 창출하게 된다.[6] 팀 켈러는, 성벽으로 둘러싸여 살아가던 도시인들은 적들이나 맹수로부터 안전한 생활을 할 수 있었고, 안정된 삶은 곧 문명의 발전으로 이어졌다고 했다. 그는 사람들이 도시 안에서 법과 질서 체계를 만들고 새로운 사상과 예술을 탄생시켰다고 보았다.[7] 어떤 이들은 이러한 특성 때문에 도시를 "걸어 다닐 수 있는 복합 용도의 거주지"[8]라고 불렀으며, 에드워드 글레이저(Edward Glaeser)는 "사람들 사이에 물리적 거리가 사라진 곳"[9]이라고 했다.

팀 켈러는 성경에 나오는 최초의 도시를 가인이 아벨을 죽이고 땅에서 유리하는 자가 되면서 세운 성으로 보았다. 가인은 자신의 안전을 위해 도시를 세웠지만, 그 안에서 예술이 시작되었고, 도구의 제작과 기술의 발전이 나타났다.[10] 팀 켈러는 도시가 생산성을 극대화시켜 주었지만 그 시작이 가인의 범죄로부터 출발한 탓에 도시를 하나님에 대한 죄와 반역의 결과인 것처럼 여기는 사람들이 있다고 했다.[11] 그는 이에 대해 앙리 블로쉐(Henri Blocher)의 말을 인용한다.

> [창세기 4장에서] 예술과 기술의 발전이 가나안의 '도시들' 안에서 이루어졌다는 것은 분명히 중요한 사실이다. 그러나 이것을 보고 문명이 죄의 결과라는 결론을 내려서는 안 된다. 그런 결론은 마니교 식의 이원론이나 장 자크 루소 식의 자연주의로 빠져들게 된다. 성경은 도시를 정죄하지 않으며(오히려 하나님의 도성이라는 비전으로 끝난다) 예술

2. 도시　　73

이나 기술도 정죄하지 않는다.[12]

팀 켈러는 도시가 인간의 자기 극대화에 봉사하게 되면 하나님이 만드신 세상을 파괴하며 주님의 주권에 반항할 것이지만, 하나님에게 봉사하게 되면 실제로 인간의 삶에 대한 하나님의 뜻을 이루게 된다고 여겼다.[13] 팀 켈러가 바라보는 도시는, 문화적 부요함이 생산자들의 영광이 아니라 온 땅의 기쁨과 하나님의 영광을 위해서 만들어지고, 하나님의 계획 속에서 개인의 이기심이 아니라 봉사에 근거해서 발전하는 것이다.[14] 즉, 그는 도시가 하나님의 영광과 이웃에 대한 희생적 봉사에 근거한 사회가 되어야 한다고 여긴다.[15]

아담과 하와에게 땅을 "다스리라"고 주신 명령은 종종 '문화 명령'이라고도 불린다. 이것은 그들에게 "세상 속에서 일함으로써 세상을 위해 일하시는 하나님을 닮으라"는 부르심이다. 인류의 원래 소명인 정원 가꾸기는 문화 개발의 패러다임이다. 정원사는 땅을 있는 그대로 내버려 두지도 않으며, 파괴하지도 않는다. 대신에 그는 땅을 재배열하여 인간의 삶에 필요한 음식과 식물을 생산한다. 그는 땅을 경작한다. '문화'(culture)라는 단어와 '경작하다'(cultivate)는 단어는 같은 어원에서 나왔다. 이런 면에서 모든 직업은 처음 에덴동산을 경작한 데서 확장이 된 부르심이다.

예를 들어 예술가는 오감과 경험의 원재료를 가지고 음악이나 시각적 작품, 문학, 회화, 춤, 건축, 연극 등의 작품을 만든다. 이와 비슷하게 과학 기술자와 건축가는 물질세계의 원재료를 가지고 이를 창조적으로 재배열해서 인간의 생산성과 번영을 증가시킨다. 우리가 우리의 문화를 이런 식으로 창조하도록 부르심을 받았다면, 도시들은 위대한 문화 생산의 장소들이다. 이런 이유로 나는 도시 건축이 하나님의 명령을 성취하는 데 있어 아주 중요한 부분이라고 믿는다.[16]

팀 켈러는 구약에 나오는 바벨처럼 하나님에게 반역하는 도시의 모습도 있지만, 예루살렘과 같이 하나님의 도시로 불리기도 하고, 바벨론에 포로로 끌려간 이들에게는 '그 성읍의 평안을 빌라'는 명령이 주어지기도 했다고 강조한다.[17] 그는 바울이 로마 세계의 지성적 중심지인 아덴을 거쳐 상업 중심지인 고린도, 종교 중심지인 에베소를 지나 마지막에는 정치적 중심지인 로마로 갔음을 상기시켰다.[18] 팀 켈러는 신약에서 도시를 벗어난 기독교가 거의 등장하지 않음을 지적했다. 그러면서 그는 하비 콘이 이러한 이유로 문화 명령을 '도시 명령'으로 이해했다고 말한다.[19]

팀 켈러는 《팀 켈러의 센터처치》에 사회학자 로드니 스타크의 《기독교의 발흥》[20]에 나오는 '초대 기독교가 도시 거주민에게 끼친 문화적 영향력'을 소개한다. 그리스도인들은 노숙자와 빈곤층에는 자선을 베풀고, 이주민과 이방인에게는 소속의 기회를 주었으며, 고아와 과부들에게는 새로운 가족이 되어 주었고, 폭력과 분쟁이 일어날 때는 사회적 연대의 새로운 기초를 제공해 주었다. 이로 인해 초대 기독교는 새로운 문화 그 자체로 평가받는다고 한다.[21]

팀 켈러는 오늘날의 도시도 문화적으로 집중되고 다양한 사람들이 모여 살고 있기에, 도시에 들어가서 복음을 전하는 것은 한두 사람이 아니라 그들이 속한 직업군에 복음을 전하는 것이며, 다국적이며 다문화 속에 복음을 전하게 되는 것이라고 했다. 그들이 자신의 나라로 돌아가거나 고향을 방문하게 되면 복음이 자연스럽고 편만하게 퍼질 수 있게 될 것으로 여겼다. 그는 시골 지역의 사람들과 달리 도시인들은 보수적이며 전통적인 문화에서 벗어나 도시라는 다양성 안에 들어오기 때문에 복음을 받아들이기가 훨씬 수월해진다고 말한다.[22]

바울과 여러 기독교 선교사들은 복음을 전할 때 큰 도시로 갔다. 기독교가 거기에 심겨지면 지역적으로 확산되고(주로 도시들은 교통망의 중심지였다), 국제적으로도 퍼지기 때문이다(도시는 다민족, 국제적 중심지이다. 회심자들이 고국으로 복음을 가져간다). 그리고 결국에는 문화에도 적극적인 영향을 끼친다(교육, 법률, 정부의 중심지가 도시에 있기 때문이다).[23]

팀 켈러는, 도시는 반드시 복음으로 회복되어야 한다고 주장한다. 이것은 도시 안에 있는 교회들만의 문제가 아니다. 한국은 이미 90퍼센트가 넘는 도시화를 이루고 있고, 점점 더 많은 도시가 생겨나면서 도시는 지금도 확장 중에 있다. 팀 켈러는 도시 외곽에서 목회를 하고 있어도 도시는 다가오고 있음을 지적한다.[24] 뿐만 아니라 시골에 있는 사람이라도 대중 매체와 소셜미디어로 인해 삶의 스타일이 점점 도시화되고 있다. 그는 다음 세대 아이들이 도시의 아이들과 전혀 다를 바

없는 문화를 누리며 같은 생각을 공유하고 있다고 여긴다. 우리가 만약 도시를 외면한다면, 그것은 자신이 목양하고 있는 교회를 외면하는 것과 같다고 경고한다.

그렇다면 우리는 도시에 대해 어떤 생각을 가지고 사역해야 할까? 그는 첫째로, 도시에 대해 감사하는 태도를 가르쳐야 한다고 말한다. 설교와 강의를 통해 도시 생활에 대해 흔히 갖게 되는 부정적인 의견들을 다루고, 도시 안에 넘쳐나는 악의 문제를 도시 자체의 문제가 아닌 인간 심성의 문제로 보도록 가르쳐야 한다는 것이다. 그는 많은 사람들이 도시에 들어와서 처음으로 복음을 들을 기회를 얻는다고 한다. 사실상 도시는 사람들이 신앙을 잃기도 하고 얻기도 하는 영적 모판과 같기에, 팀 켈러는 세계 선교 전략 안에 도시 선교를 포함시켜야 한다고 주장한다.[25]

둘째로, 교회는 도시 문화에 역동적인 대항문화(counterculture)가 되어야 한다면서, 그리스도인들이 도시에서 살아가는 것 자체로는 충분하지 않고 특별한 공동체로 살아야 함을 강조한다. 하나님이 원하시는 도시는 이기심이 아니라 섬김에 기초하고 있으므로, 도시 안의 그리스도인들은 삶의 터전에서 대안 문화가 되도록 살아야 한다는 것이다. 그는 신앙인들이 돈이나 권력, 혹은 성을 다룰 때 파괴적이지 않은 방식을 보여 줄 수 있어야 한다고 말한다. 또한 다양한 계급이나 인종과도 어울릴 것을 강조하면서, 도시의 그리스도인들이 예술이나 교육, 정치, 사업 등에 있어 새로운 문화를 형성하고 절망과 냉소를 넘어 희망을 전해 주는 모습을 보여 주어야 한다고 말한다.[26]

셋째로, 그는 그리스도인들이 도시의 전체적인 유익을 위해 깊이 헌신된 공동체가 될 것을 요구하면서, 교회는 도시 안의 빈곤층을 돌보고 도시의 소비 지향적인 태도에 현혹되지 말아야 한다고 말한다. 그는 도시에서만 누릴 수 있는 즐거움을 목표로 도시로 들어가려고 해서는 안 되며, 그리스도인들이 도시에 사는 이유는 섬기기 위함임을 잊지 않아야 한다고 강조한다. 또한 그리스도인들은 사랑의 언어와 행동을 통해 이웃의 평화와 안전, 정의 그리고 도시의 번성을 위해서 일할 것을 권면한다.[27]

팀 켈러는 도시 설교자들에게도 다음과 같은 조언을 하고 있다.

1. 예수 그리스도와 그분의 사역에 근거해서 정신적 권면을 담은 설교를 하도록 하라. 우리가 그리스도를 믿고 그분의 구원 사역을 적용할 때만 진정한 삶을 살 수 있다는 것을 보여 주어야 한다.
2. 당신의 회중이 가진 전제들을 주의 깊게 살펴보라. 예를 들어 모든 사람들이 성경을 신뢰한다고 간주하지 말라. 성경의 관점으로 이야기할 때는, 다른 신뢰 받는 권위자들이 성경에 동의한다는 것을 보여 주는 것이 필요하다 … 비신자들이 성경에 대해 갖고 있는 의심에 대해 존중을 보여 줌으로써 그들이 따라오도록 해야 한다.
3. 의심하는 사람들을 배려하라. 서너 개의 설교 요점 중에 한 가지는 안 믿는 사람들의 의심이나 관심을 다루는 데 할애하라 … 절대로 "모든 지성적인 사람들은 나처럼 생각해"라는 인상을 주지 말라.
4. 다양한 집단들에게 직접적으로 말하라. 그들이 거기에 있다는 것

을 당신이 알고 있다는 것을 보여 주라.
5. 당신의 태도를 주의하라 … 너무 번지르르한 것이나, 너무 절제된 것이나, 너무 반듯하게 준비된 것은 마치 세일즈맨처럼 보이게 할 것이다. 만일 설교자가 남성과 여성에 대한 배타적 발언을 하거나, 그들의 종교에 대해 비하적인 발언을 하면 안 된다. 그리고 만약 그들이 강요받는다고 느끼거나, 진정성이 없다고 생각하거나, 또는 교회 특유의 내부 용어를 듣는다면, 더 이상 교회에 나오지 않을 것이다.
6. 청중이 알고 있는 책이나 잡지, 블로그, 영화, 연극 등에 대해서, 그리고 도시의 일상적인 경험에 대해서 깊은 친숙함을 보여 주라.[28]

우리는 하나님의 모든 백성이 도시의 전략적 강력함을 깨닫고 받아들이기를 촉구한다. 그리고 지구의 모든 위도와 경도에 있는 교회들이, 도시 안에 있으라는 또한 도시를 섬기라는 긴급한 부르심에 반응하기를 바란다. 도시 비전은 하나님이 도시에 대해 갖고 계신 창조의 의도를 이해하는 것이며, 하나님의 백성이 인간의 도시 안에서 하나님의 도시 시민이 되게 하는 것이다.[29]

문화 참여

───── 세상 문화에 휩쓸려 방향을 잃은 교회들을 위한 나침반

1940년대에 그리스도인 사역자가 젊은이들을 붙잡고 "똑바로 살아라!"고 말하면 그들은 그 뜻을 이해했었다. 하지만 1970년대에 이르러서는, "똑바로 살아라!"고 말하면 그 대답으로 돌아오는 것은 "똑바로 사는 것의 정의가 무엇입니까"라는 말이었다. 요즘은 또 바뀌었다. "나는 의견이 다릅니다. 그리고 당신이 뭔데 나에게 당신 생각을 강요합니까?"[30]

2018년 3월에 팀 켈러가 한국을 방문했다. 평신도 콘퍼런스에서는 《팀 켈러, 고통에 답하다》[31]라는 책으로 고통의 문제를 다루었고, 목회자 콘퍼런스에서는 포스트모더니즘 사회에서의 복음의 상황화와 설교의 원칙 등을 강의했다. 포스트모더니즘 이전 시대에는 '인생에서 무엇이 가장 중요하냐'는 질문에 '선하고 도덕적인 사람이 되는 것'이라고 답했지만, 포스트모더니즘 시대에는 '선해지는 것이 아니라 자유로워지는 것'이라고 답한다고 한다. 팀 켈러는 한국도 많은 젊은이들이 매일 다양한 매체들을 통해 포스트모더니즘의 영향을 받고 있다고 여겼다. 그가 보기에 한국의 성인 세대는 팀 켈러의 아버지 혹은 할아버지 세대와 비슷하고, 젊은이들은 다른 여러 나라들과 별반 다르지 않은 포스트모더니즘의 영향을 받고 있다고 여긴다. 그는 다른 나라에서 4대에 걸쳐 이뤄진 세대 변화가 지금의 한국은 한 세대

안에서 이뤄지고 있다고 판단했다.

팀 켈러의 판단은 틀리지 않았다. 목회 현장에서 우스갯소리처럼 청소년 사역을 외계인 선교라고 부른다. 그만큼 의사소통이 어렵고, 서로의 가치관이 달라도 너무 다르다. 단순히 담임 목사와 청소년 사이를 의미하는 것이 아니라, 청소년 담당 사역자들이 청소년들을 대할 때조차 세대 차이를 심하게 느끼고 있다. 그만큼 한국 사회는 급격한 변화를 경험하고 있다. 지금의 40대, 50대들은 자신들을 낀 세대라고 부른다. 식사할 때 맛있는 반찬은 아버지의 몫이었으나 지금은 아이들의 몫이 되었고, TV도 어릴 때는 아버지를 따라 뉴스와 스포츠를 보다가 지금은 아이들이 보는 만화와 개그 프로, 혹은 음악 방송을 보고 있다. 리모컨이 아버지에서 자녀들에게로 건너뛰어 버렸다.

한국의 세대 차이는 다른 나라에 비해 조금은 유별난 부분이 있다. 일제 강점기를 겪고 한국전쟁을 거치면서 한국은 경제 성장에 모든 것을 걸었다. 아버지 세대가 희생한 덕분에 한국은 세계 선진국 대열에 합류하게 되었다. 세계는 냉전 시대가 끝났다고 보지만 한국은 여전히 남과 북으로 갈라져 대치 중에 있다. 그리고 젊은이들은 세계에 나가 한류 열풍을 일으키고 있다. 한국은 할아버지 세대의 유교 문화와 아버지 세대의 냉전 문화 그리고 자녀 세대의 세계 문화가 서로 뒤엉켜 있는 것이다.

세계 문화를 대표하는 것이 포스트모더니즘 사상이다. 중세의 종교 문화가 과학의 발전에 부딪혀 좌초되면서 이성 중심의 합리주의 사고가 지배하는 근대 사회가 되었다가, 제1차, 2차 세계대전을 거치면서 이성에 대한 맹신이 사라지고 그 자리에 절대 진리를 부정하는 포스트모더니즘이 들어서게 되었다. 포스트모더니즘은 단일한 사상과 생각을 거부하기 때문에 한마디로 정의하기가 매우 어렵다. 근대의 합리성을 거부하고 저항하기 때문에 '해체'라는 말을 쓰기도 하지만, 가장 큰 특징으로 이분법적 사고를 거절하는 경향이 있다. 백인과 흑인만 있는 것이 아니라 유색 인종도 있고, 남자와 여자만 존재하는 것이 아니라 트랜스젠더도 있다. 신에 대한 관념도 유신론과 무신론뿐 아니라 그 사이에 있는 불가지론을 따르기도 하며, 신이 있든 없든 상관없다는 실용주의(Pragmatism)도 존재한다. 이는 선과 악의 이분법도 사라지게 하고, 이성과 감정의 경계도 허문다.

사회학자 피터 버거가 이야기한 현대 사회의 세 가지 흐름인 세속화(secularization), 다원화(pluralization) 그리고 사사화(privatization)가 한국의 젊은이들 사이에서 급속도로 확산되고 있다. 세속화된 사회에서 기독교적 세계관은 더 이상 공공의 담론으로 취급받지 못하고 있다. 학교에서는 기도로 수업을 시작할 수 없게 되었으며, 창조론은 언급조차 하지 못한다. 사사화된 사회는 공통의 가치를 강요하지 못하며, 모든 것을 스스로 결정하도록 요구한다. 부모의 성을 선택할 수 있고, 국가도 바꿀 수 있으며, 심지어 성 정체성도 바꿀 수 있다. 기독교는 젊은이들의 선택을 기다릴 뿐, 신앙을 가르칠 수도, 전할 수도 없는 형국이 되었다. 다원화된 세계는 한 가지 진리만을 주장할 수 없게 한다. 종교 다원주의뿐만 아니라 크리스천-부디스트처럼 종교 혼합주의도 나오고, 같은 기독교 안에서도 다양한 하나님을 개인의 취향대로 선택해서 믿을 수 있게 되었다. 구원의 절대성은 그저 중세의 종교 폭력과 다름없는 이야기가 되어 버렸다.

진리를 논하는 것이 더 이상 종교의 영역에 머물지 못하는 시대가 되기도 했다. 철학이나 예술 분야에서도 진리를 논하고 있으며, 무엇보다도 과학의 힘은 절대 진리의 자리를 독차지하고 있는 것처럼 보인다. 더 이상 천동설은 진리로서의 가치를 지니지 못하고, 젊은 지구론은 그 자리를 빅뱅에게 넘겨줄 판이다. 만유인력의 법칙이나 열역학 법칙은 어느 누구도 거스를 수 없는 증명된 진리가 되었기에, 과학이 법칙으로 천명한 것들만이 불변의 진리가 되어 버렸다. 내 눈에 아무리 태양이 도는 것으로 보여도, 과학이 지구가 돌고 있다고 말하면 그것이 진리가 되는 세상이다. 이런 과학의 힘은 사회과학, 인문과학까지 넘나들고 있다. 이제는 심리학이나 인문학까지 과학의 이름을 쓰고 있다.

한국 사회는 이 모든 것이 아버지 세대와 자녀 세대에 다양하게 혼재되어 있어 세대 간 단절과 소통의 부재를 만들고 있다. 뿐만 아니라 보수와 진보로 나뉘어 싸우고, 남혐과 여혐, 자본가와 노동자 간의 불신, 스승과 제자의 대립, 지역 간의 갈등까지 다양하게 존재하고 있어, 그야말로 혼돈의 문화를 살아가고 있다. 목회자들마저 생각이 다르면 남혐, 여혐으로 싸우는 이들 못지않게 대립한다고 여긴다. 이런 갈등은 비신자들이 교회의 문턱을 넘는 커다란 걸림돌이 되고 있다. 한국 사회에서 다양한 문화와 생각이 뒤엉켜 서로 비난하고 싸우는 것을 교회가 나서서 화해시키고 새로운 가치로 이끌어야 하는데, 도리어 세상 못지않게 교회 내에서도 숱한 분열과 갈등이 일어나고 있다.

그렇다면 미국의 교회들은 어떨까? 팀 켈러는 미국 교회의 분위기를 다음과 같이 말한다.

> 현대 미국 교회는 교단들 간의 논쟁들로 고통치고 있다. 오늘날 우리가 교회 안에서 보게 되는 논쟁들은 성경의 권위에 관한 것과 이신칭의 및 가정과 교회에서의 남녀의 역할, 예배 방식, 전도 방법 등 다양하다. 그리고 교회와 사역의 본질에 대한 토론을 비롯하여 하나님 나라의 의미, 하나님의 성품(열린 신론과 사회적 삼위일체 등), 바울에 대한 새로운 관점, 교회의 선교 목적, 진리의 본질과 인식론을 둘러싼 질문 등 보다 학구적인 토론들도 있다.
>
> 이것들은 표면적으로는 다양한 교리적 논쟁으로 보인다. 그러나 종종 이러한 이슈들 아래에는 그리스도인들이 어떻게 주변 문화를 대할 것인가에 대한 질문이 잠재해 있다.[32]

팀 켈러의 진단처럼, 우리의 싸움은 어쩌면 문화 안에서 일어나는 충돌에서 비롯된 것일 수 있다. 문화를 바라보는 관점의 차이가 종교적인 다툼이나 교리적 논쟁으로 불씨가 옮겨 붙었다. 후기 근대와 포스트모더니즘 사이에서 갈등하고 있는 미국 사회의 파도가 교회라는 배 안에까지 넘쳐 들어온 것이다. 한국 교회는 미국 교회보다 더 크고 다양한 파도가 여러 방향에서 밀고 들어와 교회를 흔들고 있다. 목회자들은 파도에 휩쓸려 뒤엉켜 싸우기 전에, 잠시 팀 켈러가 이야기하는 문화 모델들을 살펴보고 교회가 대립하기보다 협력할 수 있는 방법을 찾아보는 것이 필요하다.

팀 켈러는 문화를 바라보는 다양한 관점들을 정리해서 네 가지 모델로 설명하고 있다. 문화와 대립하고 있는 '반문화주의 모델', 문화와 동화되어 있는 '적절성 모델', 문화와 병행하고 있는 '두 왕국 모델' 그리고 문화를 변혁시키기를 원하는 '변혁주의 모델'이 그것이다.

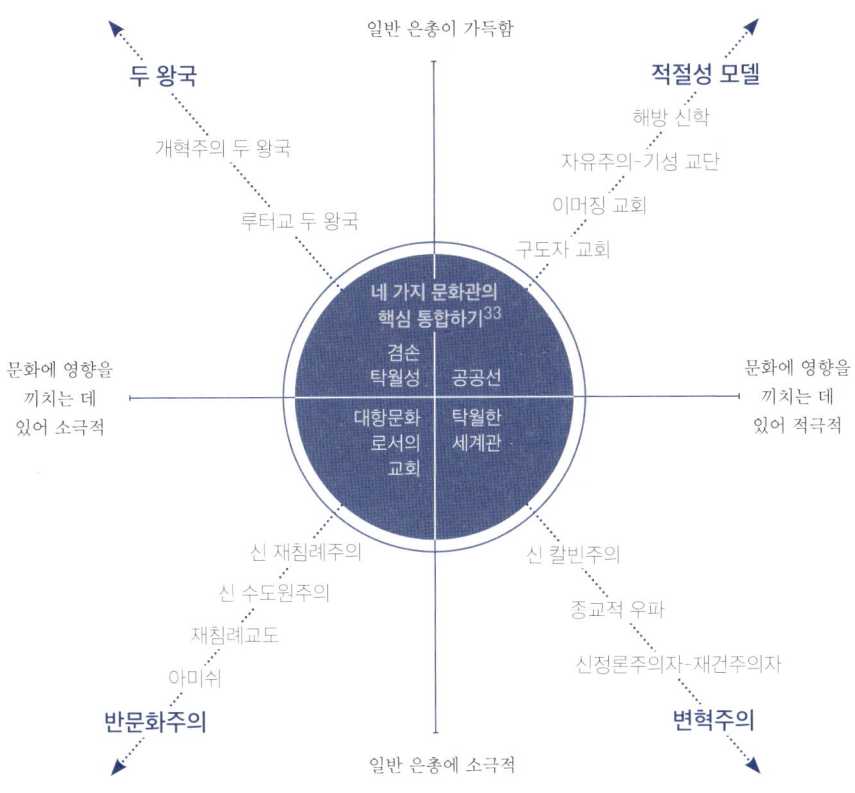

팀 켈러는 문화 모델들을 구분할 때, 먼저 문화 안에 일반 은총이 얼마나 있다고 여기는지를 기준으로 나눴다. 현대 문화가 구원 가능하고 선한지, 아니면 근본적으로 타락했는지에 따라 둘로 나누어 설명한다. 위의 표에서 위쪽은, 세상 문화 안에 일반 은총이 가득하고, 비신자들이 자연 계시를 이해할 수 있으며, 하나님은 여러 가지 방법을 통해 이 세상에서 일하신다고 믿는다. 반면 아래쪽은, 이 세상은 어둡고 악한 곳이며, 하나님의 일반 계시는 파악하기 어렵고, 하나님의 일하심은 오직 교회 안에서 교회를 통해서만 이루어진다고 믿는다.[34]

다른 기준으로는 문화 변화에 대한 관점과 태도를 가지고 구분했다. 위의 표에서 왼쪽은 우리가 적극적으로 문화를 변화시키려고 해서는 안 된다는 신념이고, 오른쪽은 우리가 문화에 적극적으로 참여해야 하며, 우리의 노력으로 문화를 바꿀 수 있다는 낙관적 신념이다.[35]

위의 표에 따르면, 적절성 모델은 세상 문화에는 일반 은총이 가득하다고 여기며 문화와 함께하려고 노력하는 모델이고, 변혁주의는 하나님은 오직 교회를 통해서만 일하시므로 교회가 세상 문화를 변혁시켜야 한다고 주장하는 모델이다. 또한 반문화주의는 하나님의 일하심이 교회에만 있으므로 세상 문화에서 구별되어 거룩한 공동체로 살아야 한다고 여기는 모델이고, 마지막으로 두 왕국 모델은 하나님이 세상은 세상대로 다스리고 교회는 교회대로 다스리시므로, 교회는 교회대로 살고 세상에 나가서는 전문성을 가지고 살면 된다고 여기는 모델이다.

팀 켈러는 이 중 어느 하나에 집중하게 되면 다음과 같은 문제들이 생겨난다고 여겼다.

1. 두 왕국 모델은 신자들이 이해할 수 있는 방식으로 비신자들과 연결되지 못하는 무능력한 그리스도인이 된다.
2. 반문화주의는 빈자와 약자를 보살피지 못한다. 주변인들의 편에 서지 않는다면 교회 자체가 주변으로 밀려난다.
3. 적절성 모델은 그리스도인 공동체가 세상과 전혀 구별되지 못한다. 개인주의적, 소비적, 물질주의적, 권력 집착 등 세상과 다를 바가 없어진다.
4. 변혁주의는 정치적 영향력으로 그리스도인이 지배하는 사회를 만들려 한다.[36]

팀 켈러는 이 중 어느 것이 옳고 그르다는 이야기를 하려는 것이 아니다. 각각의 모델에는 그들만이 가진 강점이 있으므로, 자신이 취하고 있는 특정 모델의 강점들을 유지한 채 약점들을 인정하고, 다른 모델들이 가진 강점들을 배워 가야 한다고 주장한다. 이를 위해 팀 켈러는 다음의 다섯 가지를 권면하고 있다.

1. 중심을 추구하라

각각의 모델이 그 핵심에 있어서 성경의 근본적인 진리와 세상에 대한 독특한 통찰을 갖고 있으므로, 겸손하게 다른 모델들의 탁월함과 지혜로움을 발견해서 사용해야 한다.[37]

2. 계절을 알라

1) 겨울(반문화): 교회가 전기 기독교(Pre-Christian) 사회와 적대적 관계에 있을 뿐만 아니라 매력이나 차별성이 거의 없고, 활동적인 그리스도인의 삶과 공동체도 거의 없으며, 전도의 열매 역시 거의 없는 때이다. 오늘날 많은 문화권에서 교회는 궁지에 몰려 있고, 영적으로 약하다.

2) 봄(변혁주의): 교회가 궁지에 몰려 있고, 심지어 전기 기독교 문화에서 핍박을 당하지만, 성장하고 있는 때이다(예를 들어 중국).

3) 여름(두 왕국): 교회가 공공에 의해서 높이 인정되며 많은 그리스도인들이 문화 생산의 중심부에 있어서 그리스도인들이 문화 속에서 편안한 마음을 갖는다.

4) 가을(적절성): 오늘날 서구에서 발견할 수 있듯이, 후기 기독교 문화에서 교회는 점점 주변부적 존재가 되며, 신앙의 독특성을 강화하고 매력적으로 전도할 새로운 방법들을 찾고 있다.[38]

단순히 모든 계절 사이의 완벽한 균형점을 찾으려는 시도가 아니다. 이는 현재 우리의 문화 계절을 이해하고 어떤 도구를 꺼내어 사용할지에 대한 이해를 가능하게 한다.[39]

3. 확신을 따라가라

우리는 자기 확신에 맞는 모델을 가지고 살면서 자신의 은사에 가장 잘 맞는 '도구 상자'를 사용해야 한다. 일단 우리의 모델을 알면 우리는 문화적 계절과 맥락에 따라서 다른 상자의 도구들도 함께 사용할 수 있다. 자세와 몸짓처럼, 자신의 문화적 자세를 가지고 있으면서도 다양한 몸짓을 통해 다른 모델의 장점들을 받아들여야 한다.[40]

4. 조직된 것과 유기적인 것의 차이를 기억하라

제도적 교회는 회집한 교회로서 제직과 사역자들 아래 잘 조직된 곳이다. 교회의 사명은 '말씀과 성례'를 행하고, 복음을 전하고, 세례를 베풀고, 제자를 삼는 것이다. 이것은 유기적 교회와 구분되는데, 유기적 교회는 제자가 되고 훈련을 받아서 삶의 모든 영역에서 복음을 살아 내는 세상의 모든 그리스도인들을 의미한다. 우리는 세상에 있는 그리스도인들이 단지 구분되고 분리된 개인들이라고 생각하지 않아야 한다. 그들은 그리스도의 몸이며 교회이다. 그들은 세상에 있는 그리스도인들로서 여전히 함께 생각하고 함께 일하며, 창조적 형태로 모인다. 그리고 제도적 교회가 그들을 제자로 만들 수 있도록 유기적 교회로서 기능한다.[41]

5. 대응하지 말고 행동하라

1) 오만을 피하라. 자신이 선택한 모델이 가장 좋은 것이라는 우월감을 갖지 말라.

2) 비난하지 말라. 당신의 생각과 다른 모델을 통해 상처받았다고 해서 비난하지 말고 도리어 용서하라. 문화를 대할 때는 개인적인 경

험보다 성경, 문화적 시기 그리고 당신의 은사를 살펴보아야 한다.

3) 좌절하지 말라. 당신이 최선이라고 생각하는 문화 모델을 공유하지 않는 교회나 교단에 소속해 있다면 자칫 과격해질 수도 있다. 자신과 다른 반대 의견을 접하면 자기 입장의 극단적인 자리까지 가게 될 수도 있다. 갈등 때문에 자기 입장의 완고한 지지자가 되지는 말라.

4) 순진하게 생각하지 말라. 어떤 사람들은 '집안 전체에 든 병'이라고 말하면서 교회가 모든 모델을 초월해야 한다거나 모든 모델을 수용해야 한다고 주장한다. 모든 교회와 그리스도인은 역사, 기질 그리고 신학적으로 다양한 입장을 가지고 있기 때문에 그들만의 전통과 모델에 위치하고 있다.[42]

한국 교회가 팀 켈러의 이야기를 통해 자신의 문화 모델을 발견하고 자기 안에 있는 강점과 약점을 알게 되기를 바란다. 그는 세상에서 힘 있게 복음을 전하기 위해서는 도시 안에 있는 교회들의 연합이 우선되어야 한다고 여겼다. 팀 켈러의 연합은 같은 모델끼리의 연합이 아니라, 서로 다른 문화 모델들이 함께 어우러져 강점을 살리고 약점을 보완해 하나님 나라를 이루는 일에 힘을 합치는 것이다.[43] 이것은 세상이 교회를 걱정하고 있는 한국 사회에 꼭 필요한 일이며, 무엇보다 선행되어야 할 것이다.

도시 비전은 하나님이 도시에 대해
갖고 계신 창조의 의도를 이해하는 것이며,
하나님의 백성이 인간의 도시 안에서
하나님의 도시 시민이 되게 하는 것이다.

팀 켈러를 읽는 중입니다

추천 도서 《팀 켈러의 내가 만든 신》

우상이란 무엇인가? 무엇이든 당신에게 하나님보다 더 중요한 것이다. 무엇이든 하나님보다 더 크게 당신 마음과 생각을 차지하는 것이다. 하나님만이 주실 수 있는 것을 다른 데서 얻으려 한다면 그게 바로 우상이다.[44]

신에 대한 많은 사람들의 생각은 '능력'에 있다. 무엇이든 할 수 있는 존재여야 하고, 우리가 원하는 것은 다 들어줄 수 있어야 한다고 생각한다. 세속화된 현대 사회는 돈이 최고의 우상이 되어 있다. 돈만 있으면 무엇이든 할 수 있을 것 같고, 돈은 우리를 빛나게 해 준다고 믿는다. 그런 돈을 많이 벌 수만 있다면 어떤 신에게든 절할 수 있다. 하나님 앞에 나아와 엎드리는 사람들 중에 돈이 목표인 신자들이 적지 않다. 하나님의 은혜를 간증할 땐 돈과 관련된 간증이 주를 이룬다. 하나님의 은혜는 너무나 쉽게 돈으로 치환된다. 비단 돈뿐만이 아니다. 병을 고치기 위해 신을 찾거나 명예를 위해 예배하는 경우도 많다. 어떤 이는 선한 이미지를 만들기 위해 예배하는 모양새를 유지하기도 한다. 그들에게 하나님은 자신들이 상상하는 만들어진 신일 가능성이 크다.

《팀 켈러의 내가 만든 신》의 영어 제목은 《Counterfeit GODS》이다. Counterfeit는 '위조의, 모조의, 가짜의, 허울뿐인'이라는 뜻을 가지고 있다. 위조된 신은 자신의 뜻에 따라 어떤 일을 하기보다 예배자의 뜻에 따라 움직여야 한다. 그 신은 경배를 받기보다 예배자의 뜻을 위해 일해야 하는 램프 속의 지니와 다르지 않다. 자신의 필요에 의해 만들어진 신은 결국 예배자의 욕심을 섬기는 종에 불과하다. 《팀 켈러의 내가 만든 신》의 부제는 '하나님 자리를 훔치다'로 되어 있다. 예배하는 것이 결국 자신의 욕심에 불과하다면, 그것은 자신이 신의 자리를 차지하고 있는 것이다.

팀 켈러를 비판하는 어떤 사람들은 그가 죄를 지적하지 않는다고 말한다. 하지만 그가 죄를 외면하는 것은 아니다. 죄에 대한 직접적인 언급은 없을지라도, 그는 죄의 이면에 도사리는 더 깊은 마음의 우상에 대해 지적하면서 복음으로 마음을 새롭게 할 것을 주문한다. 죄를 지적하다 보면 자칫 정죄하게 되며, 더 심하게는 죄를 심판하는 설교가 되기도 한다. 설교자 자신에게도 동일한 죄의 근원이 있으면서 죄를 정죄하고 심판하는 자리에 서게 되면 상대적으로 의로움을 느낄 수 있기에, 이는 더 큰 정죄를 받는 자리에 앉게 된다. 그들은 주님이 말씀하신 회칠한 무덤이나 외식하는 바리새인이 되기 쉽다.

팀 켈러는 비신자들이 기독교 지도자들로부터 받는 피로감을 잘 알고 있다. 그는 죄에서 돌이켜 회개하라는 선포가 자칫 선포자 자신에게는 예외가 되는 일이 복음의 능력을 오히려 축소하고 있다고 여긴다. 《팀 켈러의 내가 만든 신》에서는 믿음의 조상 아브라함도 우상의 문제에서 자유롭지 못한, 삭개오나 나아만과 별반 다르지 않은 존재임을 드러낸다. 팀 켈러의 책을 읽고 있으면 죄를 지적하는 일이 자칫 자신의 마음에 있는 의로움을 숭배하는 것과 다르지 않음을 깨닫기도 한다.

팀 켈러는 복음 사역조차도 우상이 될 수 있음을 경고했다. 인간의 마음은 우상을 만들어 내는 공장이기에, 자신의 마음을 끊임없이 돌아보지 않으면 하나님이라고 부르지만 결국은 내가 만든 신을 숭배하는 우를 범할 수 있음을 기억해야 한다.

《팀 켈러의 내가 만든 신》은 《팀 켈러의 탕부 하나님》과 마찬가지로 그의 다른 책들과는 달리 쉽게 읽을 수 있는 책 중에 하나다. 하지만 그 안에 담긴 신학의 깊이는 한 번 읽고 덮어 둘 수 있는 책이 아님을 직관적으로 느낄 수 있다. 스스로 통제하기 어려운 깊은 실망과 분노를 느낄 때, 이 책은 좋은 해결책이 될 수 있다. 하나님을 믿는 이들은 좌절하거나 절망에 빠질 존재가 아니다. 위로받기를 거절하는 절망감에서 우리를 건져 내어 하늘의 위로와 소망을 갖게 하는 복음의 진수가 이 책에 담겨 있다.

　《팀 켈러의 내가 만든 신》을 통해 모든 신자들이 깊은 겸손을 배우기를 바라며, 복음을 통해 하나님만이 주실 수 있는 참된 만족과 기쁨을 누리기를 희망한다.

단순히 상대방의 모순을 드러내는 것은 변증이 아니다. 그들의 모순을 드러내 주고 난 뒤에는 복음으로 초대해야 한다. 이때 복음으로 초대하는 것은 그저 예수님을 영접하라고 권유하는 것이 아니라, 복음으로 삶의 문제들이 해결됨을 보여 주는 것이다.

3. 팀 켈러의 변증

/ 고상섭 목사

변증의 필요성

팀 켈러에 대한 다양한 수식어 중에 '21세기의 C. S. 루이스'라는 말이 있다. 2009년에 소개된 《팀 켈러, 하나님을 말하다》[1]가 기독교 변증서이기도 하지만, 그가 하는 대부분의 설교와 강의에 변증적 요소가 포함되어 있기 때문일 것이다.

왜 변증적 요소가 설교와 강의 안에 들어가야 하는 걸까? 절대적 진리를 거부하는 포스트모던 시대가 되었기 때문이다. 팀 켈러는 이전 시대에는 교회의 가치와 일반 대중의 가치가 비슷한 부분이 많았다고 말한다. 그러나 포스트모던 시대가 되면서 '삶이란 내가 해석하기 나름'이라는 관점을 가지기 시작했고, 각자의 판단 기준을 통해 이제는 성경의 관점을 받아들이지 않는 시대가 되었다고 말한다. 이러한 시대에 복음을 전하기 위해서는 먼저, 사람들이 가지고 있는 잘못된 신념을 드러내 주는 작업이 필요하다.

팀 켈러는《팀 켈러의 센터처치》에서 레슬리 뉴비긴의 예를 인용한다. 레슬리 뉴비긴은 영국 출신의 선교사로서, 인도에서 수십 년 동안 사역하다가 다시 영국으로 돌아왔다. 그가 선교사로 나갈 무렵만 해도 영국 사회의 주된 문화는 기독교적 가치관을 바탕으로 세워졌다. 그러나 인도에서 다시 영국으로 돌아왔을 때 영국 사회의 토대는 이전과 많이 달라져 있었다. 단순히 하나님 없는 세속적인 도시가 된 것이 아니라, 우상과 거짓 신들이 가득한 이교적 사회가 되어 버린 것이다.[2]

그는 사회적 토대가 바뀐 이유를 이렇게 분석했다.

> 그는 특히 유럽의 계몽사상과 인간의 이성이 가치중립적이고 객관적인 지식에 자율적으로 도달할 수 있다고 주장하는 계몽사상의 맹목적인 믿음을 비판했다. 이성에 맹종의 결과, 서구 문화 지도자들은 질서 있고 정의롭고 도덕적인 사회를 이루어 가는 데 있어 하나님이나 어떤 특정한 신앙이 불필요하다고 믿게 되었다. 뉴비긴은 서양 교회들이 해야 할 선교적 사명은 "계몽주의적 시도"의 허망함을 보여 주는 것이라고 말했다.[3]

여기서 계몽주의적 시도란 도덕, 옳고 그름, 정의, 인간 번영에 대한 일치를 세속적 이성의 토대에서 찾는 것을 말한다.[4] 그래서 뉴비긴은 새로운 시대에 복음을 전하기 위해 필요한 첫 번째를 '새로운 변증'이라고 말한다. 새로운 변증이란, 계몽주의적 이성이 진리의 기준이 될 수 없다는 것을 드러내 주는 것이다. 복음은 변하지 않지만, 복음을 전하는 방식은 언제나 문화에 따라 다른 옷을 입어야 한다. 복음이 무엇인지를 알고, 또한 문화 속에 있는 잘못된 신념들을 분석할 수 있어야 한다. 그래야 복음과 문화 사이에 다리를 놓을 수 있기 때문이다. 복음과 문화 사이에 다리를 놓는 과정을 팀 켈러는 '상황화'(contexualization)라고 말한다.

> 상황화는 "사람들에게 그들이 원하는 것을 주는 것"이 아니다. 오히려 특정 시기와 특정 지역에서 사람들이 삶에 대해 갖는 질문에 대해 그들이 이해할 수 있는 언어와 형태로, 그리고 그들이 힘 있게 느낄 수 있는 호소와 논증을 통해서, 비록 그들이 듣고 싶어 하지 않고 심지어 반대할지라도 성경의 답을 주는 것이다.[5]

'특정 시기와 특정 지역에서 삶에 대해 갖는 질문'을 '문화적 서사'(Cultural narrative) 또는 '문화 내러티브'라고 부른다. 문화적 서사란, 성경적 진리는 아니지만 사람들이 진리처럼 믿고 있는 어떤 신념이다. 모든 사람은 무언가를 예배하며 살아간다. 무(無)인 상태로 사는 사람은 없다. 복음을 받아들이지 않는 사람들은 복음을 받아들이지 않는 어떤 이유와 신념이 자리 잡고 있다. 그들이 그 신념을 태어나면서부터 가지고 있지는 않았다. 아무것도 모르고 태어났지만, 살면서 어떤 신념과 가치관이 생긴 것이다. 그것이 어디로부터 왔을까? 바로 문화로부터 온 것이다. 모든 사람은 문화 내러티브의 영향을 받은 자신만의 관점을 가지고 있다.

만일 어떤 사람이 기독교는 편협하다는 신념을 가지고 있다면, 그 사람은 복음을 받아들이지 않을 것이다. 그에게 복음을 전할 때는 먼저 복음의 장애물로 작용하는 잘못된 문화적 신념을 드러내 주어야 한다. 이렇게 잘못된 문화적 신념을 드러내 주는 과정이 바로 '변증'이라 할 수 있다. 사람들이 진리가 아니지만 진리처럼 믿고 있는 신념의 모순을 드러내 주고, 기독교의 진리가 더 말이 되고 합리적임을 증명하는 것이다.

하나님이 창조하신 세상에서 하나님의 말씀과 다른 진리란 존재할 수 없다. 그래서 사람들이 성경과는 다른 신념을 진리로 받아들이고 있다면, 그것은 반드시 모순으로 드러나게 된다. 팀 켈러는 사람들이 자신도 모르게 가지고 있는 모순을 설교자가 드러내 주어야 하며 그 신념이 흔들리고 난 후에 복음으로 초대해야 한다고 말한다. 이러한 변증의 방식을 '전제주의 변증'이라고 한다.

팀 켈러 변증의 기초

———— 전제주의 변증

코넬리우스 밴 틸로부터 시작된 이 변증은, 사람이 어떤 진리를 주장하려면 반드시 그 사람 안에 어떤 전제가 있어야 한다는 것이다. 사람은 어떤 진리나 명제를 알고 태어나지 않는다. 그래서 사람들이 생각하는 모든 세계관과 가치관 뒤에는 어떤 믿음이 전제되어 있다.

그리스도인이 가지는 전제는 두 가지다. 첫째는, 하나님이 계신다는 전제다. 하나님이 계시다는 것은 과학적으로 증명할 수 있는 것이 아니다. 그래서 우리는 하나님이 세상을 창조하셨다는 것을 '믿는다'. 둘째는, 거기에 계시는 하나님이 우리에게 자신을 계시해 주셔야 한다는 전제다. 하나님이 계시기만 하면 죄로 타락한 인간은 하나님을 알 수 없다. 죄인은 하나님에게 나아갈 수 없기 때문이다. 그래서 거기에 계시는 하나님이 우리에게 말씀해 주실 때 우리는 하나님을 알 수 있게 된다. 이때 거기에 계시며 말씀해 주시는 계시를 기록한 것이 바로 '성경'이다. 그래서 그리스도인은 성경이라는 토대를 통해 진리를 알아 갈 수 있는 것이다.

그렇다면 믿지 않는 사람은 어떤 전제를 가지고 있을까? 흔히 종교와는 다른 '이성'을 기초로 두고 있다고 생각하지만, 사실 이성이란 '개념적으로 사유하는 능력'일 뿐이다. 즉, 이성을 기초로 한다는 말은, 이성이라는 사유하는 능력 뒤에 있는 어떤 신념을 기초로 한다는 말이다. 그리스도인의 믿음 안에 이성이 포함되지 않는 것도 아니며, 비그리스도인의 이성 안에 믿음이 포함되지 않는 것도 아니다. 이성은 단지 도구이자 통로일 뿐이다.

그리스도인이나 비그리스도인 모두 자신만의 전제를 두고서 진리를 주장할 수밖에 없다. 그래서 팀 켈러는 에번스의 말을 인용해, "'이 세상 너머에 초자연적 실재가 없다'라는 진술이나 '이 세상 너머에 초월적 실재가 있다'라는 진술은 둘 다 과학적 명제가 아니라 철학적 명제"[6]라고 말한다. 왜냐하면 둘 다 증명할 수 없는 믿음이기 때문이다.

우리가 흔히 말하는 사실이란 누구나 알기에 따로 증명할 필요가 없는 것, 예를 들면, '길에 깔려 있는 돌'이라는 눈에 보이는 실재 또는 '지구의 자전'처럼 자명하게 알지 못하지만 과학적으로 증명할 수 있는 것을 가리킨다. 그러나 사람들이 가지고 있는 세계관이나 가치관은 과학적으로 증명할 수 없는 것들이다. 결국 믿지 않는 사람들도 모종의 '신앙'을 가지고 있는 것이다. 문제는 그 모종의 신앙이 자체적인 모순을 가질 수밖에 없다는 데 있다. 이처럼 하나님으로부터 나오지 않는 모든 전제들은 자체적인 모순을 가진다. 그러나 하나님이 창조하신 세상은 하나님의 방식으로 인식할 때 비로소 알 수 있다. 하나님으로부터 나오지 않는 모든 전제들은 자체적인 모순을 가진다.

코넬리우스 밴 틸은 《변증학》[7]을 강의할 때마다 유명한 그림을 그렸다.

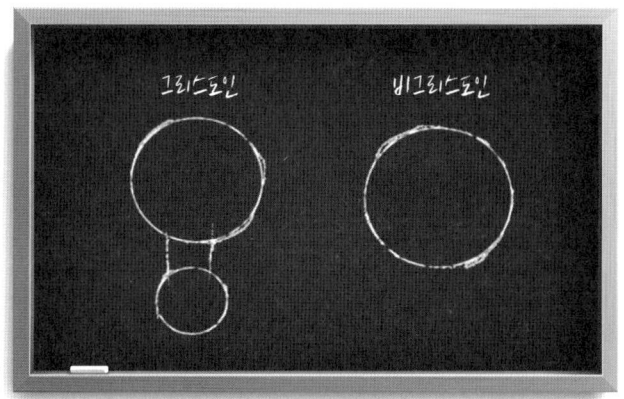

먼저 그리스도인은 두 개의 원이 연결되어 있다. 위의 원은 창조주이신 하나님이고, 아래의 원은 피조물인 인간이다. 인간은 하나님을 의존해서 생각하는 존재임을 이야기한다. 반면 비그리스도인은 자기 자신이 판단의 기준이 되기 때문에 이성으로 생각해서 스스로 진리를 판단하고 결정한다. 따라서 인간의 한계를 넘어서는 영역에 있어서는 바른 지식을 가질 수 없게 된다.

그래서 밴 틸은, "나는 하나님의 생각을 따라서 생각하려 한다"(I try to think God's thought after him)라는 유명한 말을 남겼다. 그리고 밴 틸에게서 배운 박윤선 목사님은 이것을 '계시의존사색'이라고 표현했다. 그리스도인들은 하나님의 계시를 의존해서 생각하고 판단한다. 그러나 비그리스도인들은 자신의 생각을 진리라고 여기기 때문에 모순과 비합리성이 존재할 수밖에 없다. 전제주의 변증은 그 모순을 드러내어 상대방이 가진 토대가 잘못된 것임을 확인시켜 준 뒤에 복음으로 초대하는 것이다.

사람의 생각은 그럴듯해 보여도 잘못 판단할 수 있다. 그러나 하나님의 계시는 잘못된 것같이 보여도 변함 없는 진리다. 그래서 우리는 그럴듯한 자신의 생각이 아니라, 계시를 의존해서 사색해야 한다.

어린 시절, 나는 부모님을 따라 절에 자주 다녔다. 염세적인 아이였는지라 삶과 죽음에 대한 생각이 많았다. 어린 나에게 가장 크게 자리 잡았던 생각은 인생이란 돌고 돈다는 사실이었다. 꽃이 피고, 꽃이 지고, 또 꽃이 폈다. 해가 뜨고, 해가 지고, 또 해가 떠올랐다. 사람이 태어나고, 죽고, 또 다른 사람이 태어나는 등 인생의 모든 것은 돌고 도는 것처럼 보였다. 그런 관찰을 통해 내가 내린 결론은 원불교였다. 동그란 원을 그려 놓은 원불교의 사진을 보면서 인생의 모든 해답이 거기에 있다고 생각했다. 인생이란 돌고 도는 것이라 관찰했고, 그래서 윤회설을 믿게 되었다. 그러나 지금은 그것이 진리라고 생각하지 않는다. 나의 생각이 그럴듯해 보일지라도 진리라고 믿지 않기 때문이다. 그리스도인의 진리의 기준은 바로 하나님의 객관적 말씀, 즉 계시다. 내 안에서 진리가 생성되는 것이 아니라, 외부에서 (계시해) 주시는 하나님의 말씀이라는 객관적 기준이 진리임을 믿기 때문이다.

이렇듯 성경과 배치되는 인간의 생각은 늘 그럴듯해 보이지만 모순을 가지고 있다. '기독교는 편협하다'라고 주장하는 사람이 있다면, 그 주장 뒤에 있는 그 사람의 신념을 살펴보아야 한다. 그는 '진리는 하나가 아니다'라는 신념을 가지고 있다. 자신이 믿기에 진리는 하나가 아닌데 기독교는 진리가 하나라고 고집하니까 아니라고 반박하는 것이다. 그렇다면 그가 가진 신념은 어디에서 왔을까? 태어날 때부터 '진리는 하나가 아니다'라는 신념을 가지고 있었을까? 아닐 것이다. 어떤 지식을 가지고 태어나는 사람은 없을 것이다. 그가 믿는 신념은 책이나 경험 또는 다른 사람의 가르침을 통해 배운 것이다. '진리는 하나가 아니다'라는 신념을 어떻게 알게 되었냐고 그에게 물으면 아마 '잘 모른다'고 대답할 가능성이 크다. 살면서 다양하게 섞인 어떤 생각의 결과물일 확률이 높기 때문이다. 또 '진리는 하나가 아니다'라는 신념을 과학적으로 증명할 수 있는가 물으면 그것도 '아니다'라는 대답이 돌아올 것이다.

그리스도인이 말하는 '진리는 하나다'도 증명할 수 없는 믿음이고, 비그리스도인이 주장하는 '진리는 하나가 아니다' 역시 증명할 수 없는 믿음이 전제된 것이다. 사실 두 부류 모두 '종교인'이라 불러야 한다. 무신론도 또 다른 종교이기 때문이다. 무신론자도 어떤 신념을 믿고 있다. 이처럼 모든 세계관은 어떤 전제를 두고서 진리를 유추할 수밖에 없다.

팀 켈러는 비그리스도인들도 모종의 믿음을 가지고 있다는 것을 '의심을 의심하라'(A Second look at doubt)라는 말로 표현했다.

> 크리스천이 신앙 이면에 감춰진 이유들을 살펴야 하듯, 회의주의자들 역시 스스로의 논리 밑바닥에 깔린 모종의 신앙을 짚어 봐야 한다. 언뜻 무신론적이고 냉소적인 것처럼 보이지만 사실 의심은 일종의 대체 신앙이다. B라는 믿음을 갖지 않는다면, A라는 신앙을 의심할 수 없다. "참다운 신앙이 세상에 오직 하나뿐일 리 없다"는 이유로 기독교 신앙을 의심한다면 그 말 자체가 신앙 행위임을 인정해야 한다. 아무도 그런 주장을 경험적으로 입증할 수 없다. 누구나 받아들여야 할 보편적인 진리도 아니다 … 그러므로 모든 의심은 신앙적 비약을 토대로 삼는다.[8]

이것을 도표로 만들면 다음과 같다.

	비그리스도인	그리스도인
주장	기독교는 편협하다	기독교에만 구원이 있다
믿음	진리는 하나가 아니다	진리는 하나다
근거	없음(믿음의 비약)	성경

비그리스도인은 자신의 신념에 대한 근거를 찾지 못한다. 마치 모래 위에 집을 지은 것과 같다. 그러나 그리스도인은 성경이라는 기준이 있기 때문에 합리적이고 모순이 없다. 혹시 인간적인 생각으로 모순처럼 보일지도 모른다. 그러나 하나님은 모순이 없고 가장 합리적인 분이시다. 그래서 성경이라는 근거를 가진 진리는 모순이 없이 일관성 있는 생각을 할 수 있게 해 준다. 이것이 바로 진리가 주는 힘이다. 자신을 삶의 기준으로 삼으면 변하는 감정과 생각으로 늘 진리의 기준이 바뀔 수밖에 없다. 그러나 객관적 진리가 기준이 될 때, 우리는 훨씬 안정적으로 사고하고 선택할 수 있게 된다.

대학원을 다니던 교회 자매가 나에게 와서, "목사님, 앞으로 저희 과에서는 전도를 못하겠어요"라고 말했다. 학교 교수님이 수업 시간에, "포스트모던 시대에 종교를 강요하는 것은 폭력을 행사하는 것과 같다"고 말씀했기 때문이었다. 그래서 전도하기가 위축된다는 이야기를 나누었다.

교수님이 말한 '포스트모던 시대에는 종교를 강요하지 말아야 한다'라는 주장 밑에 깔린 신념은 무엇인가? 그가 말한 포스트모던 시대는 곧 절대 진리가 없는 시대라는 뜻일 것이다. 다시 풀어 보면, '절대 진리란 존재하지 않는 시대에 절대 진리를 말하는 것은 폭력을 행사하는 것과 같다'라고 이해할 수 있다. 이 신념은 과학적으로 증명될 수 있는가? 아니다. 증명할 수 없는 종교며 믿음이다. 그럼 이 문장 안에는 어떤 모순들이 존재하는가? 포스트모던이라는 절대 진리가 없는 시대에, '종교를 강요하는 것은 폭력'이라는 절대 진리를 스스로 말하고 있는 것이다. 교수님이 말한 문장 자체로 모순이 존재하게 되는 것이다. 절대 진리가 없는 시대인데 왜 '종교를 강요하는 것은 폭력'이라는 절대 진리의 명제를 이야기하는가? 스스로의 말 자체에 스스로 모순을 드러내는 형국이다.

이것이 포스트모던 시대가 가지는 모순이다. 절대 진리가 없는 시대이기 때문에 '절대 진리가 없다'고 말하게 되면 그 자체가 절대 진리가 되는 모순이 존재하게 된다. 교수님이 포스트모던의 정의를 바로 알았다면 이렇게 말했어야 한다. "포스트모던 시대는 절대 진리가 없는 시대이기 때문에 절대 진리가 있어도 맞고, 절대 진리가 없어도 맞다." 그러나 이렇게 말하면 포스트모던의 뉘앙스는 잘 드러내 주지만, 이 또한 자체적인 모순이 드러나게 된다. 어떻게 진리가 하나인 것도 맞고, 진리가 여러 개인 것도 맞을 수 있는가? '포스트모던=절대 진리가 없는 시대'라는 명제 자체에 모순이 있기 때문이다. 다시 말해서, '절대 진리가 없는데 절대 진리가 없다라고 절대 진리를 말할 수 없는 것'이다.

팀 켈러는 기독교가 배타적이라고 주장하는 회의주의자들의 주장

역시 배타적이라고 말한다.[9] 그래서 '기독교는 편협하다'라는 주장에 대해 "그래, 맞다. 기독교는 편협하다. 그리고 기독교를 편협하다고 말하는 너의 말도 편협하다"라고 응수한다. 기독교가 편협하다고 주장하는 사람의 마음속에는 자신의 종교관(진리는 하나가 아니다)이 기독교의 종교관(진리는 하나다)보다 더 우월하다는 생각이 자리 잡고 있기 때문이다. 그리스도인도 자신의 종교관(진리는 하나다)이 비그리스도인의 종교관(진리는 하나가 아니다)보다 더 우월하다고 생각하기 때문에 전도를 하는 것이다.

결국 둘 다 편협한 것이다. 전도하는 사람들만 편협하고 비그리스도인들은 이성적으로 합리성을 가지고 생각하는 것이 아니다. 사실 합리성의 기준만으로 본다면 그리스도인이 더 합리적이다. 그리스도인의 주장의 근거는 성경이라는 하나님의 말씀이지만, 비그리스도인(회의주의자)이 주장하는 신념은 근거가 없기 때문이다.

물론 변증을 통해 상대방의 모순을 드러내는 것으로 그들이 예수님을 영접하지는 않는다고 생각하는 사람들이 있을 것이다. 맞다. 이런 변증을 통해서 예수님을 영접하는 것은 아니다. 예수님을 영접하는 것은 성령님이 역사하셔야 가능한 일이다. 그러나 팀 켈러의 변증은 기독교가 훨씬 더 말이 되고 이성적이고 합리적임을 이야기하는 것이다. 그리고 비그리스도인의 생각 속에 자리한 신념이 얼마나 모순인지를 깨닫게 해서 생각의 토대를 허물고, 정말 합리적으로 생각하면 기독교를 받아들이는 것이 훨씬 모순이 없는 삶임을 증명한다. 그래서 예수님을 영접할 수 있도록 도와주는 것이다.

팀 켈러는 "세속적인 많은 사상가가 마지못해서라도 종교 쪽으로 이동한 것은 정서적 필요 때문이 아니라, 신을 믿지 않을 때보다 믿을 때 인생이 더 이해가 되기 때문"[10]이라 말한다. 이처럼 변증은 기독교가 가장 합리적이고, 인생을 살아가는 데 더 일관된 답을 줄 수 있는 신앙임을 증명해서 복음으로 초대하는 것이다.

팀 켈러의 변증 방법

팀 켈러는 코넬리우스 밴 틸의 '전제주의 변증'을 활용하지만, 더 나아가 자신의 것으로 소화해서 새로운 변증의 방법으로 발전시켰다. 단순히 비그리스도인들의 모순을 드러내는 데 그치지 않고 복음으로 초대하는 과정까지 세심하게 배려한다.

팀 켈러의 변증의 방법은 세 가지로 구분된다. 첫째, 문화 속에 들어가 적응하기, 둘째, 문화에 직면하여 맞서기 그리고 셋째, 청중을 위로하며 호소하기(복음으로 초대하기)가 그것이다. 이것을 효과적인 상황화라고 말하며, 바위를 터뜨리는 일에 비유해서 설명한다.

효과적인 상황화는 바위를 터뜨리는 것과 같다. 먼저 바위에 구멍을 뚫고 중심부로 들어가야 한다. 그리고 그 중심부에서 폭약을 터뜨려야 한다. 이렇게 바위에 구멍을 뚫고 들어가는 과정은 '문화를 존중하고 공감하면서 문화 속으로 들어가는 것'을 말하고, 중심부에서 폭약을 터뜨리는 과정은 '문화가 성경적 진리와 충돌하는 곳에서 문화

에 맞서는 것'으로 표현할 수 있다.[11]

만약 바위를 뚫고 들어가지 못하고 먼저 터뜨리기만 한다면(문화의 악한 요소를 비난하기만 하는 것) 전도하려는 사람들의 귀를 닫게 만드는 결과를 가져오고, 단지 뚫기만 한다면(문화의 긍정적인 요소를 찬성하고 사람들이 듣기 좋은 메시지만 전하는 것) 사람들을 진정한 회심으로 인도하지 못할 것이다. 두 경우 모두 바위를 터뜨리지 못한다.[12]

또한 문화의 포로가 되는 것과 문화와 혼합되는 것 모두를 피하면서 효과적인 상황화를 이루어야 한다. 문화에 포로가 된다는 것은 문화에 대한 몰이해와 문화와의 무관함으로 가는 것이고, 문화와 혼합되는 것은 기독교의 정체성과 고유성을 상실하는 것을 말한다.

1. 문화 속에 들어가 적응하기

문화 속으로 들어간다는 것은 먼저 청중을 이해한다는 것이다. 그들과 폭넓게 공감대를 형성하지 못하면 복음을 전할 수 없다. 사람들의 희망이나 두려움, 반대나 신념들을 표현하는 법을 배우고, 그들보다 더 선명하게 그들의 의견을 이해할 수 있어야 한다.[13]

프랜시스 쉐퍼는 1976년 로잔 대회에서 이렇게 연설했다.

> 그리스도의 주재권은 모든 영역 위에 있다. 여기에는 영적인 것뿐만 아니라 지성이나 창조성, 그리고 문화적인 것들도 포함된다. 기독교는 우리에게 이 세대의 질문들을 알아볼 만큼 넉넉한 연민을 요구한다. 질문에 답하는 것은 고단한 일이다 … 동정심을 갖고 경청하는

것부터 시작하라.14

그럼 어떻게 하면 사람들의 희망과 신념 속으로 들어갈 수 있을까? 팀 켈러는 다양한 문화에 대한 자료들을 공부해야 한다고 말한다. 그는 청중들이 알고 있는 책이나 잡지, 블로그, 영화, 연극 등에 대해서 그리고 도시의 일상적인 경험에 대해서 친숙하다는 것을 보여 주어야 한다고 말하며, 그것들을 성경의 빛으로 해석할 때 그들의 삶과 고민에 설교자가 관심이 있다는 것을 알게 된다고 말한다. 그는 뉴욕에서 정기적으로 발행되는 다양한 잡지들을 읽으면서 비그리스도인들과 대화하는 모습을 상상하는 가운데 설교 아이디어를 스크랩하곤 했다고 말한다.15

그리고 팀 켈러는 그들을 존중하라고 말한다. 단순히 예의를 갖추는 정도가 아니라, 나보다 남을 낮게 여기는 복음의 정신으로 대하라는 것이다. 그는 초창기 리디머교회가 실수한 것 중에 하나가 도시를 불쌍히 내려다보는 잘못된 경향이었다고 고백했다.

> 우리가 도시의 '구원자'인양 여기는 것은 해로운 생각이다. 우리는 겸손히 도시와 사람들을 존경하며 배워야 한다. 그들과의 관계는 의도적으로 상호적인 것이어야 한다. 우리는 기꺼이 그들의 삶 가운데 있는 하나님의 일반 은총을 보려고 해야 한다. 그들이 우리를 필요로 하는 것과 마찬가지로, 우리가 하나님과 그분의 은혜를 더 충만히 알기 위해서 그들이 우리에게 필요함을 인정해야 한다.16

문화에 대한 이런 존중은 단순히 전도 프로그램을 통해 친절을 연습하는 것이 아니라, 복음에서 흘러나오는 순종이어야 한다. 예수님을 통해 구원받은 사람들은 다른 사람들을 존중할 수밖에 없다.

기독교의 구원은 행위로 인한 구원이 아니라 은혜로 받은 구원이다. 즉, 다른 사람보다 더 의롭고 선하기 때문에 구원을 받은 것이 아니라, 절대적인 하나님의 은혜로 구원을 얻은 것이다. 그래서 그리스도인들은 윤리적으로 비그리스도인들이 더 뛰어날 수 있음을 안다. 그리스도인은 인격적으로 훨씬 성숙한 사람들이 비그리스도인들 중에 더 많다는 것을 아는 사람들이다.[17] 그래서 다른 사람을 존중하는 태도는 은혜로 구원 얻는 사람이 가져야 하는 가장 기본적인 삶의 태도다.

> 복음만이 우리에게 겸손함을 주고("나는 도시로부터 배울 것이 많다"), 자신감을 주고("나는 도시에 줄 수 있는 것이 많다"), 용기를 준다("나는 두려워할 것이 하나도 없다"). 이것들을 통해 하나님을 영화롭게 하고, 타인을 축복하는 효과적인 사역이 가능해진다. 이것을 우리가 이해하게 될 때, 우리의 지속적인 영적 발전과 행복을 위해서, 도시가 우리를 필요로 하는 것보다 더 많이, 우리가 도시를 필요로 함을 알게 될 것이다.[18]

또한 팀 켈러는 설교에 대한 피드백을 듣는 일도 도움이 되었다고 말한다. 그는 리디머교회를 시작할 초창기에 사람들과 약속을 잡고 길게 토론하는 시간들을 가졌다. 그곳에서 설교에 대한 피드백도 이루어졌다. 팀 켈러는 청중들과 대화하면서 그들이 갖는 두려움이나 편견을 알게 되었다. 그리고 자신이 세심하게 말하지 못했다는 것을 깨닫고 설교에 변화를 주기도 했다.[19] 이렇게 문화에 대한 존중이 있을 때만 복음에 대해 이야기할 수 있는 권리를 얻을 수 있게 된다. 그리고 그 문화에 들어가서 그 문화가 가지는 세계관과 신념이 무엇인지, 그 안에 숨겨진 모순이 무엇인지를 볼 수 있어야 한다.

사람들 안에는 성경의 진리와 연결되는 신념과 성경의 진리와 반대되는 신념이 동시에 존재한다. 찰스 테일러는 이것을 "지독한 형용 모순에 빠진 현대 문화"[20]라고 말한다. 사람들은 절대 도덕을 믿지만 도덕을 상대적인 기준으로 판단한다는 것이다. 결코 이성이나 순리에 기초하지 않고 각자의 마음에 끌리는 대로 정하기 나름이라는 도덕적 입장을 가지고 있지만, 또한 만인에게 명백한 도덕적 가치는 존재해야 한다고 생각한다.

팀 켈러는 리디머교회에 출석하는 공립학교 교사의 고충을 통해 이 현상을 설명한다.

> 학교에서 쓰는 "인성 교육" 커리큘럼 때문에 너무 답답하다고 말했다. 내용상으로는 정의, 재물에 대한 이타심, 진실한 말 같은 도덕 가치를 가르치도록 되어 있었다. 하지만 그 어느 가치를 가르칠 때든 종교적 근거를 끌어들여서는 안 된다고 교사용 지침서에 엄격히 금지되어 있었다.
>
> 언뜻 보기에는 일리가 있어 보였다. 하지만 실제 결과를 보면 학생들

이 "왜요?"라고 물을 때마다 그녀는 어떤 답도 줄 수가 없었다. 어떻게 대답하든 금지된 영역으로 넘어갈 수밖에 없었기 때문이다. "어떤 일은 그냥 옳고 어떤 일은 악하기 때문이다"라고 답한다면 "그걸 누가 정하는데요?"라는 질문으로 이어질 것이다. "절대 도덕이 없는 상황에서 그게 사회에 실용적이라서 그렇다"라고 답해도 역시 종교나 철학의 영역으로 넘어간다.[21]

이런 현상이 생기는 이유는 비그리스도인들에게도 하나님이 주신 '일반 은총'이 있기 때문이다. 비그리스도인의 모든 생각이 성경과 100퍼센트 다른 것은 아니다. 인간 안에는 일반 은총을 통해 발견하게 되는 성경과 연결되는 신념들이 존재하기 마련이다. 인간이라면 약한 사람을 존중하고, 재난당한 사람을 도와야 한다는 생각을 가지고 있다. 그러나 동일하게 혼인 전에 성적인 관계를 맺거나 동거하는 것을 더 합리적이라 생각하기도 한다. 어떤 부분은 성경과 연결되고, 어떤 부분은 성경과 배치되는 것이다. 그러나 비그리스도인의 사고 안에서는 모순되는 이 두 가지가 하나로 통합되어 모순이라고 생각하지 않는 경향이 있다. 팀 켈러는 이 두 가지 신념이 서로 모순이라는 것을 드러내 주어야 한다고 말한다.

팀 켈러는 성경의 진리와 연결되어 있는, 일반 은총으로 가지는 신념을 'A' 신념이라 부르고, 성경의 진리와 반대가 되지만 스스로 진리라고 생각하는 것을 'B' 신념이라 부른다.[22] 문화 속으로 들어가서 이 신념을 발견해야 문화에 맞서고 복음으로 초대할 수 있다.

사람들의 신념	기독교 진리
A 신념(A Belief) =	A 교리(A Doctrine)
✗	‖
B 신념(B Belief)	B 교리(B Doctrine)

2. 문화에 직면하여 맞서기

바울은 단순한 문화의 열망들을 무시하지 않았다. 오히려 그는 그것들을 긍정하면서도 사람들 마음속에 있는 내적인 모순을 드러내는 것으로 이에 맞섰다. 바울은 문화에 맞서기 전에 문화에 들어가는 일을 했다.

1) 바울의 예

바울은 사도행전 17장에서 예수님을 모르는 아테네 사람들과 변론한다. 그는 아테네 사람들이 잘 알고 있는 'A' 신념과 기독교의 'A' 교리를 먼저 연결하고 있다.

> "바울이 아레오바고 가운데 서서 말하되 아덴 사람들아 너희를 보니 범사에 종교심이 많도다"(행 17:22).

먼저, 바울은 '범사에 종교심이 많다'는 긍정적인 메시지로 문화 속으로 들어간다.

"내가 두루 다니며 너희가 위하는 것들을 보다가 알지 못하는 신에게라고 새긴 단도 보았으니 그런즉 너희가 알지 못하고 위하는 그것을 내가 너희에게 알게 하리라 우주와 그 가운데 있는 만물을 지으신 하나님께서는 천지의 주재시니 손으로 지은 전에 계시지 아니하시고"(행 17:23-24).

계속해서 바울은 '알지 못하는 신에게'라고 새겨진 단을 보았다고 말하며, 그 '알지 못하는 신'에 대해 성경과 연결해서 대화를 시도한다.

"우리가 그를 힘입어 살며 기동하며 존재하느니라 너희 시인 중 어떤 사람들의 말과 같이 우리가 그의 소생이라 하니"(행 17:28).

바울은 천지를 창조하신 하나님이 계신데 우리는 모두 그를 힘입어 살며 기동하며 존재하고 있다고 설명한다. 이것은 기독교의 'A' 교리이다. 그리고 계속해서 "너희 시인 중 어떤 사람들의 말", 즉 철학자의 말을 인용해서 'A' 교리와 연결하고 있다. "우리가 그의 소생이라"라는 말은 인용구다. F. F. 브루스의 《사도행전》[23] 주석을 보면, 바울의 이 말은 아라투스의 시를 인용한 것이라 말한다. 브루스는 "바울이 제우스와 하나님을 동일시하려고 의도했는가?"라고 말했지만, 사실 바울은 제우스와 하나님을 동일시하는 것이 아니라, 'A' 교리와 'A' 신념을 연결하고 있다.

A 신념(성경과 비슷한 사람들의 생각)	A 교리(성경적 진리)
"우리는 그의 소생이라" 어떤 신이 온 인류를 만들었다는 생각	기독교의 하나님이 천지와 모든 인간을 창조하셨다는 교리

그리고 바울은 성경의 교리와 반대되는 사람들의 신념인 'B' 신념을 'B' 교리와 대립시키면서, 결국 사람들이 진리라고 믿는 두 신념의 자가당착을 드러내 주는 것이다. 'A' 신념과 'B' 신념을 동시에 믿는다는 것은 논리적 모순임을 밝혀 주며, 결국 'A' 신념을 믿는다면 논리적 모순이 없는 'B' 교리를 믿어야 함을 논증한다.

> "이와 같이 하나님의 소생이 되었은즉 하나님을 금이나 은이나 돌에다 사람의 기술과 고안으로 새긴 것들과 같이 여길 것이 아니니라"(행 17:29).

바울은 'A' 신념, 즉 천지를 창조하신 신이 있고 우리는 신이 만들었다는 것을 확인시키고 난 뒤 그들이 가지고 있는 또 하나의 신념인 'B' 신념을 대립시키며 모순을 드러낸다. 즉, 신이 인간을 만들었다면 인간은 피조물일 텐데, 그 피조물 된 인간이 다시 그 신을 사람의 기술과 생각을 통해 신상으로 만들고 새겨 섬기는 것은 논리적으로 모순된다.

만일 우리가 신에 의해 지음을 받았다면, 어떻게 우리 손으로 그분을 만들 수 있겠는가? 그리고 우리가 만든 형상과 성전을 통해 우리 식으로 예배할 수 있겠는가?[24]

바울은 그들의 신념이 그들이 가진 전제에 근거했을 때 잘못된 것임을 보여 준다. 즉, 'A' 신념과 'B' 신념은 논리적으로 서로 모순된다는 것이다. 그는 우상 숭배가 이방인들이 신에 대해 가진 이해와 불일치함을 보여 준다. 실제로 그는 "만일 당신이 신에 대해 'A' 신념을 가지고 있다면(그것은 맞는 신념이다) 그럼 어떻게 'B' 신념을 가질 수 있는가?"라고 물으며 그들의 모순을 드러낸다.[25]

그렇다면 대안은 'A' 신념과 연결된 'A' 교리가 있기 때문에 그 'A' 교리와 연결되는 'B' 교리를 해답으로 제시할 수 있다. 성경의 교리는 절대 논리적으로 상충되지 않기 때문이다. 혹 상충되는 것처럼 보이는 부분이 있을지라도, 그것은 하나님 안에서 통일성을 이루는 것을 인간이 다 이해하지 못하기 때문이지, 성경 자체의 진리가 충돌되는 것은 아니다. 그는 결국 성경이 아닌 것을 진리라고 생각하는 사람들이 가지는 논리적 모순을 드러낸 후에 성경의 전제를 통해 더 합리적인 것을 소개한다.

B 신념(성경과 반대되는 사람들의 생각)

신의 피조물이 어떻게 다시 신을 조각하고 예배하는 방식을 마음대로 만들 수 있는가?

B 교리(성경적 진리)

잘못 믿는 것을 회개하고 하나님이 원하시는 방식대로 예배해야 한다(그리고 죽은 자의 부활로 시작해서 복음을 선포한다).

2) C. S. 루이스의 예

영국 사람들은 사랑의 하나님은 동의하는데 질투하시는 하나님, 심판하시는 하나님에 대해서는 동의하지 않았다. 그 논리적 모순을 C. S. 루이스는 이렇게 설명했다.

> 하나님이 사랑이시라면, 단순한 친절을 넘어서는 분임이 분명합니다 … 그는 가장 깊고 가장 비극적이며 가장 불가항력적인 의미에서 우리를 사랑하셔서, 황송할 정도로 극진한 대접을 해 주셨습니다 … 어떤 여자를 사랑하게 되었을 때, 그녀가 깨끗하든 더럽든 아름답든 추하든 신경 쓰지 않게 됩니까? 오히려 그제야 비로소 그런 점들에 신경을 쓰게 되지 않습니까?
>
> 하나님은 … 꾸벅꾸벅 졸면서 여러분이 그 나름대로 행복해지기를 바라는 연로한 할아버지의 인자함이나 양심적인 치안판사의 냉담한 박애주의, 손님 대접에 책임감을 느끼는 집주인의 배려로서가 아니라, 소멸하는 불로서, 세상을 창조해 낸 사랑으로서, 작품을 향한 화가의 사랑처럼 집요하고 자식을 향한 아버지의 사랑처럼 신중하고 숭고하며 남녀의 사랑처럼 질투할 뿐 아니라 꺾일 줄 모르는 철두철미한 사랑으로서 여기 계십니다.[26]

C. S. 루이스는 먼저, 사람들의 'A' 신념인 '신이 있다면 아마 사랑일 것이다'라는 생각과 기독교의 'A' 교리인 '하나님은 사랑이시다'를 연결한다.

A 신념(성경과 비슷한 사람들의 생각)	A 교리(성경적 진리)
신이 있다면 아마 그분은 사랑의 신일 것이다.	하나님은 사랑이시다.

그리고 그들의 논리적 모순인 'B' 신념과 논리적으로 타당한 'B' 교리를 제시함으로 성경이 그들의 생각보다 훨씬 더 합리적임을 밝혀냄과 동시에 그들의 자가당착을 드러낸다.

그는, 누군가를 사랑한다면 그 사랑하는 사람을 해치려는 무언가가 있을 때 분노하는 것이 당연하다고 말하면서 사랑의 신이 심판하는 것이 잘못되었다는 그들의 논리적 모순을 드러낸다. 그러면서 참된 사랑은 죄에 대해 진노하는 것이 당연하므로 성경의 하나님이 진리임을 증명한다.

B 신념(성경과 반대되는 사람들의 생각)	B 교리(성경적 진리)
사랑의 하나님은 믿지만 죄에 대해 진노하는 하나님은 믿지 않는다면 사랑은 분노와 심판이 없다는 말인데, 사실 정말 사랑한다면 사랑하는 대상을 해치는 것에 대해 분노하는 것이 당연한 일이다.	성경의 하나님은 사랑의 하나님이시기에 당연히 죄에 대해 진노하는 하나님이시다. 사랑을 믿는다면 죄에 대한 진노를 믿는 것이 훨씬 더 합리적이다.

3) 문화적 압점을 누르라

팀 켈러는 이런 문화 내러티브가 가진 모순을 드러내 주는 것을 '문화적 압점(Culture's Pressure Points)을 누르는 것'이라고 표현한다. 문화적 압점이란, 기독교나 하나님을 믿지 않을 때 이해될 수 없는 지점을 말한다. 말하자면 아픈 데가 있다. 꽉 끼는 신발을 신었을 때 발이 아파 오듯이, 그들의 세계관에서 아픔을 느끼는 데가 있다. 세상에 대해 그들이 믿는다고 공언하지만, 정작 그들의 직관이나 경험에 부합하지 않는 지점이 있는 것이다. 설교자는 이 아픈 데를 파악하고, 질문과 제안과 예화와 예들을 동원해 그곳을 눌러야 한다. 그래서 그들이 느끼는 긴장을 더 뼈아프게, 그들이 느끼는 부조리를 더 혼란스럽게 만들어야 한다.[27]

이것을 이야기한 책이 바로《팀 켈러의 답이 되는 기독교》다. 성경과 다른 사람들이 가지는 신념의 모순을 드러내면서 기독교가 더 말이 되는 합리적인 종교임을 변증하는 책이다. 이해를 돕기 위해 그 책에 소개된 몇 가지 문화적 압점들을 살펴보자.

① 자유

사람들이 가지는 잘못된 신념 중의 하나는, '다른 사람에게 피해를 주지 않는 한 내 마음대로 하는 것이 자유'라는 생각이다. 그러나 이 말이 모순된 주장임을 이해할 수 있어야 한다. 팀 켈러는 자유를 이렇게 정의한다.

> 원하는 바가 서로 충돌을 일으킬 때도 이 정의가 통할까? … 자유란 우리 문화가 말하는 것과는 다르다. 진짜 자유는 전략적으로 일부 자

유를 잃고 다른 자유를 얻으면서 가능해진다. 제약이 없는 게 아니라, 제약과 잃어야 할 자유를 제대로 선택하는 게 참자유다.[28]

건강검진 결과 비만으로 식단을 조절해야 한다는 이야기를 들은 할아버지는 둘 중에 하나를 선택해야 한다. 원하는 것을 계속 먹고 일찍 죽을 것인지, 아니면 원하는 것을 먹는 대신 손주와 건강하게 살 것인지를 말이다. 결국 자유란 원하는 것을 하는 것이 아니라 제약과 잃어야 할 것을 선택하는 것이다. 피아노를 자유롭게 치거나 물속에서 자유롭게 수영을 하려면 자유롭지 못한 통제된 환경에서 연습을 해야 비로소 자유로울 수 있는 것처럼, 결국 자유란 제약된 환경 안에서 참된 자유를 맛볼 수 있는 것이다.

성경과 다른 진리는 모두 모순이 있을 수밖에 없다. 사람들이 생각하는 자유는 결국 '다른 사람에게 피해를 주는 것'에 대해 서로 자유를 주장하기 때문에 일치되는 하나의 기준이 없다. 음란물 금지법을 시행한다고 할 때, 어떤 집단은 혼자서 포르노를 보는 것은 아무에게도 피해가 가지 않는 일이기 때문에 표현의 자유와 개인의 자유를 침해한다고 생각하지 않는다. 반면 다른 집단은, 포르노를 보면 남녀 관계에 해로운 쪽으로 의식이 형성되어 결국 사회에 악영향을 끼친다고 말한다.[29]

만약 법정에서 두 집단의 대표가 각각 자신들의 논리를 주장한다면, 그들은 자신들의 논리를 뒷받침할 만한 논문을 가지고 와서 증명할 수도 있을 것이다. 과학적 진리는 원래 잠정적 진리이고, 가설을 검증하면 받아들여지기 때문이다. 서로가 대립되는 주장을 할 때 그중에 어느 것이 맞고 어느 것이 틀리다고 말할 수 있는 기준이 없기 때문에, 결국 '다른 사람에게 피해를 주는 것'이라는 모두에게 만족을 주는 정의란 존재하지 않는 것이다. 팀 켈러는 "자유가 커지면 결국 자유를 잃고 만다"[30]고 말했다. 개인의 자유를 무엇보다 선호하는 시대지만, 그 자유의 정의가 스스로 모순된다는 것을 알려 주어야 한다.

② 인권

사회와 정의에는 관심이 있지만 하나님은 없다고 믿는 사람이 있다면 그 또한 자체적인 모순이 발생한다. 세속적 세계관은, 인간은 진화되었으며 초자연 세계나 내세는 없다고 말한다. 이 세계관이 가지는 모순은, 그들에게 '강대국이 약소국을 괴롭히는 것을 어떻게 생각하느냐'는 질문을 통해 드러낼 수 있다. 만약 창조가 아닌 진화를 믿고 있다면, 나쁜 돌과 나쁜 나무라는 개념이 없듯이 고양이가 쥐를 잡아먹는 것을 나쁘다고 말하지 않는다. 그리고 동물의 세계에서 약육강식이 나쁘지 않다면 진화된 인간의 세계에서도 동일할 것이다. 왜 강대국이 약소국을 압제하는 것을 반대하는가? 왜 모든 사람은 평등하고 존중받아야 하는가? 진화는 이 명제에 답을 할 수 없다. 결국 하나님의 형상이라는 창조만이 인간의 인권에 대해 더 합리적인 대안을 내놓을 수 있다.

만일 사람이 하나님의 형상대로 지어진 것이 아니고 단지 맹목적인 어떤 힘들의 우연적인 결과라면 어째서 인간이 돌이나 나무 같은 다른 존재보다 가치 있는 것이겠는가? 이것은 오늘날 아주 의미 있는 급소가 된다. 젊은이들은 특히나 불의에 민감하기 때문에 그들에게 인권과 정의는 무신론적 세계에서보다 하나님이 만드신 세계에서 더 의미 있음을 보여 줄 수 있다.[31]

3. 청중을 위로하며 호소하기(초대하기)

"십자가의 도가 멸망하는 자들에게는 미련한 것이요 구원을 받는 우리에게는 하나님의 능력이라 … 유대인은 표적을 구하고 헬라인은 지혜를 찾으나 우리는 십자가에 못 박힌 그리스도를 전하니 유대인에게는 거리끼는 것이요 이방인에게는 미련한 것이로되 오직 부르심을 받은 자들에게는 유대인이나 헬라인이나 그리스도는 하나님의 능력이요 하나님의 지혜니라"(고전 1:18, 22-24).

팀 켈러의 변증에서 가장 중요한 요소가 있다면 아마도 '청중을 위로하며 복음으로 호소하는 것'이다. 단순히 상대방의 모순을 드러내는 것은 변증이 아니다. 그들의 모순을 드러내 주고 난 뒤에는 복음으로 초대해야 한다. 이때 복음으로 초대하는 것은 그저 예수님을 영접하라고 권유하는 것이 아니라, 복음으로 삶의 문제들이 해결됨을 보여 주는 것이다.

복음은 사람들을 개종시키는 방편일 뿐만 아니라, 그리스도인이 문제를 해결하고 성장하는 방편이기도 하다. 그런데 아직도 복음을 향한 전형적인 접근은, 그것을 기독교 교리의 ABC, 구원받는 데 필요한 최소 진리, 입학시험, 입구로 보는 것이다 … 복음은 우리가 구원받는 방편일 뿐만 아니라 모든 문제에 대한 해결책이요, 그리스도인 삶의 모든 단계의 진보를 이루는 방편이다 … 매주 복음으로 그리스도인의 문제를 해결한다면, 세속적인 사람들은 매번 조금씩 다른 방식으로 복음을 듣게 될 것이다. 또한 이로써 복음에 대한 보다 깊은 이해가 생길 뿐 아니라, 그리스도에 대한 믿음이 실제로 어떻게 기능하고 삶의 변화를 일으키는지를 볼 것이다. 이걸 보는 게 핵심이다. 이로써 그들은 피상적이 아니라 실질적으로 복음화된다.[32]

고린도전서 1장에서 바울은 유대인과 헬라인들이 궁극적으로 찾는 것이 '표적'이며 '지혜'라고 말한다. 그것을 찾는 것은 성경적으로 잘못된 우상이지만, 찾지 말라고 말하지 않는다. 오히려 행복을 추구하는 것이기에 그 자체를 긍정하고 있다. 그러나 그 추구가 궁극적으로 그들에게 참된 행복을 주지는 못함을 드러내 준다. 문화에 맞서기를 하는 것이다. 유대인은 이스라엘의 해방을 바라며 어떤 힘을 원했지만 그것은 복음의 관점에서 '꺼리는' 것이고, 또 헬라인은 지혜를 찾았지만 그것은 '미련한 것'이었다. 그러나 바울은 그들이 궁극적으로 찾는 힘과 지혜가 바로 그리스도 안에서 이룰 수 있는 것임을 이야기하고 있다. "유대인이나 헬라인이나 그리스도는 하나님의 능력이요 하나님의 지혜니라"(고전 1:24). 그들이 추구하는 행복은 결국 하나님 안에서 발견되는 것이다. 팀 켈러는 이렇게 말한다.

> 옛 수도사들은 종교적인 행위로 구속을 받으려 애썼던 반면, 대다수 현대인들은 직업적인 성공에서 구원(자존감과 자부심)을 찾으려 한다. 그러다 보니 … 비뚤어진 방식으로 그런 일들을 '섬기게' 되었다. 그러나 … 남들이 애쓰고 수고해서 얻으려는 것들(구원, 자부심, 선한 양심, 평안 따위의)을 크리스천들은 이미 그리스도 안에서 소유하고 있으므로 이제는 그저 하나님과 이웃을 사랑하기 위해 일하면 그만이다.[33]

그리스도인은 다른 사람의 인정이나 박수가 없어도 열심히 일할 수 있다. 왜냐하면 일을 통해 궁극적으로 얻고 싶어 했던 그것을 이미 복음 안에서 누리고 있기 때문이다.

사람들의 마음에는 구원에 대한 향수가 있다. 세상의 많은 동화들이 해피엔딩인 이유는 사람들의 마음에 마지막을 향한 소망이 있기 때문이다. 인간 안에는 죽음을 피하고 영원히 사는 것, 이별이 없는 영원한 사랑 같은 것을 바라는 동경이 있다. 사람들은 대개 할 수만 있다면 악을 영원히 끝장내는 승리에 동참하기를 원한다. 사람들은 동화를 통해 자신들의 열망이 성취되는 것을 보기 때문에 동화로 눈을 돌린다.[34]

복음은 인간 세상을 이상적으로 그리지 않는다. 아름답게 창조되었으나 타락한 세상이 되었고, 그리스도의 구속으로 하나님 나라가 이미 시작되었으며, 결국 마지막에 영원한 나라가 완성될 것임을 보여준다. 그리스도의 죽으심으로 그리고 그리스도의 다시 오심으로 이 세상은 완전한 해피엔딩이 되는 것이다. 인간의 마음 가장 깊은 곳에 소망을 줄 수 있는 것은 오직 복음뿐이다. 우리는 문화 속으로 조심스럽게 들어가 문화에 맞설 용기를 가지고 대면하며, 그것을 먼저 경험한 사람으로서 가장 좋은 위로의 길을 제시해야 할 것이다.[35]

그래서 팀 켈러의 설교는 대부분 이런 호소로 끝을 맺는다. 우물가의 여인처럼 스스로 구원의 길을 찾으려 하는 모든 시도들이 다 잘못되었음을 드러내면서, 궁극적인 목마름에 대한 해답이 그리스도에게 있음을 제시한다.

> 그녀가 생수를 얻은 것은 예수 그리스도가 "내가 목마르다"라고 하셨기 때문이다 … 십자가에서 운명하시기 직전에도 그분은 "내가 목마르다"라고 말씀하셨는데 … 생수의 근원이신 아버지로부터 단절되셨다 … 이는 신기한 역설이다. 예수 그리스도가 십자가에서 우주적 갈증을 겪으셨기 때문에 당신과 나의 영적 갈증이 채워질 수 있다. 그분이 죽으셨기에 우리는 거듭날 수 있었다. 그런데 놀랍게도 그분은 그 일을 즐거이 하셨다. 그리스도가 하신 일과 그 이유를 알면 우리 마음은 우리를 노예로 삼는 것들로부터 예수께로 방향을 돌이키고 예배하게 된다.[36]

또 가나의 혼인 잔치를 설교하면서는, 사람들이 즐겁게 마시는 포

도주 잔은 결국 그리스도가 죽음의 쓰라린 잔을 마셨기에 가능한 일이라 말한다.

> 클라우니 박사는 이렇게 표현했다. "예수께서 기쁨 일색인 혼인 잔치의 한가운데 앉아 장래의 슬픔을 마시셨기에 오늘 그분을 믿는 당신과 나는 세상 모든 슬픔의 한가운데 앉아 장래의 기쁨을 마실 수 있다." … 지금은 슬픔의 한가운데 있을지라도 장래의 기쁨을 마시라. 사랑도 하나뿐이고, 잔치도 하나뿐이며, 당신의 마음에 필요한 것을 빠짐없이 채워 주실 수 있는 분도 하나이다. 이 모두가 당신을 기다리고 있다. 이 사실을 알기에 당신은 그 어떤 현실에도 능히 맞설 수 있다.[37]

팀 켈러가 말하는 복음으로의 초대는 단순히 예수님을 소개해서 영접하는 것이 아니다. 팀 켈러는 "복음은 사람들을 개종시키는 방편일 뿐만 아니라, 그리스도인이 문제를 해결하고 성장하는 방편이기도 하다 … 복음은 우리가 구원받는 방편일 뿐만 아니라 모든 문제에 대한 해결책이요, 그리스도인 삶의 모든 단계의 진보를 이루는 방편"[38]이라고 말한다.

복음의 초대란, 삶의 모든 문제가 궁극적으로 그리스도 안에서 해결된다는 것을 보여 주는 것이다. 그래서 팀 켈러는, "복음은 모든 것을 변화시킨다"(The Gospel changes everything!)는 말을 자주 사용한다. 이는, 모든 변화는 복음으로 시작되며 복음에 의해 영향을 받는다는 말이다. 낙망과 우울함에 빠진 사람, 인간관계에 문제가 있는 사람, 성과 가정의 문제, 자기관리와 인종의 문제 등 삶의 모든 영역이 복음으로 말미암아 변화됨을 소개하고 초대하는 것이다.

그러면 팀 켈러의 설교를 통해 그가 어떻게 복음이 변증적 과정을 거쳐 전달되는지 살펴보자. 결혼과 연애에 대한 문화 내러티브 중에 동거 문화가 있다. "서로 사랑하면 됐지, 꼭 종잇조각이 있어야겠어? 난 그딴 거 없이도 자기를 사랑해! 결혼은 그냥 복잡하기만 한 절차일 뿐이잖아!" 이렇게 말하는 것이 오늘날의 문화다. 이 문화 내러티브의 이면에는 사랑이란 '특별한 종류의 감정'이라는 신념이 깔려 있다. 주로 남녀 파트너의 애정을 얼마나 간절히 바라느냐로 사랑을 측정하고 있다. 그래서 법적으로 부부임을 증명하는 종잇조각은 애틋한 감정에 아무런 도움을 주지 않는다고 생각한다.[39]

팀 켈러는 이 문화 내러티브 안에 숨은 신념이 잘못되었음을 먼저 드러내 준다. 즉, 사랑이란 '특별한 종류의 감정'이라는 정의가 잘못되었다는 것을 알려 준다. 팀 켈러의 설교는 문화 내러티브를 반대할 때 단순히 성경의 진리를 드러내면서 직접 부딪치지 않는 것이 특징이다. 하나님의 말씀과 상반되는 모든 문화 내러티브는 자체적 모순을 가지고 있어, 일반 사회에서도 그 부분에 대한 모순을 지적하는 글들을 쉽게 찾을 수 있기 때문이다.

도덕에 대한 문화 내러티브 중에서, 하나님을 믿지는 않지만 도덕적 가치를 추구하며 살아야 된다는 생각이 있다. 그러나 신을 전제하지 않으면 사람은 도덕적으로 살아야 할 당위성을 갖지 못한다. 이러한 문화 내러티브의 모순을 지적할 때도 팀 켈러는 성경의 잣대를 먼저 제시하지 않는다. 대신 세상의 권위 있는 인물의 글들을 통해 문화 내러티브의 모순을 먼저 지적해서 그들의 신념 체계를 흔들어 놓는다. 쉽게 말해, 적과 싸우면서 적군의 칼로 적군에게 치명상을 입히는 것과 비슷하다.

팀 켈러는 니체의 말을 통해 이러한 문화적 모순을 드러낸다. 니체는, 신과 초자연의 세계가 존재하지 않으며 이 땅에서 물질세계가 전부라면 이생 자체보다 상위의 관점은 존재하지 않는다고 말한다. 따라서 세상의 어떤 부분은 옳고 어떤 부분은 그른지를 결정할 기준이 없다고 주장한다.

> 니체의 요지는 이것이다. 당신이 만일 신을 믿지 않는다면서 만인의 권리를 믿고 모든 약자와 빈민을 돌봐야 한다고 믿는다면, 스스로 인정하든 그렇지 않든 당신은 여전히 기독교 신념을 고수하는 것이다. 예컨대 삶의 한 부분이고 인간의 본성에 뿌리박고 있는 사랑과 폭력 중 하나는 선하다고 취하고, 하나는 악하다고 버려야 할 이유가 무엇인가? 둘 다 삶의 한 부분일 뿐이다. 그런 선택의 기준은 어디서 왔는가? 신이나 초자연 세계가 없다면 그런 기준도 존재하지 않는다.[40]

사랑은 특별한 종류의 감정이라는 문화 내러티브도 마찬가지다. 팀 켈러는 그 신념의 모순을 세상의 언어로 드러낸다. 그는 어니스트 베커의 《죽음의 부정》[41]을 인용하면서 오늘날 로맨스 문화가 잘못되었음을 지적하고 있다. 베커는 비종교인들이 신에 대한 믿음을 잃게 될 때 그 상황을 대처해 나가는 다양한 방법을 소개한다. 사람은 인생에서 의미를 찾아야 하기 때문에, 인생에서 무언가를 찾고 의미를 부여한다는 것이다. 그중 하나가 바로 '종말론적 사랑'이라 말한다. 예전 사람들은 신을 믿으면서 인생의 의미를 발견하려고 했지만, 오늘날은 성과 사랑에서 얻으려고 한다는 것이다.

> 인간은 여전히 자긍심이 필요했고 자기 삶이 본래 중요함을 알아야 했다 … 뭔가 더 고상한 의미에 흡수되어 신뢰와 감사로 거기에 몰두해야 했다 … 그런데 하나님이 더는 없으니 어떻게 그리할 것인가? 맨 먼저 떠오른 방법 중 하나는 오토 랑크의 말대로 '로맨틱한 해법'이었다 … 내면 깊은 곳에 본질적으로 필요한 자존감을 인간은 이제 사랑의 대상에게서 찾으려 했다. 사랑의 대상은 우리 삶을 채워 줄 신적 이상(理想)이 된다. 모든 영적, 도덕적 욕구가 이제 그 한 사람에게 집중된다 … 한마디로 사랑하는 상대가 곧 하나님이 된다 … 하나님이 주관하시는 위대한 신앙 공동체의 세계관이 소멸되자 인간은 '그대'(thou)를 찾아 나섰다 … 사랑의 대상을 하나님의 지위로 격상시켜서 결국 우리가 얻으려는 것은 무엇인가? 다름 아닌 구원이다.[42]

로맨스를 구원의 위치로 격상시키면 내가 사랑하는 연인이 나의 하나님이 된다. 그러나 어떤 인간도 그 자리에 앉을 자격이 없다. 그 역할을 누가 감당할 수 있겠는가? 결국에는 쓰디쓴 환멸만 맛보게 된다. 팀 켈러는 계속해서 성경적 진리로 사람들을 초대하기 위해 감정적 선택이 가지는 위험성에 대해 이야기하면서 문화 내러티브의 모순을 또 한 번 드러내 준다. 이제는 그리스도인 윤리학자 루이스 스미디스의 글을 통해 감정의 불완전함을 이야기한다.

> 어떤 이들은 자신이 누구인가를 묻고는 감정에서 그 답을 구한다. 하지만 감정은 깜박거리는 불꽃과도 같아서 한 줄기 바람이 불 때마다 이리저리 흔들리게 마련이다. 또 어떤 이들은 자신이 누구인가라는 질문에 그들의 성과에서 답을 구한다. 하지만 성공이나 멋진 이력들이 인간 됨됨이의 고갱이를 드러내 주지는 않는다. 더러는 자신이 누구인지 묻고 이상적인 자아상에서 답을 구한다. 그러나 그러한 비전은 어떤 인물인지가 아니라 어떤 인물이 되기를 바라는지 보여 줄 따름이다.[43]

우리는 누구인가? 스미디스는 대체로 슬기로운 약속을 하고 그것을 지키는 과정을 통해 빚어지는 존재가 바로 우리 인간이라고 말한다.[44] 팀 켈러는 계속해서 말한다. "약속에서 안정된 정체감이 나오기 때문이다. 안정된 정체감 없이는 안정된 관계를 맺는 것이 불가능하다."[45] 그는 또 한나 아렌트의 글을 소개한다. "약속을 지켜내지 않는다면 정체성을 지킬 방도가 없다. 무기력하게 허우적거리며 저마다 외로운 마음의 그늘을 벗어나지 못하고 방향조차 잡지 못한 채 모순되고 모호한 상태에 갇히는 신세가 되고 말 것이다."[46]

결국 팀 켈러는 스미디스의 말을 인용하며, 약속이야말로 자유를 얻는 수단임을 이야기한다.[47] 단순한 감정적 사랑을 추구하는 오늘날의 동거 문화에 대한 잘못된 모순을 성경이 아닌 자료들을 통해 반박하면서 사람들의 생각을 전환시켜 주고 있다. 그 후에 결론적으로 복음을 제시함으로 새로운 전제를 받아들이라고 요청하는 것이다. 물론 그 요청 속에서도 사람들이 가졌던 문화 내러티브를 100퍼센트 부정하거나 잘못되었다고 말하지 않는다. 그들이 추구하는 것은 결국 복음 안에서 얻을 수 있는 것이기에, 그들의 추구 자체를 경청하고 받아들인다.

로맨틱한 사랑을 추구하는 문화 내러티브는 잘못된 것이지만, 100퍼센트 잘못된 것은 아니다. 약속과 의무를 통해서 한 사람만 사랑하는 결혼 제도가 결국 더 깊은 로맨스를 준다고 말한다.

> 결론부터 말하자면 천만의 말씀이다. 실제로 무조건적이며 언약적인 결혼은 로맨틱한 사랑을 완성해 준다.[48]

팀 켈러는 그들이 추구하는 로맨틱한 사랑이 결국 복음 안에서 완전해질 수 있음을 보여 준다. 그들의 추구는 정상적이지만, 그들의 방식은 잘못되었다. 참된 추구는 결국 복음 안에서 누릴 수 있음을 말하는 것이다.

팀 켈러는 키르케고르를 인용한다. 키르케고르는 세상에 세 가지 실존이 있다고 말했다. 첫째는 심미적, 둘째는 윤리적, 셋째는 신앙적 실존이다. 첫 번째 실존인 심미적 요소는 행복하고 만족스러운 삶을 중요하게 생각하지만, 환경에 많은 영향을 받는다. 인생은 짜릿해야 하며 '아름답고 반짝이는 것들로' 가득해야 정상이라고 생각한다. 그러나 심미적으로 사는 사람들은 자신이 인생의 주인이 되지 못한다. 그들은 우연에 기대어 살고, 기질, 취향, 느낌, 충동대로 살아갈 뿐이다. 이것이 로맨틱한 사랑의 한계다. 하지만 두 번째 실존인 윤리적 요소는 로맨틱한 사랑의 자발성을 끌어내어 안정성과 지속성을 가지게 해 준다. 윤리적 헌신이 더 깊은 로맨스를 만들어 준다는 것이다.[49]

팀 켈러는 결론으로 행동이 사랑을 이끌어 온다고 말한다. 성경은 감정과 상관없이 사람을 사랑하라고 말하고 있다. 팀 켈러는 목회를 하면서 그것을 배웠다고 말하는데, 목회자가 아니었다면 굳이 사귀거나 친하게 지내지 않았을 사람들도 목회자이기 때문에 아프면 심방을 가고, 어려우면 늘 상담을 했다. 목회자가 되는 순간부터 감정적으로 끌리지 않는 수많은 사람들에게 사랑을 실천해 보이라는 명령을 받은 것이다. 남들이 싫어하는 성격을 가진 부부를 초대해서 함께 휴가를 보낸 적도 있다고 고백했다. 그런데 신기한 것은, 그런 과정을 통해 사람들을 좋아하게 되었다는 것이다. 마음에 들지 않아도 사랑을 포기하지 않으면 그들을 사랑하게 된다는 것이다.[50]

부모의 사랑도 마찬가지다. 아이가 열여덟이 되었지만 호감을 주는 성격이 아니어서 사람들과 어울리지 못하고 있을 때도 부모는 아이에 대한 극진한 사랑을 멈추지 않는다. 호감을 주지 못하는 성격을 가졌지만 부모의 사랑은 변함이 없다. 왜일까? 팀 켈러는 성경적 패턴에 이끌려 사랑을 실천했기 때문이라 말한다. 감정과 상관없이 사랑을 온몸으로 실천해 온 까닭에, 이제는 아낄 만한 구석이 있든 없든 자녀들을 깊이 사랑하게 된 것이다.[51] 그리고 마지막에 예수 그리스도를 선포함으로 복음으로 초대한다.

이런 설교를 듣고도 도저히 감정이 생기지 않아서 사람을 사랑할 수 없다고 말하는 사람들도 있을 것이다. 또 그런 사랑은 너무 기계적이라고 말할 수도 있을 것이다. 이런 사랑은 인간의 결단으로 이루어지는 것이 아니다. 오직 복음의 은혜가 순종으로 이끄는 것이다. 팀 켈러는 십자가에 달린 예수님이 '너희는 참 매력적이구나'라고 생각하면서 목숨을 버린 것이 아님을 이야기한다. 예수님은 우리가 사랑스러워서가 아니라, 사랑스럽게 만들려고 우리를 사랑하신 것이라 말한다. 그러면서 그는 배우자를 사랑해야 할 이유도 여기에 있다고 결론 짓는다.[52] 복음과 은혜를 기억하면서 배우자 사랑하기를 노력하라는 것이다. 언약은 결국 우리를 더 깊은 로맨스로 인도한다는 것을 보여 줌으로써 로맨스를 추구하는 오늘날의 사람들에게 참된 로맨스는 언약 안에, 그리스도의 은혜 안에 있음을 알려 주는 것이다.

이렇게 팀 켈러는 문화를 긍정하고, 맞서고, 복음으로 초대함을 통해 포스터모던 시대에 맞는 변증적 메시지를 전하고 있다. 이것이 뉴욕의 젊은이들을 리디머교회로 인도하는 원동력일 것이다. 결국 기독교 세계관과 일반 세계관을 철저히 비교하게 해서 다른 세계관의 모순을 드러내 주어 참된 성취가 예수 그리스도 안에 있음을 증거함으로 복음이 더욱 말이 되는, 합리적인 메시지임을 증명하고 있다.

우리는 회의주의가 가득한 시대, 곧 이런 변증적 요소를 통해 복음의 탁월성을 증명해야 할 시대를 사명을 가지고 살아가고 있다. 팀 켈러라는 앞서 걸어가는 신앙의 선배가 있다는 것이 우리에게 많은 위로를 준다. 거인들의 어깨 위에서 이제 한국적 상황에 맞는 문화적 변증가들이 일어나기를 기대한다.

"우리가 육신으로 행하나 육신에 따라 싸우지 아니하노니 우리의 싸우는 무기는 육신에 속한 것이 아니요 오직 어떤 견고한 진도 무너뜨리는 하나님의 능력이라 모든 이론을 무너뜨리며 하나님 아는 것을 대적하여 높아진 것을 다 무너뜨리고 모든 생각을 사로잡아 그리스도에게 복종하게 하니"(고후 10:3-5).

추천 도서 《팀 켈러의 답이 되는 기독교》

원제는 《*Making sense of God*》으로, 제목 그대로 '하나님과 기독교의 세상을 이해하는 방식이 훨씬 더 말이 되고 합리적이다'라는 내용을 담고 있다. 이전의 책 《팀 켈러, 하나님을 말하다》와 비슷한 변증서로 분류되지만, 《팀 켈러의 답이 되는 기독교》는 좀 더 시대 문화에 대한 배후 가정을 드러내 준다. 흔히 '문화 내러티브'라고 말하는 '문화적 서사'는, 진리는 아닌데 많은 사람들이 진리인 것처럼 질문하지 않고 그냥 믿고 있는 신념을 말한다. 팀 켈러는 그 신념의 뿌리를 찾아 모순성을 드러냄으로써 말이 되지 않는 비합리성을 깨뜨리며, 기독교가 훨씬 더 말이 되는 합리적인 종교임을 드러내 준다.

오늘날 회의주의자들이 기독교 신앙을 받아들이지 않는 이유 중의 하나는 그들 생각 속에 다른 신념들이 뿌리 내렸기 때문이다. 이런 신념들은 논증의 과정을 통해 명확하게 주어지지 않는다. 연예와 소셜 미디어의 이야기와 주제 속에 녹아들어서는 우리 사상을 파고든다. 그러면서 어느새 '원래 그런 것'으로 받아들여진다.[53] 《팀 켈러의 답이 되는 기독교》는 이런 배후 가정의 신념들을 하나씩 들추어내어 편견 없이 합리성으로만 서로를 비교하게 만든다. 그러면서 회의주의자들의 믿지 않는 신념과 기독교의 믿을 수 있는 신념을 비교했을 때 어느 것이 더 합리적이고 세상을 이해하는 방식인지 묻고 있다. 팀 켈러의 논리를 따라가다 보면 회의주의자들의 생각이 얼마나 모순적인지를 알게 되고, 우리가 믿는 기독교가 믿음을 떠나 이성적으로 생각해도 세상을 가장 이해하는, 말이 되는 종교임을 깨닫게 된다.

이 책에서 팀 켈러는 크게 다섯 가지의 잘못된 신념들을 다루고 있다.[54]

첫째, 하나님이 없어도 인간은 인생의 의미와 소망 그리고 만족을 얻으면서 살아갈 수 있다는 신념을 다룬다(3, 4, 8장). 3장에서는 인생의 의미란 '지어내는 것'이 아니라 '발견하는 것'이라 말한다. 결국 인생의 의미는 나로부터 출발하는 것이 아니라, 하나님으로부터 출발하는 것이 더 영속적이고 고난을 이길 수 있음을 알려 준다. 내가 내 인생의 의미를 만들어 간다는 신념은 기분 좋게 느껴지지만, 고난 앞에서 의미를 잃어버리면 오로지 개인적인 목적에 집중하기 때문에 공동체가 무너지는 등 더 어려움을 가지게 한다. 4장에서는 인생의 불만족을 채우려는 사람들의 시도는 늘 실패할 수밖에 없음을 드러내며, 참된 만족은 '사랑의 순서'를 바로잡을 때 이루어진다는 것을 증명해 준다. 8장에서는 소망에 대해 다루는데, 참된 소망은 단순한 낙관론이 아니라 죽음까지도 극복할 수 있는 신앙임을 드러내 줌으로써 사람들이 가지고 있던 문화 내러티브의 허구와 기독교의 진리를 비교한다.

둘째, 남에게 피해를 주지 않는 한 개인의 자유는 극대화되어야 한다는 잘못된 '자유에 대한 내러티브'를 다룬다(5장). 5장에서 다루는 세속주의의 자유란 실제 삶에는 없는 자유이며, 그 자유는 우리를 더 속박한다고 말한다. 왜냐하면 '남에게 피해를 주지 않는'이라는 판단은 개인의 자유이므로, 서로의 자유가 충돌할 때 그 자유를 제어할 수 있는 기준이 없기 때문이다. 물고기가 물속에 있을 땐 자유롭지만 물 밖에서는 자유롭지 못한 것처럼, 참된 자유는 제한된 환경 안에서 누리는 자유임을 설명하며 사랑으로 자신을 희생하는 것이 더 큰 자유임을 증명해 준다.

셋째, '진정한 나'가 되려면 더 깊은 갈망과 꿈에 충실해야 한다는 잘못된 정체성의 문제를 다룬다(6, 7장). 6장에서는 오늘날 만연해져 있는 '표현적 개인주의'의 잘못된 개념들을 폭로한다. 개인의 정체성을 스스로가 입증해야 하기 때문에, 스스로 실력주의와 불안에 짓눌릴 수밖에 없다. 또한 개인주의의 극대화는 관계의 문제와 공동체의 붕괴로 이어진다. 오늘날 결혼이 깨지고, 사회는 파벌로 분리되고 경제적 불평등이 심해지는 이유도 바로 개인주의의 결과다. 7장에서는 그 대안을 설명해 주는데, 바로 기독교의 정체성은 겸손하며 담대한 십자가임을 이야기한다. 우리는 죄인이 되었기 때문에 겸손하며, 하나님의 사랑을 받는 자녀이기에 담대할 수 있다. 결국 정체성은 성취하는 것이 아니라 그리스도 안에서 받는 것임을 증명하며, 그리스도 안에서 누리는 정체성이 훨씬 안정적이며 공동체적임을 드러내 준다.

넷째, 굳이 하나님을 믿지 않아도 인간 스스로 도덕적 기준을 세우고 인권의 기초를 확보할 수 있다는 도덕과 정의의 문제를 다룬다(9, 10장). 9장에서는 인간이 스스로 도덕적으로 살 수 있다는 인간 자신의 생각에 대해 도덕적이라는 판단을 한다는 것 자체가 이미 신을 믿고 있는 증거라고 말한다. 인간이 단순히 진화된 존재라면 약육강식은 당연한 방식일 것이다. 강한 자가 약한 자를 억압하고 폭력을 행사하는 것에 대해서도 '나쁜 일'이라고 정의할 수 없을 것이다. 이처럼 인간관계 안에서 '나쁘다, 좋다'라는 개념 자체가 바로 하나님으로부터 온 것임을 믿는 것이며, 인격적인 창조자가 인간 안에 기준을 마련해 준 것이라 생각하는 것이 더 합리적임을 드러내 준다. 10장에서는 인간에게 인권이라는 것이 하나님의 형상을 가진 것이라는 개념 외에는 성립될 수 없음을 드러내 준다. 왜 모든 사람을 존중해야 하는가? 능력도, 학벌도, 외모도, 지위도 아닌 동일한 가치가 있어야 한다. 바로 사람은 하나님의 형상을 가진 존재이기 때문에 인권을 존중하는 것이다.

다섯째, 하나님이 계시다는 것을 과학적으로 증명할 수 있는 증거가 없다는 주장에 대해서 하나님이 없다고 말하는 것도 증거가 없음을 드러내 주며, 증거로만 따져 봤을 때는 하나님이 없다는 것보다 있다고 말하는 것이 훨씬 더 많은 증거를 가지고 있다는 것을 알려 줌으로 기독교가 더 말이 되는 종교임을 증명한다(11, 12장). 11장에서는 하나님이 없다고 생각하는 사람들에게 더 증거가 없음을 드러내며 다양한 논증 등을 소개한다. 도덕 논증, 우주의 미세조정, 이성, 아름다움에 기초한 논증들을 소개하면서 하나님이 없다는 것보다는 있다고 생각하는 것이 더 합리적임을 드러내 준다. 12장에서는 예수 그리스도 자체가 가장 강력한 증거임을 소개하면서 복음으로 초대하고 있다. 철학적 추론이 아닌 예수 그리스도라는 인격을 소개함으로 마무리하면서, 이제까지의 논의를 통해 그리스도를 영접할 것을 말하고 있다.

리차드 프랫은 기독교 변증에 대해, "사랑 많은 친구가 눈먼 친구를 이 세상에서 유일한 안전지대, 즉 그리스도의 안전지대로 이끌어 가는 주의 깊은 안내와도 같다"라는 말을 했다. 팀 켈러의 책은 리차드 프랫의 말처럼, 눈먼 친구를 안내하듯이 아주 자세하고 또한 친절한 방식으로 전개되고 있다. 기독교 변증에 대한 잘못된 오해 중의 하나는 논쟁하고 싸우는 것이다. 그러나 내가 더 많이 알고 있을수록 덜 논쟁적이 된다. 또한 상대방의 전제들을 하나씩 설명하면서 모순을 드러내 주는 방식의 변증을 통해서 기독교가 훨씬 더 합리적이고 논리적으로 말이 되는 종교임을 드러낼 수 있다. 오스 기니스는, "참된 변증은 비신자로 하여금 갈망을 일깨워 그에게 주어지는 초월의 신호를 알아보도록 돕는 일이다"라고 말했다. 비신자 안에 있는 잘못된 신념을 드러내 주어 편견을 없앤 후에, 객관적인 마음으로 기독교와의 비교를 통해 그 안에 초월에 대한 갈망을 불러일으키는 것이 앞으로의 시대의 기독교 변증이 되어야 할 것이다.

이 책의 에필로그에 있는 랭던 길키가 쓴 소설《산둥 수용소》[55]의 예를 보면, 하나님을 전제하지 않는 인간의 합리성이란 얼마나 헛된 것인가를 삶으로 드러내 준다. 그리고 코넬리우스 밴 틸이 말했던 '계시의존사색'이 가장 합리적인 삶의 방식임을 이야기해 준다.《팀 켈러의 답이 되는 기독교》는 이 시대의 문화 내러티브를 알려 주며, 성경적 대안을 제시하는 좋은 안내서다.

항상 복음은 본문과 그리스도를 통해 균형을 잡아야 한다. 성경의 모든 본문을 통해 그리스도를 드러내서 은혜를 맛보게 하는 것이 진정한 복음 설교의 구현이기 때문이다.

4. 팀 켈러의 설교

/ 박두진 목사

팀 켈러는 '설교자들과 교사들을 위한 개론과 입문서'로서《팀 켈러의 설교》를 저술했다고 말한다.[1] 확실히 이 책은 설교와 성경을 가르치는 사람이 보아야 할 책으로 기록되었다. 그러나 설교자와 교사뿐만 아니라 성경 공부를 인도하거나 성경을 이해하는 관점을 가지고 싶은 사람에게까지 소개해 주고 싶은 책이 될 것 같다. 그리고 그 이유는 다음과 같다.

첫째, 성경을 가르칠 때 복음의 핵심을 전할 수 있다. 둘째, 바리새인처럼 살다가 탕자가 되어 버리는 신앙의 굴곡을 이해하고 견뎌낼 수 있게 된다. 셋째, 성경에서 우리가 왜 그리스도를 중심으로 이해하고 말해 주어야 하는지를 알게 된다. 넷째, 이 시대의 문화 속에서 비그리스도인에게 어떻게 다가갈 수 있을지를 이해하게 만든다. 다섯째, 비그리스도인의 생각 속에 있는 한계를 발견하고 그 대답을 주는 길을 찾게 된다. 여섯째, 마음을 움직이는 가르침을 줄 수 있다. 일곱

째, 성령님이 복음을 통해 어떻게 부흥으로 이끄시는지를 발견하게 된다.

특별히 설교자로서 인상 깊었던 부분은, 팀 켈러가 직접 자신의 설교 방식을 후반부에 오픈했다는 점이다. 그의 설교 매뉴얼은 설교의 한계를 경험하고 있는 많은 사람들에게 새로운 통찰과 극복의 계기가 될 것이라고 생각한다. 주의할 점은, 우리는 팀 켈러가 아니라는 것이다. 그와 똑같은 설교를 구현한다는 것은 불가능하다. 설사 동일하게 한다 할지라도 같은 역사가 일어난다고 결코 보장할 수 없다. 이미 미국에서도 많은 목회자들이 팀 켈러를 따라 하다가 어려움을 겪었다고 한다. 설교자에게는 하나님이 주신 특별함이 있다. 그리고 우리는 우리만의 문화를 갖고 있다. 하나님은 우리가 이 특별함과 문화의 차이 속에서 팀 켈러의 장점을 융합해 시너지 효과(synergy effect)를 내기를를 원하신다고 믿는다.

왜 하나님은 팀 켈러를 사용하시는가? 리디머교회의 부흥, 세속 도시 뉴욕의 변화, 전 세계로 퍼져나가는 영향력의 핵심은 분명히 설교에 있다. 우리는 팀 켈러의 설교를 연구할 필요가 있다. 설교에 길을 잃었는가? 그의 설교를 통해 놀라운 적용의 은혜를 누리기를 바란다.

《팀 켈러의 설교》는 크게 두 가지 기둥을 말한다. '본문과 청중'이 그것이다.[2] 헬무트 틸리케는 "독일 설교자는 하늘에서 시작하나 결코 우리가 사는 땅으로 내려오는 법이 없고, 미국 설교자는 생생한 현장의 이야기로 시작하나 결코 하늘에 도달하는 법이 없다"고 했다. 사실 설교자는 본문과 청중 사이에서 조금이라도 균형을 놓치면 설교의 축이 무너지고 만다. 팀 켈러는 이 두 기둥을 계속 반복하며 성경 말씀과 청중 사이에 서 있는 설교자가 어떻게 설교를 준비하고 전달해야 할지를 부드럽고 원숙하게 말해 주고 있다.

말씀을 섬기는 설교

1. 성경 말씀을 설교하라

팀 켈러가 《팀 켈러의 설교》에서 자주 인용하는 윌리엄 퍼킨스의 《설교의 기술과 목사의 소명》[3]이라는 책은 청교도 설교의 뿌리와 같다. 놀라운 사실은 이 책을 바탕으로 설교를 배운 선교사들이 한국에 와서 설교를 가르쳤다는 것이다. 팀 켈러는 《팀 켈러의 설교》에 반복적으로 윌리엄 퍼킨스를 인용하며 자신의 설교의 뿌리에 그가 있음을 보여 주고 있다.

팀 켈러는 설교를 크게 강해 설교와 주제 설교로 나누어 생각한다. 어떤 사람들은 각각을 분리해서 생각하면서 무엇이 더 옳은 것인가를 놓고 옥신각신할 때가 있다. 하지만 팀 켈러는 둘 다 중요한 설교의 틀로 이해하고 있다. 대표적으로 전도 설교는 주제 설교로 하는 경향이 강하기 때문이다. 더불어 강해 설교도 부분적으로는 주제 설교이기 때문에 이것을 서로 등한시할 이유는 없다고 말한다.[4]

하지만 그는 강해 설교가 주제 설교보다 유익한 부분이 많다는 것을 인정하며, 교회를 위한 '설교의 주 메뉴'는 강해 설교가 되어야 한다고 주장한다. 특별히 그가 말하는 강해 설교의 강점은 이것이다. 1) 모든 본문이 하나님의 말씀이라는 권위와 확신을 주고, 2) 본문 속에 하나님의 계시가 있다는 확신으로 인해 설교가 사람의 인공적 결과물로 여겨지지 않게 만든다. 3) 하나님이 친히 교회를 향해 말씀을 내놓으심을 발견하며, 4) 본문이 설교자의 의견까지 내려놓게 만든다. 실제로 설교자는 본문을 자신이 원하는 주제로 떡 주무르듯 하는 경향이 생기기 때문이다. 5) 무엇보다 강해 설교는 청중으로 하여금 본문을 좀 더 깊이 읽게 만드는 역할을 한다. 6) 또한 강해 설교는 자신이 편한 주제를 벗어나 성경이 말하는 핵심 주제를 분명하게 보게 만든다.[5]

이것은 팀 켈러가 설교의 핵심을 찾아내는 방법으로서, 그가 성경 본문과 문맥을 최우선으로 두고 있음을 발견하게 한다. 물론 그의 설교는 강해 설교다. 대신에 그는 모든 절을 하나씩 들추어내는 방식(렉시오 콘티누아)으로 하지 않는다. 이 방식을 변형해서 도시 생활을 하는 청중들의 잦은 이동을 고려해 짤막한 연속 강해를 시도하고 있다.[6]

팀 켈러가 강해 설교에서 중요하게 강조하는 바는 다음의 세 가지다. 1) 설교자들은 청중에게 해설을 하지 말고 마음을 사로잡아야 하고, 2) 본문의 중심 사상을 잡아내야 한다는 것과, 3) 저자의 의도를 무시하지 않는 것이다.[7]

그의 이런 성경 본문에 대한 이해는 우리에게 두 가지를 생각하게 한다. 첫째는, 그의 설교가 주해적인 설교는 아니라는 점이다. 주해적인 설교를 좋아하는 사람은 그의 설교를 못마땅하게 생각할 수 있을 것이다. 하지만 그의 설교의 전체적인 준비 맥락을 보면 주해가 간과

되지 않았으며, 문화 변증적인 설교의 관점에서 나온 상황화 설교라는 것을 발견하게 된다.

둘째는, 그가 성경 본문의 무게를 결코 가볍게 다루지 않고 있다는 점이다. 이 부분에 있어서는 설교자로서 다시금 본문의 위치를 생각하게 만든다. 복음주의 설교의 근간은 설교가 하나님의 말씀이라는 점이다. 문제는 케빈 벤후저의 말처럼, 포스트모더니즘은 저자 중심성을 해체해 버린다는 데 있다. 즉, 이 시대는 자크 데리다의 생각처럼, 본문을 이해하게 하는 일종의 신념들('성경은 하나님의 말씀이다' 등) 자체를 도전해서 저자와 의미, 심지어 맥락까지 다 해체해 버리고 있다.

또 다른 문제는 성경에 대한 권위를 제대로 인정하지 않는 이 세대 앞에서 설교자에게 성경은 어느 정도의 권위를 가지고 있는가 하는 것이다. 성경은 결코 그냥 던져진 단어의 나열이 아니다. 성경 본문은 성령의 사역을 통해서 기록된 말씀이며, 설교는 철저히 하나님의 영적인 행위이기 때문이다. 설교는 성령님이 청중에게만 말씀하시는 하나님의 소리가 아니라, 설교자에게 먼저 말씀하시는 소리다. 그러므로 본문과 설교는 성령님이 외치시는 엄중한 소리인 것이다. 이처럼 본문은 원저자이신 성령의 작품으로서 다루어야 한다. 본문에서 성령님이 디자인하신 의미를 탐색해 내야 할 의무가 설교자에게 있다. 왜냐하면 본문은 살아 계신 하나님의 말씀이기 때문이다.

당황스러운 이야기지만, 설교자조차도 본문을 하나님의 말씀으로 받아들이기보다 설교를 위한 도구 정도로 의미를 격하시킬 때가 많다. 나쁜 말로는 설교를 위한 설교자와 의미를 부정하는 포스트모더니즘은 동일하게 나쁜 역할을 하고 있는데, 바로 성경 본문의 권위를 같이 떨어뜨리는 동조자일 수 있다는 것이다.

팀 켈러를 통해 받는 도전은, 그가 본문에 대한 확실한 권위 아래 설교를 준비하고 있다는 것이다. 더욱이 경탄할 것은, 본문에 대한 권위를 가볍게 여기는 포스트모더니즘 세대들이 팀 켈러의 설교를 들으러 온다는 점이다. '의미에 대한 불신'을 가진 그들이 리디머교회로 향하는 이유는 무엇일까? 권위를 해체하는 사람일수록 진정한 권위에 대한 목마름이 있기 때문이다. 포스트모더니즘 시대의 해체주의자들에게는 본문이 가진 고정된 의미가 자기중심으로 해석되기 때문에, 원저자의 의도와는 완전히 다른 해석이 나올 수 있다. 이때 진정한 의미가 잡히지 않으면 불안해질 수밖에 없기 때문에, 이로 인해 결국은 진정한 의미를 찾게 되는 것이다. 다시 말해서, 그들이 찾는 의미, 곧 전통과 관습으로 해석되던 의미를 부인하던 의미 찾기는 결국 진정한 권위를 갈망하게 된다는 것이다.

그러므로 설교자들은 자신의 가장 중요한 임무가 무엇인지를 다시금 생각해 보아야 한다. 이전에는 설교를 잘하는 것이 중요한 시대였다. 하지만 지금은 본문의 권위 자체를 세워 가는 일이 더 중요한 시대라고 할 수 있다. 만약 본문의 권위 없이 설교 원고에만 치중하고 강단의 권위만을 중요하게 생각하는 설교자라면, 그 스스로 청중을 무신론에 빠지게 만드는 해석의 오류를 심고 있을 수 있다. 설교자는 설교를 잘하고 싶은 욕망이 있다. 하지만 그 욕망 이전에 본문의 권위를 인정하고 본문의 원저자를 살려 내는 것이 이 시대를 살려 낼 수 있는 대항문화적 설교자라고 볼 수 있다.

2. 매번 복음을 설교하라

팀 켈러는 복음의 능력을 놓치는 오류를 두 가지로 지적한다. 율법주의와 반율법주의가 그것이다. 싱클레어 퍼거슨은 이것을 이란성 쌍둥이로 본다. 왜냐하면 뿌리가 같기 때문이다. 그 뿌리는 "하나님은 우리를 사랑하시지도, 우리 기쁨을 바라시지도 않는다는 믿음에서 나온다"[8]는 사실이다.

율법주의는 노력주의다. 내가 노력해서 하나님의 호의를 받아 내려하기 때문에 자연스럽게 빡빡한 바리새주의를 따라가게 된다. 어딘가 불안하고 자애롭지 못하다. 은혜를 알지만 은혜로 살지 못하게 되어 버린다. 늘 자신의 행위로 만족하려고 한다. 반면 반율법주의는 자유주의다. 신앙의 자유를 지나치게 강조하는 믿음이다. 순종하지 않고 하나님 사랑의 얄팍함을 비난하며 하나님 탓을 한다. 결국 율법주의와 반율법주의는 복음을 떠나 '자기 의'(내가 옳다)를 추구하게 만든다. 조지 휘트필드는, "자기 의는 우리 마음에서 빼내야 할 마지막 우상"[9]이라고 말했다.

흔히 사람들은 율법주의자들을 향해서는 자애로움을 요구한다. 그들의 엄격한 삶은 정말 팍팍하리만치 재미가 없기 때문이다. 반면 반율법주의자들을 향해서는 순종을 권유한다. 자유가 만족을 주지 못하기 때문이다. 문제는 이것이 임시 처방에 불과할 뿐이라는 점이다. 그

중심에 '나'를 높이는 비복음이 주인 노릇을 하고 있어 언제든 되살아나기 때문이다. 그래서 팀 켈러는 항상 복음을 설교할 것을 요구한다. 복음은 이 양극단의 허물을 벗겨 낼 수 있기 때문이다.

주의할 것은, 복음 설교를 한다고 할 때 복음이 없는 본문 설교와 본문이 없는 그리스도 중심의 설교를 하는 것이다. 복음과 상관없이 본문만 설교하거나, 본문과 상관없이 그리스도만 설교하면서 복음 설교를 하는 것은 설교를 제대로 구현한 것이 아니다. 항상 복음은 본문과 그리스도를 통해 균형을 잡아야 한다.[10] 성경의 모든 본문을 통해 그리스도를 드러내서 은혜를 맛보게 하는 것이 진정한 복음 설교의 구현이기 때문이다.

그리스도 중심의 복음 설교가 필요한 이유는 윤리·도덕적 교훈 설교가 가진 한계점 때문이다. 윤리·도덕적 설교는 청중을 율법주의자 또는 반율법주의자로 만들 가능성이 농후하다. 순종을 전가의 보도로 휘두르게 하거나, 지켜지지 않는 진리 때문에 방종에 이르게도 한다. 하지만 본문을 통해 그리스도의 은혜를 드러내면 율법으로도, 방탕함으로도 살지 않게 된다. 청중은 은혜를 통해 마음의 변화를 경험하게 된다. 그리스도의 은혜는 사람을 마음에서 시작해 행동에 이르기까지 전체적으로 변화시킬 수 있기 때문이다.

어떤 이들은 설교에서 항상 그리스도만을 전할 수는 없다고 생각한다. 하지만 설교가 그리스도 중심적이어야 하는 이유는, 이것을 성경이 요구하고 있기 때문이다. 바울은 고린도전서 2장 2절에서, "내가 너희 중에서 예수 그리스도와 그가 십자가에 못 박히신 것 외에는 아무것도 알지 아니하기로 작정하였음이라"고 말한다. 예수님은 요한복음 5장 39절에서, "너희가 성경에서 영생을 얻는 줄 생각하고 성경을 연구하거니와 이 성경이 곧 내게 대하여 증언하는 것이니라"고 말씀하셨다. 또한 누가복음 24장 27절은, "모세와 모든 선지자의 글로 시작하여 모든 성경에 쓴 바 자기에 관한 것을 자세히 설명하시니라"고 기록하고 있다.

예수님의 사역은 한마디로 구약의 그림자를 벗겨 내는 빛이었다. 브라이언 채플은, "본문에서 증거하는 그리스도를 드러내지 않은 채 성경적 행동만을 가르친다면 … 사람들에게 상처만 입히는 것"[11]이라고 했다. 그만큼 성경에서 그리스도를 전하는 것은 성경 전체의 요구인 것이다. 팀 켈러는 이러한 신학적 토대를 바탕으로, '본문에서 그리스도는 어떻게 드러나는가'(강해), '본문에서 예수님이 이루어 놓으신 일을 나는 어떻게 잘못 살아가고 있는가'(적용), '본문을 통해 드러나는 예수님의 아름다움을 어떻게 드러낼 것인가'(경배)로 그리스도 중심의 설교를 구현해 내고 있다.

어떤 이들은 그리스도 중심의 설교를 지속하는 어려움 때문에 부담을 가질 수 있다. 그리고 설교는 선지자적인 음성을 가지고 시대를 돌이키는 역할을 해야 하기 때문에 윤리 교사로서의 설교자의 임무를 말하기도 한다. 하지만 지금 한국 교회의 가장 큰 문제는 교훈적 설교가 가져온 교회의 종교화에 있다고 생각된다. 헤르만 바빙크는 교회를 생명과 구원을 주는 곳이라고 했지만, 지금 교회는 실망과 탄식을 주는 곳으로 전락해 버렸다. 그 이유는, 진정한 생명을 주시는 그리스도를 바라보게 하기보다 교회를 집단화하고 성도를 율법화했기 때문이다. 바른 복음을 전해서 성도들이 은혜를 딛고 살게 하기보다, 삶의 문제를 해결하는 족집게 메시지에 집중하며 청중에게 아멘을 청구서처럼 내미는 설교를 만들었기 때문이다. 그러다 보니 문제를 통해 예수님을 발견하고 삶에 예수님의 은혜를 적용하는 복음 메시지는 상실해 가고, 설교의 적용대로 살지 못하는 사람들이나 말씀을 전하는 설교자와 교회의 이중성에 식상한 사람들이 방황하게 된 것이다. 지나치게 청중 중심적인 설교, 교회를 운영하기 위한 본문의 왜곡, 회의적인 청중을 향한 비난적 설교에 근본적인 변화가 필요한 때가 되었다. 그러므로 어떻게 하면 본문을 통해 예수님을 만나서 변화를 일으킬 것인가에 초점을 맞추어야 한다고 생각된다. 설교는 설교 내용이나 메신저가 아니라, 그리스도가 남을 때 진정한 변화가 시작되기 때문이다.

3. 모든 성경에서 그리스도를 설교하라

그리스도 중심적 설교는 성경의 각 부분과 장르를 관통하는 한 가지 주제인 '그리스도'를 중심으로 하는 설교 방식을 말한다. 시드니 그레이다누스, 에드먼드 클라우니, 그레엄 골즈워디, 브라이언 채플 등 많은 기라성 같은 신학자들이 이 방식으로 설교하고 있다. 문제는 본문에서 그리스도를 찾아낼 수 있어야 한다는 것이다.

팀 켈러는 "특정 본문을 관통하면서도 정경 전체를 가로지르는 다음 주제들 가운데 하나를 발견한다면, 그땐 쉽게 '실타래를 잡아당겨서' 그것이 시작된 지점을 거슬러 올라가 볼 수도 있고, 또한 그리스도 안에서 지금과 마지막 날에 성취될 것을 내다볼 수도 있다"[12]고 말한다.

팀 켈러가 소개하는 그리스도 중심으로 설교할 수 있는 재료는 다음과 같다.[13]

1) 성경의 모든 주제로 그리스도를 설교하기

'왕국, 언약, 집과 추방, 하나님의 임재와 예배, 쉼과 안식일, 공의와 심판, 의로움과 벌거벗음.' 이것은 각기 예수 그리스도의 사역 속에서 발견되는 포인트와 성경 본문에서 발견되는 내용을 연결하는 것이다.

2) 성경의 모든 주요 인물로 그리스도를 설교하기

'아담, 아벨, 아브라함, 이삭, 야곱, 요셉, 모세, 욥, 다윗, 에스더, 요나.' 이런 인물들은 하나같이 실패하며, 더 나은 인물인 그리스도를 바라보게 만든다.

3) 성경의 모든 주요 이미지에서 그리스도를 설교하기

'구리 뱀, 바위, 정결예식, 제사, 성전, 안식일, 희년 율법, 노동, 생명나무, 어린 양.' 이 내용은 그리스도를 암시하고 있다.

4) 모든 구원 이야기에서 그리스도를 설교하기

'나아만 이야기, 출애굽 이야기, 다윗과 골리앗 이야기.' 이는 각기 은혜의 구원을 이야기해 주며, 이것은 은혜를 주시는 그리스도와 연결할 수 있다.

5) 본능을 통해 그리스도를 설교하기

'영화의 내용, 성경 전체 맥락에서 바라보기, 신학적인 조망 아래서 이야기를 완결하기, 예수님의 행위와 본문을 연결해서 이해해 보기 등.' 성경의 모든 부분은 그리스도를 우리가 생각하는 것보다 훨씬 더 조망하고 있다.

문제는 팀 켈러가 어떻게 이런 재료들을 설교화해서 청중들에게 전달하는가에 있다. 그는 다음의 방식을 따른다.

1) 재료에 대한 신학적인 해석과 우리 삶에 이루어진 신학적 결과
2) 이 시대의 문화 속에서 현실적인 갈등 부각
3) 그리스도의 해결
4) 그리스도의 도움으로 현실적인 삶에서의 재적용

팀 켈러의 그리스도 중심적 설교의 재료 이해를 돕기 위해 좀 더 풀어서 설명을 제시해 본다.

1-1) 성경의 모든 주제로 그리스도를 설교하기: '집과 추방'

① 신학적 해석과 신학적 결과: 세상은 우리의 집으로 지음 받았다. '샬롬'과 충족의 장소인 에덴이다. 그러나 우리는 죄로 인해 모두 추방되었다.

② 문화 속에서 현실적인 갈등: 우리가 사는 세상은 더 이상 만족스

럽지 않다. 누가 우리를 집으로 데려갈까? 누가 우리에게 평화와 충족을 가져다줄까?

③ 그리스도의 해결: 오직 그리스도시다. 우리를 위해 추방되시고, 하늘로부터 땅으로 보냄 받으시고, 성문 밖으로 내보내지시고, 모든 사람에게 버림받으시고, 십자가에 달려 죽으신 오직 그분이다.

④ 그리스도의 도움으로 삶에 적용: 그분이 이 모든 일을 이루셨기에, 세상은 다시 우리의 집, 공의가 충만히 깃든 새 하늘과 새 땅이 될 것이다.

2-1) 성경의 주요 인물로 그리스도를 설교하기: '이삭'

① 신학적 해석과 신학적 결과: 아브라함에게 자녀라는 것은 하나님을 신뢰하지 못하게 만드는 우상이었다. 우상은 결정적으로 우리를 배신하고 파괴한다. 우상은 해체되어야 한다. 이삭은 아버지 손에 의해 산에서 바쳐진 제물이 되어야 한다.

② 문화 속에서 현실적인 갈등: 아들을 바치는 것은 미친 짓이었다. 어떻게 그럴 수 있는가?

③ 그리스도의 해결: 이삭은 단지 아브라함의 희생 제물에 불과했다. 하지만 예수님은 인류 모두를 위해 희생 제물이 되셨다. 하나님은 아브라함에게 말씀하셨다. "네가 네 아들 네 독자까지도 내게 아끼지 아니하였으니 내가 이제야 네가 하나님을 경외하는 줄을 아노라"(창 22:12). 이제 우리는 하나님에게 이렇게 말할

수 있다. '하나님이 하나님의 아들, 하나님이 사랑하시는 하나님의 외아들까지도 우리에게 아끼지 아니하셨으니 우리가 이제야 하나님이 우리를 사랑하시는 줄 알겠나이다.'
④ 그리스도의 도움으로 삶에 적용: 하나님은 내가 생각하는 것보다 나를 훨씬 더 사랑하신다. 그 사랑으로 우리는 현실에 부딪히는 여러 문제들을 이겨 낼 수 있다.

3-1) 성경의 모든 주요 이미지에서 그리스도를 설교하기: '생명나무'
① 신학적 해석과 신학적 결과: 성경은 생명나무에서 시작해서 생명나무로 끝난다. 창세기와 요한계시록에 나타난다. 하지만 태초에 우리는 생명나무를 잃었다. 낙원을 상실했다.
② 문화 속에서 현실적인 갈등: 생명만큼 소중한 것이 어디 있는가? 그러나 지금은 생명을 경시함과 동시에 어떻게든 생명을 연장하기 위해 기술적인 시도를 하고 있다. 하지만 더 많은 파괴를 불러올 뿐이다. 진정한 생명은 어디에 있는가?
③ 그리스도의 해결: 잠언에서는 지혜가 생명나무다. 지혜는 하나님을 알 때 생긴다. 우리 자신을 아는 것과 경건한 성품과 관계의 성장이 생명이다. 신약성경은 이 생명이 우리 안에 성령으로 역사하게 만든다. 우리 안에 죽음이 역사할지라도 여전히 생명이 흐르게 하신다. 그 이유는 예수님이 나무에 달리셨기 때문이다(갈 3:13). 예수님은 자신의 생명을 바쳐 모두에게 생명을 주기 위해 죽음의 나무를 취하셨던 것이다. 이제는 우리가 생명나무

를 품게 되었다.
④ 그리스도의 도움으로 삶에 적용: 예수님이 무한한 대가를 치르신 생명을 누릴 수 있도록 예수님은 우리를 돕기 원하신다.

4-1) 모든 구원 이야기에서 그리스도를 설교하기: '나아만 이야기'
① 신학적 해석과 신학적 결과: 성경은 죽음을 통한 생명, 혹은 약함을 통한 승리라는 내러티브 패턴을 가지고 있다. 나아만은 나병으로 죽음에 이르게 된다. 부정함으로 인식 받고 절망에 사로잡혀야 하는 병이다. 이것은 죽음에 이르는 인간의 고통을 보여 준다.
② 문화 속에서 현실적인 갈등: 나아만의 이야기는 권력과 세상 지위를 모두 가진 사람이 구원에 대해서는 아무것도 모르고 있다는 사실을 보여 준다. 반면 작은 여종과 부하는 구원을 알려 주기 위해 나아만에게 다가선다. 나아만은 꿈적도 하지 않을 것처럼 보이지 않는가? 강한 것은 현실에서 너무 크게 보인다.
③ 그리스도의 해결: 작은 여종은 비록 노예로 팔려 와서 고난당하는 가장 약한 존재였지만, 마음속에 적개심을 품고 있지 않았다. 도리어 나아만을 위해 엘리사를 소개해 구원을 얻게 만든다. 이처럼 약함을 통해 승리를 주는 방식은 가장 작은 이야기 속에서 발견할 수 있다. 그리스도는 어떠한가? 결코 약하지 않으셨다. 하지만 우리를 위해 약해지셨다. 그리고 모두를 구원하셨다.
④ 그리스도의 도움으로 삶에 적용: 약함으로 오신 예수님은 오늘도 우리를 위해 기도하시며, 우리의 약함을 도와주실 수 있다.

5-1) 본능을 통해 그리스도를 설교하기

① 신학적 해석과 신학적 결과: 사사기 19-21장에는 레위 사람과 집을 나간 첩의 이야기가 나온다. 집을 나간 첩은 남편과 돌아오는 길에 베냐민 지파의 불량배들을 만난다. 남편은 자신의 목숨을 부지하기 위해 첩을 내어 준 후 잠들고, 그녀는 윤간을 당한 후 죽게 된다. 남편이 그 시체를 조각내서 이스라엘 지파에 보냄으로써 베냐민 지파가 통째로 사라지는 전쟁이 벌어졌다. 사사기 21장 25절은 "그때에 이스라엘에 왕이 없으므로 사람이 각기 자기의 소견에 옳은 대로 행하였더라"고 말씀한다. 나라에 왕이 없음은 사회적인 무질서를 가져온다. 사사기는 진정한 왕을 바라보고 있다.

② 문화 속에서 현실적인 갈등: 정치 지도자가 바뀐다고 사회가 바뀌지는 않는다. 다윗처럼 훌륭한 왕도 실패했다. 우리 인생에도 파국은 다가온다. 그런데 파국이 올 때 자신을 완전히 희생해서 파국의 상태를 되돌리는 사람을 찾을 길이 없다. 레위 사람을 보라. 그는 하나님을 섬기는 사람이었지만 아내를 보호하지 않았다. 누가 진정한 보호자가 될 수 있는가?

③ 그리스도의 해결: 레위 사람은 자기 한 몸을 지키려고 아내를 희생한 나쁜 남편이다. 이 스토리는 나쁜 남편뿐만 아니라 집을 나간 배우자까지 살리기 위해 자신을 희생하신 진정한 남편을 생각하게 만든다. 예수님은 우리, 곧 그분의 아내인 교회를 위해 자신을 내어 주셨다. 결코 우리를 버리지 않는 진정한 남편이 계

시다. 그는 우리를 위해 자신을 버리셨다.

④ 그리스도의 도움으로 삶에 적용: 우리는 그분과 결혼한 신부다. 어떤 나쁜 결혼이라 할지라도 궁극적으로 남편 되신 예수님은 진정한 사랑이 무엇인지를 생각하게 만든다.

사람들에게 다가가는 설교

1. 몸담고 있는 문화를 향해 그리스도를 설교하라

팀 켈러의 설교의 강점은 오늘을 살아가는 사람들의 상황을 적실성 있게 파악하고 있다는 점이다. 그래서 마음에 와닿는 것이다. 그는 본문 해석과 청중 해석의 두 단계를 설교의 중심축으로 잘 활용하고 있다.

그는 이러한 청중 해석을 '상황화' 해석이라고 부른다. 이것은 사도 요한이 헬라 사람들이 이해하는 만물의 배후에 있는 우주적 질서, 곧 '로고스'라는 개념을 세상 만물의 구원이신 예수 그리스도와 연결한 것과 같다. 마치 바울이 사도행전 17장의 아레오바고 광장에서 당시 헬라 철학을 고려한 설교를 한 것처럼, 설교자는 자신만의 문화적 환경을 살아가는 청중을 고려해야 한다.[14]

오늘날의 청중을 고려한 팀 켈러의 설교의 특징을 보면 다음과 같다. 1) 청중 중에 아직 비그리스도인이 있음을 알고 우리와 그들을 나누어 설교하지 않아야 한다. 2) 어휘 활용도 비그리스도인이 좀 더 이해하기 쉽게 하고, 3) 시대를 이끌어 가는 사람들의 말을 인용해서 청중의 의식세계를 이해하고 있음을 이해시킨다. 4) 복음의 반대적 입장도 인용해서 그리스도인의 관대함을 보여 주어야 한다. 5) 결정적으로 기존의 문화를 살아가는 사람들이 가진 문화 내러티브의 해결점을 보여 주어야 한다(문화 내러티브란, 우리 사회 속에 기본적으로 지배하고 있는 의식 구조와 전통, 행동 양식 등이 해당될 수 있다).

특별히 문화 내러티브를 해결하는 팀 켈러의 방식은 우리가 배워야 할 부분이라고 생각된다. 그는 청중의 삶의 문화의 문제점을 신랄하게 부각시켜서 말하지 않는다. 청중을 이해하고 있으나 그보다 더 나은 길이 있음을 보여 주는 방식으로 그 길을 선택하도록 유도한다. 왜냐하면 청중이 가진 삶의 문화 속에는 그들을 아프게 하는 '압점'들이 있기 때문이다. 성경에서 이야기하지만 삶의 문화에서는 그렇게 살 수 없게 하는 하나님을 떠난 질서는 성도에게 고충이 아닐 수 없다. 이 것이 '문화적 압점'(pressure points)이다. 팀 켈러는 이 부분에서 복음을 제시한다. 이런 압점을 해결해 주시는 진정한 구원자를 말해 주는 것이다. 그럴 때 비그리스도인들까지도 복음을 향해 마음을 열고, 그리스도인들이 받는 은혜의 해결 속에 들어가게 된다.[15]

이처럼 팀 켈러의 설교는 일방적인 전달이 아니라 소통이다. 설교자는 하나님의 말씀을 선포하는 것이지만, 청중이 알아듣게 말씀을 전해야 한다. 보수적인 설교자들은 '청중은 들어야 한다'는 획일주의를 가질 수 있다. 하지만 지금의 청중은 '왜 우리는 들어야만 하는가?'라는 권위 이탈에 접어들었다. 통계적으로 대학생 종교인의 비율은 32퍼센트로 세 명 중 한 명꼴이며, 개신교 15퍼센트, 불교 9퍼센트, 가톨릭 8퍼센트의 순이다. 문제는 개신교 이탈률이 5년 사이에 두 배로 증가하고 있다는 점이다. 교회를 떠나는 이유는, 개인적 요인보다 교회에 대한 부정적 인식 때문이었다. 1위는 신앙에 대한 회의(38퍼센트), 2위는 교회의 비도덕성(25퍼센트), 3위는 교회의 배타성이었다. 또한 가나안 성도 비율 측면에서도 성인은 23퍼센트인 반면, 청년은 28퍼센트였다.[16] 이것은 강단에서 선포되는 말씀이 청중에 대한 배려를 상실할 때 가져오는 결과라고 생각된다. 팀 켈러는 1) 설교자로서 청중을 이해하고, 2) 알아듣기 쉬운 언어를 사용하며, 3) 그들의 문화 내러티브를 긍정하라고 권면한다. 이처럼 설교는 선교적이어야 한다. 그리고 팀 켈러의 이 방식은 세속 도시에 살고 있는 뉴요커들로 하여금 복음을 듣게 만드는 방식이었다. 핵심은 어떻게 이 시대의 사람들이 느끼는 통증(문화적 압점)을 눌러서 복음만이 해결책이라는 것을 깨닫게 하느냐에 있다.

문화적 압점을 누르는 팀 켈러의 설교 패턴

① 문화 내러티브를 말해 주기
② 문화 내러티브의 약점을 이야기하는 지성인들의 이야기를 말해 주기
③ 문화 내러티브의 약점을 해결하기: 복음의 동기를 제시하기
④ 그리스도로 해결하기

예) '우정'

① 문화 내러티브를 말해 주기

이 시대만큼 개인주의가 강화된 때는 없었다. 개인의 꿈과 열정을 존중하고 배려한다. 많은 사람들이 자신의 꿈과 열정을 불태우고 싶어 한다.

② 문화 내러티브의 약점을 이야기하는 지성인들의 이야기를 말해 주기

문제는 개인주의가 강화될수록 친구가 더 소중한 시대가 되었다는 점이다. 외롭기 때문이다. 하지만 현대 문화는 외로움을 가속화한다. 치열하게 경쟁해야 하고, 누군가를 밟고 일어서야 한다. 분명히 어제까지는 전우였는데 오늘은 배신자가 될 수 있다. 《자연의 지혜》17를 쓴 애니 딜라드(Annie Dillard)는, "내 어머니인 이 세상이 괴물이거나, 아니면 내가 미친놈이다"라고 말했다. 자연 세계는 강자가 약자를 지배하는 것이 자연스러운 일이지만, 이것은 인간에게 너무나 아픈 일이다.

③ 문화 내러티브의 약점을 해결하기: 복음의 동기를 제시하기

인간에게 삶의 현실이 자연스럽지 않다고 생각하게 되는 이유는 무엇인가? 그것은 인간에게 도덕이라는 기준이 있기 때문이다. 그렇다면 그 기준은 어디에서 나온 것인가? 사람들은 때로 하나님의 존재를 불편하게 생각하지만, 하나님의 선함은 우리로 하여금 자신도 모르게 선한 것을 생각하게 만든다. 도덕은 하나님을 비추어 주는 거울이기 때문이다. 사람들은 자연에서 발견되는 하나님의 선함이 불편할 수도

있지만, 그것은 자연스러운 반응일 수 있다. 문제는 인간이 치열한 삶 속에서 외로움을 겪을 때 그 고통을 스스로 해결할 힘이 없다는 점이다. 이것을 어떻게 해결할 것인가?

④ 그리스도로 해결하기

성경은 예수님이 이 땅에 가장 외로운 자로 오셨다는 것을 보여 준다. 예수님은 아버지와 함께하지 않고 가장 낮은 말구유로 오셨다. 사람들에게 버림을 당하셨고, 십자가에서 처절히 손가락질 받으며 죽으셨다. 예수님은 누구보다 외로움을 이해하는 분이시다. 때문에 우리의 짙은 외로움을 해결할 수 있으시다. 예수님은 죽으실 뿐 아니라 부활하셨기 때문에, 때로는 죽음처럼 달려오는 외로움을 해결할 수 있도록 도와주신다.

이 설교의 흐름은 팀 켈러의 그리스도 중심적 설교의 재료로 설교하는 방식과 유사한 방법으로 전개되고 있음을 알 수 있다. 1) 신학적 해석과 신학적 결과, 2) 문화 속에서 현실적인 갈등, 3) 그리스도의 해결, 4) 그리스도의 도움으로 삶에 적용이라는 패턴을 잘 기억한다면 청중의 상황화를 고려한 설교 작성에 큰 도움이 될 것이라고 생각된다.

2. 시대정신에 대한 바른 이해가 필요하다

팀 켈러는 청중을 이해할 수 있도록 포스트모더니즘 시대의 문화적 맥락을 제시해 주고 있다. 포스트모더니즘의 특징은 '주관주의'다. 케빈 벤후저는, 사람은 자기 마음대로 성경을 해석해 버리려는 자신만의 틀을 가지고 있다고 말한다.[18] 팀 켈러는 P. T. 포사이스의 '우리가 우리 자신의 권위다'라는 현대성 이해를 축으로 해서 포스트모더니즘 시대의 특징인 '주관주의'에 대해 청중이 어떤 사고를 가지고 있는지를 보여 준다.[19] 그 핵심은 찰스 테일러가 말하는 '다섯 가지 축'에 있다.[20]

기독교가 나타나기 전	기독교가 서구에 당도한 후
몸과 물질세계는 사상의 영역에 비해 덜 중요하고 덜 실재적이다.	몸과 물질세계는 선하다. 이것을 개선하는 것은 중요하다.
역사는 순환적이며, 아무런 방향이 없다.	역사는 진보한다.
개인은 중요하지 않다. 오직 씨족과 부족이 중요하다.	모든 개인은 중요하고, 존엄하며, 우리의 도움과 존경을 받을 자격이 있다.
인간의 선택은 중요하지 않다. 우리는 운명 지어진 존재다.	인간의 선택은 중요하며, 우리는 우리 행동에 대한 책임이 있다.
감정과 느낌은 탐구의 대상이 아니라, 오직 극복의 대상이다.	감정과 느낌은 선하고 중요하다. 우리는 그것들을 이해하고 다스려야 한다.

찰스 테일러는 《A secular age》(세속주의 시대)라는 책에서, 이 시대의 특징은 하나님을 빼 버리는 뺄셈 이야기에 속한다고 정의한다.[21] 그는 이전의 헬라 시대에서 기독교로 전향되는 시대에 이르러서는 하나님과 인격적인 교제라는 큰 틀 아래서 세상을 인식하고 세계를 만들어 오며 살았다고 말한다. 가령 지금 세계의 도덕, 윤리는 기독교의 공헌에 속한다. 하지만 니체의 비판처럼, 오늘날의 사상은 열매는 그리스

도인 것이 분명한데 뿌리를 제거하고 나서 열매는 우연 발생으로 본다는 데 있다.[22]

가령, 1) 합리성 내러티브는 세계가 창조되었다는 세계관을 배제하고 물리적 원인으로 설명하려고 하며, 감정도 뇌의 작용으로 제한하려 하고 기술을 중시한다. 종교를 개인의 선택 차원으로 만들어 버렸다. 대표적인 역사학자로 유발 하라리를 들 수 있다.[23] 2) 역사 내러티브는 역사를 하나님의 아래에 두지 않고 자율적 진보로 해석한다. 3) 사회 내러티브는 개인을 각 공동체 안에서 해석했지만 지금은 개인 그 자체로 본다. 개인의 행위를 존중해야 하며, 이해하지 못할 때는 어리석은 것으로 본다. 4) 도덕/정의 내러티브는 하나님의 규범보다는 인간 스스로가 만든 자기만의 규범을 따른다. 5) 정체성 내러티브는 의무보다는 자신의 욕망을 해결하고 성취하는 데 존엄성을 부여한다. '내 인생은 나의 것이니 누군가에게 피해를 주지 않는 한 놔두세요'라고 외친다. 하지만 이 생각의 문제는, 개인이 알고 있는 것과 추구하는 것이 한 개인을 완성할 수 있다는 환상에 바탕을 두고 있다는 점이다. 사람이 자신의 행동을 가지고 스스로에게 괜찮은 사람이라고 아무리 말한다 해도 그것을 올바르다고 확실히 받아들일 수 있는 사람은 많지 않다. 그냥 그렇게 의식하려고 노력하거나 자괴감에 빠질 뿐이다. 결국 찰스 테일러의 말처럼, 사람이 스스로 "자기가치를 확인할 수는 없다".[24] 안타깝게도 오늘날 이러한 사고 속에서 많은 사람들이 자아 상승 욕구와 실패의 괴리감 및 외로움을 경험하면서도 그 이유를 모른 채 살아가고 있다. 문제 해결은 멀리한 채 오직 자신의 욕망만을 위해 살아가게 되는 것이다. 결국 현대 사회가 주는 뺄셈 이야기는 삶의 의미를 황폐화하고, 아름다운 공동체를 만들어 가는 데 실패를 안겨 주고 만다.

하지만 성경이 말하는 것은 무엇인가? 이 관점은 우리에게 진정한 해방을 준다. 이 관점은 사람이 '하나님의 형상'이라는 것이다. 특별히 포스트모더니즘 시대의 사람들은 '정의'를 추구한다. 하지만 그들의 정의는 자기만족과 불의에 대한 단순 분노라고 팀 켈러는 지적한다. 그들은 하나님 없이도 도덕적인 삶이 가능하다고 말한다. 하지만 도덕이라고 부르는 도덕을 판단할 기준이 없다는 한계에 봉착할 수밖에 없다. 결국은 니체의 말처럼 이런 기준을 정해 줄 '권력'을 행사해야 하기 때문에, 이러한 세계는 사람들로 하여금 제국주의로 변해 가게 만든다고 평가한다.[25]

이처럼 하나님 없는 세상은 점점 황무화되며, 진리가 아닌 것을 진리처럼 붙들고 혼란한 쪽으로 가고 만다. 그래서 팀 켈러는 이렇게 말한다. "현대인들은 … 희생자들이다. 이러한 빛 안에서 보면, 기독교 복음은 전투라기보다 감옥 탈출이다."[26] 결국 세상의 철학은 오고가는 것이지만, 복음은 영원한 선물인 것이다.

결국 팀 켈러의 청중 이해는 청중으로 하여금 설교에 귀 기울이게 만들고 있다. 자신들의 이야기를 하는데 누가 듣지 않겠는가? 권성수 목사는 "청중이 귀가 멀어 있다면 교회는 죽어 있다"[27]고 했다. 설교는 청중에게 들리는 시도가 있어야 한다. 브라이언 채플은, "청중 스스로가 진리를 삶에 적용할 수 있다고 생각하지 말아야 한다"고 지적했다.

그만큼 설교자는 청중을 배려해야 한다. 그러므로 화자 중심적 설교는 지금 시대에는 위험한 선택이다. 그런 면에서 팀 켈러는 삶의 현장에서 사용하는 언어를 통해 생동감 있게 설교하고 있다. 현실에서 고민하게 되는 가정 문제, 여성 문제, 도덕의 문제, 정의의 문제, 정치의 문제 등 민감한 이슈에 대한 복음적 관점을 이야기해 주고 있다. 이러한 이유로 팀 켈러의 청중은 디지털 문화에 익숙한 전문직 종사자들, 특별히 뉴욕 도시 문화 속에 젖어서 복음을 의심했던 사람들이 대부분이다. 물론 그들도 이제는 복음을 새롭게 적용하며 비그리스도인을 데리고 교회로 오는 진짜 그리스도인이 되었다. 이처럼 청중에 대한 배려는 전도의 역동성을 일으킨다.

3. 마음에 닿게 그리스도를 설교하라

팀 켈러는 청중의 마음에 와닿지 않는 설교는 무의미한 일이라고 말한다. 그는 성경적 설교와 문화 내러티브 이해는 기본에 속하는 단계이며, 궁극적으로 설교는 청중의 마음(heart)을 움직여야 한다고 말한다.[28]

조나단 에드워즈는 《신앙감정론》[29]에서, 종교적 감정(religious affection)을 통해 청중의 마음(지성, 감정, 의지, 정신)을 움직일 때 삶이 변할 수 있음을 지적했다. 사람이 진정으로 변화되지 않는 이유는 진리가 마음에까지 도달하지 못하고 의식 주변에 머물러 있기 때문이다. 아는 것과 믿는 것은 다르다. 울 수는 있지만 믿는다고는 할 수 없다. 의견을 가지는 것과 영적 감각을 가지는 것은 다른 것이다.

그래서 에드워즈는 청중의 마음에 실제가 되기 위해 설교하는 두 가지 방법을 제시한다. 첫째는 확신에 찬 설득력이고, 둘째는 감각적인 생각을 품도록 상상력을 사로잡는 것이다. 결국 진정한 설교는 마음을 움직이는 방향성을 가져야 하는 것이다. 이것을 위해 팀 켈러는 여섯 가지 방향을 제시한다. 1) 정감 있게 하라(상황화), 2) 상상이 되게 하라, 3) 놀라게 하라, 4) 기억하기 쉽게 하라, 5) 그리스도 중심적으로 하라, 6) 적용 가능하게 하라가 그것이다. 그리고 여기에 좁은 의미의 적용에 대한 몇 가지 제언을 덧붙인다.[30]

책에는 다 기록되어 있지 않지만, 그가 청중을 배려하는 마음은 특별하다. 비그리스도인과 청중을 정말 사랑하고 있음을 느낄 수 있다. 그는 항상 비그리스도인을 고려해서 설교한다. 예배의 순서에도 비그리스도인이 이해할 수 있도록 해설을 달아 놓는다. 예배 후에는 설교에 대한 궁금증이 있는 청중들을 남게 해서 서로 대화하며 문제를 풀어 간다. 그가 청중을 얼마나 복합적으로 이해하고 있는지는 그의 청중 분석을 참고해 볼 필요가 있다.[31]

1) 팀 켈러의 마음을 움직이는 설교의 신학적 근거는 무엇인가

마음을 움직이는 설교는 단순히 팀 켈러가 하기 때문에 해야 하는 설교 방법이 아니다. 마음을 움직이는 설교는 개혁주의의 설교 방식으로, 그 뿌리는 어거스틴이었다. 그는 설교의 목적이 'to delight(delectare), to teach(docere), to move(flectere)'라고 했다.[32] 또한 조나단 에드워즈는, "신앙은 본질적으로 마음에 속한 것이었다. 체험적

이고 실제적이며 … 머리에서 어떤 일을 한다 해도 마음에 영향을 미치지 못하면 아무 소용도 없다"고 했다.

장 칼뱅은 설교에서 일상 언어를 통해 항상 자기의 내적 감정을 솔직하고 진지하게 드러내기 위해 노력했고, 회중들의 감정에 깊이 호소하는 것을 설교라고 생각했다.[33] 조지 휘트필드는 그리스도의 살아 계심과 놀라운 사랑을 값없는 은혜(free grace)로 마음에서 경험하도록 설교했다. 마틴 로이드 존스 또한 사랑이란 행함으로 드러나는 지식이라고 보았으며, 그 지식이 성품으로 드러난다고 말했다. 그리고 구원받지 못한 사람을 불쌍히 여기는 마음을 중요하게 생각했다. 무엇보다 초대 교회는 베드로의 설교를 듣고 '마음에 찔려' 시작되었다.

그러므로 마음을 움직이는 설교는 개혁주의의 뿌리 위에 놓인 설교 방식이다. 중요한 것은 그 바탕이 말씀이라는 점이다. 설교자는 본문을 통해 얼마나 청중에게 은혜를 경험하게 하느냐가 중요하다. 그렇기 때문에 말씀을 통해 은혜로 경험되는 험증적인 설교라고도 할 수 있다. 성경의 본문 자체가 지성적 요소, 의지적 요소, 감정적 요소를 포함하고 있기 때문에, 설교는 이런 본문의 토양 속에서 하나님의 디자인에 의해 우리에게 일어나는 영적 경험, 곧 마음의 움직임이 일어나는 사건인 것이다. 그래서 그랜드 오스본도 '진정한 의미'(the true meaning)를 드러내려면 본문 속에 숨겨진 감정적 요소를 살려 내라고 말했다.[34] 물론 여기서 말하는 감정은 조나단 에드워즈가 말한 것처럼 단순한 느낌이 아니라, 하나님을 전 존재로 경험할 수 있는 지성, 감정, 의지, 정신의 모든 영역을 포함하는 것을 향해야 한다고 할 수 있다.

그러므로 마음을 움직이는 설교는 단순히 흥미를 끌어내는 설교가 아니라 개혁주의 전통에 서 있는 설교임을 알 수 있다. 그리고 설교자들이 놓치고 있었던 설교의 영역이었다고 생각된다. 왜냐하면 오늘날의 설교자들은 너무 본문의 해설과 신학적 고찰만을 중시하거나, 청중 쪽으로 치우친 나머지 감정주의로 흐르는 경향을 가지거나, 혹은 설교의 전달에만 치중한 나머지 본문의 의도를 놓치고 설교를 만드는 행위만을 중시하는 오류에 빠질 수 있기 때문이다. 하지만 본문의 본래 의도를 바탕으로 팀 켈러가 추구하는 마음의 방향성을 따라 설교의 방향을 새로이 잡는다면 마음을 움직이는 설교를 구현하게 될 것이라고 생각된다. 결정적으로 마음을 움직이는 설교의 중심은 브라이언 채플의 말처럼, '청중의 마음에 그리스도가 경험될 때' 변화가 일어난다. 그러므로 설교자가 추구해야 할 가장 중요한 요소는, 말씀을 통해 청중이 그리스도의 사랑을 경험하고, 마음으로부터 시작된 변화가 삶으로 번지게 하는 것이다.

2) 팀 켈러의 마음을 움직이는 설교의 맥

조나단 에드워즈가 말한 것처럼 진리가 실제가 되게 하려면, 확신에 찬 설득력과 청중의 감각을 깨운다는 전제를 통한 여섯 가지 훈련이 필요하다.

① 정감 있게 하라: 상황화가 이루어져야 한다.
② 상상이 되게 하라: 상상력을 사로잡도록 이미지와 예화, 은유 등을 사용한다.

③ 놀라게 하라: 심오한 복음 제시를 통해 공명이 생겨야 한다.

④ 기억하기 쉽게 하라: 통찰력과 구술 능력이 필요하다. 설교는 전달 능력이 있어야 한다.

⑤ 그리스도 중심적으로 하라: 예수님을 높일 때 청중의 마음은 사로잡히게 된다. '이렇게 살라'가 아니라 '이렇게 살 능력이 없지만 예수님 때문에 그 삶을 살 수 있습니다'로 마무리해야 한다.

⑥ 적용 가능하게 하라: 본문을 즐거워할 뿐 아니라, 청중들이 복음으로 살도록 책임을 부여한다. 경고와 훈계 / 격려와 새 힘 주기 / 위로와 다독거리기 / 설득과 애원

성령을 덧입은 설교

설교가 들리게 하시는 분은 성령이시다

팀 켈러에게 있어서 '본문과 청중'이 설교의 축인 것은 분명하다. 하지만 이 축을 역동적으로 만들어서 하나님의 영광을 드러내는 일은 성령의 역사에 속해 있다. 그는 성령님이 위대한 설교를 만든다고 강조한다. 설교자는 본문과 청중에 역사하시는 성령의 하수인일 뿐이다. 그래서 때로는 좋지 않은 원고라 할지라도 성령의 역사가 일어날 때 어떤 결과가 발생할지 모르게 된다.

조지 휘트필드는 그의 책을 출간하려고 했을 때 '천둥과 번개'를 담을 수는 없다는 유명한 이야기를 했다. 팀 켈러는 휘트필드의 고백을

통해 설교에서 성령의 임재가 얼마나 중요한지를 생각하게 만들고 있다.[35] 또한 그의 책 《팀 켈러의 기도》를 통해 그가 얼마나 하나님과 내밀한 인격적 관계를 기도의 시간을 통해 확보하고 있는지 알려 준다.

성령의 역사에 대해 팀 켈러에게서 살펴볼 수 있는 특징은 사역을 얼마나 잘했는가에 있지 않다. 드러나는 결과에 치중하지 않는다. 그는 성령이 복음서에 일으켰던 치유와 축사에 대한 부분보다 예수님의 이름을 높이는 행위와 은혜 받은 인격을 통해 드러남을 강조하고 있다.[36] 특별히 성령의 사역에 인격을 강조하는 이유는 조나단 에드워즈가 했던 말을 통해 분명히 알 수 있다. "은혜는 말 그대로 그(설교자) 영혼에 참여하신 하나님 영의 거룩한 성품"[37]이기 때문이다.

설교는 하나님의 성품이 설교자의 입을 통해 드러나는 시간이다. 그것이 은혜다. 칼뱅은 이것을 '이중음성이론'(duplex vox)이라고 불렀다. 설교자가 말할 때 성령님이 말씀하시는 사건이 동시에 일어나기 때문이다. 우리는 은사에 매료되어 성품의 문제를 간과할 때가 있다. 하지만 은사는 영적 성숙이 아니며, 성공한 설교자가 실패하는 이유도 여기 있다고 지적한다. 성령은 인격의 영이시기 때문이다. 설교자는 하나님의 음성을 성령에 이끌려 전달할 수 있는 인격이 있어야 한다.

이처럼 팀 켈러는 성령과 인격이 설교 속에서 은혜로 드러나기를 원한다. 그렇기 때문에 그는 사람의 유별함보다 경건을 더 강조하면서, 경건은 은사의 모자람을 메울 수 있다고 말하고 있다.[38] 성령의 사역을 통해 설교자는 여러 결핍된 은사에도 소망을 발견하게 되는 것이다. 그래서 성령의 역사는 설교자의 인격과 재능을 아름답게 연합해서 설교 현장에서 사용하게 해 주신다.

팀 켈러가 얼마나 성령의 역사를 통한 인격을 중요하게 생각하는지는 서브텍스트(설교 저변에 흐르는 메시지)에 대한 이야기에서 알 수 있다. 그는 설교자가 텍스트와 콘텍스트, 서브텍스트 중에서 서브텍스트를 중시해야 할 이유를 이렇게 설명한다. 사람은 보통 가르치면서 자기 집단의 대단함을 드러내거나(내부 강화의 서브텍스트), 자신이 대단하다고 하거나(과시의 서브텍스트), 진리가 대단함을 드러내는(훈련과 가르침의 서브텍스트) 문제에 빠진다. 하지만 설교자가 정말 중시해야 할 점은 그리스도가 정말 위대하시다(예배의 서브텍스트)는 온 마음을 담은 메시지를 가지고 정말 변화되기를 바라는 청중의 마음을 향해 증거하고, 그 마음을 변화시키는 것이다. 그는 이것을 '설교의 심장'이라고 말한다. 그렇다면 그가 설교 저변에 흐르는 서브텍스트를 조심시키는 이유는 무엇인가? 설교자는 강단에 서는 자체보다 말씀 앞에 먼저 겸손히 서야 하기 때문이다. 청중을 정말 사랑하고 그 사람의 변화를 사랑하는 성령에 감화된 인격이 선행되어야 하기 때문이다. 설교자는 자기 목소리를 내는 사람이 아니라, 하나님의 뜻을 전달하는 메신저이기 때문이다.[39]

팀 켈러에게 설교는 단순히 정보의 전달로 끝나는 것이 아니다. 마음을 움직여서 변화가 일어나는 역동성이 있어야 한다. 이것을 위해 반드시 성령의 역사를 구해야 한다. 설교는 단순한 이야기가 아니라, 예수님을 보여 주고 마음에 경험하게 되도록 성령님이 설교자의 인격을 통해 역사하시기 때문이다.

1) 설교에서 성령의 역할은 구체적으로 무엇인가

최홍석 목사는 '신율적 상호성'을 강조했다. 신율(Theonoom)이란, 성령에 의해 의지가 인도를 받는다는 말이다. 성령은 인간에게 자유 의지를 주셨지만, 자유 의지는 성령을 순복해서 성령의 인도를 받는 상호성을 가지게 된다는 의미다. 무엇보다 성령은 설교의 준비와 적용, 효과와 변화를 일으키는 역동성을 가지고 계시기 때문에, 메신저는 성령의 역사를 사모해야 한다.

성령은 설교자를 본문에 이끌리게도 하신다. 한 예로, 방황하는 어거스틴에게 "책을 들어서 읽어라"(tolle lege)라고 말씀하신 후 로마서 13장 13-14절 말씀으로 새롭게 하셨다. 뿐만 아니라 본문과 청중을 해석하는 눈을 주시고, 설교자와 청중과 시대의 아픔을 헤아리도록 해서 설교의 결과를 만들어 가는 설교화의 실질적 주체이시다. 조나단 에드워즈는, "설교자가 설교의 방법론에 능통하다 할지라도 영적인 감각이 부재하다면 본문을 통해 드러나는 신비와 영적인 영광을 볼 수가 없다"고 지적했다.[40] 성령에 이끌릴 때 설교자는 하나님의 영광을 보며 설교하는 특권을 누리게 된다. 팀 켈러를 보면서 감탄하는 점은, 그가 성령의 은혜를 깊이 사모하며 기도하는 설교자라는 사실이다. 그가 성령의 이끄심을 맛보고자 기도했을 때, 그는 하나님의 사랑을 깊이 경험했을 뿐 아니라 말로 표현할 수 없는 기쁨을 누렸다고 말했다.[41] 성령은 설교자의 내면을 영적으로 풍성하게 만드신다.

결정적으로 성경은 이렇게 말씀한다.

"우리 주 예수 그리스도의 하나님, 영광의 아버지께서 지혜와 계시의 영을 너희에게 주사 하나님을 알게 하시고 너희 마음의 눈을 밝히사 그의 부르심의 소망이 무엇이며 성도 안에서 그 기업의 영광의 풍성함이 무엇이며"(엡 1:17-18).

성령의 역사가 있을 때 우리는 하나님을 알게 되고, 청중의 마음을 밝히며, 청중에게 어떤 인생을 살지 목표를 분명하게 만들어 준다고 말하고 있다. 그러므로 성령의 역사는 설교의 전 과정에 심겨져 있어야 한다. 만약 설교자가 이러한 성령의 능력을 외면한다면 청중의 외면을 불러올 것이다. 반대로 설교자가 본문을 통해 청중을 변화시키려는 성령의 의도에 민감할 때, 설교자는 청중 속에 성령의 나타나심을 맛보게 될 것이다. 오늘날 설교자들의 문제가 여기에 있지 않나 싶다. 설교를 잘하려는 설교자는 많지만, 성령의 임재를 목말라하는 설교자는 희박해져 가기 때문이다. 하지만 성령의 역사를 구하는 설교자들이 나타나는 시대가 돌아온다면 반드시 부흥이 일어날 것을 믿는다.

2) 팀 켈러의 설교 작성의 맥

① 팀 켈러의 내러티브 설교의 구조

팀 켈러가 제시하는 설교의 형식은 내러티브다(그의 설교는 연역적-귀납적이며, 강해 설교적이며, 주제적이기도 하다). 그는 설교문의 움직임, 진전, 긴장을 중시한다. 유진 라우리가 추구하는 '평형 깨뜨리기'처럼, 삶의 균형을 깨뜨리며 문제를 제기하고 마음의 동기까지 들어가야 한다.

이 문제를 해결하기 위해 예수님을 영웅으로 만들어야 한다. 여기에는 타락 / 구속 / 회복의 신학적 틀이 배후에 있어야 한다.[42] 그리고 이러한 발견이 도덕적 교훈으로 그치지 않아야 한다. 복음의 은혜를 전달해서 그리스도를 믿는 믿음 안에서 실천적인 내용을 적용해야 한다.

설교자들은 팀 켈러가 제시한 설교의 틀을 통해 어떤 가르침을 구체적으로 준비해야 할지를 생각할 수 있다. 특별히 그가 강해 설교와 주제 설교에서 공통적으로 사용하는 구조는 간단하면서도 마음을 울리게 만든다.[43] 그의 설교의 핵심은 은혜를 통한 변화에 있다. 문화적 맥락을 파악해서 그리스도 중심으로 문제를 해결하고, 예수님을 의지해서 삶에 변화가 일어나게 하는 것이다.

도입	문제가 무엇인가.
	우리 시대의 문화적 맥락: 이것이 우리가 직면한 현실이다.
초기 대지	성경은 무엇이라고 말하는가.
	원독자의 문화적 맥락: 이것이 우리가 행해야 하는 것이다.
중간 대지	우리를 막아서는 것은 무엇인가.
	현대 청중의 내면의 맥락: 왜 우리는 그렇게 할 수 없는가.
말미 대지	예수님은 어떻게 성경 주제를 완성하고 이 핵심 문제를 해결하시는가.
	예수님은 어떻게 그것을 행하셨는가.
적용	예수님을 믿는 믿음을 통해 우리는 이제 어떻게 살아야 하는가.

② 팀 켈러의 강해 설교 / 주제 설교의 구조

팀 켈러는 자신의 내러티브 설교의 틀을 가지고 네 단계로 설교를 대지화하고 있다. 그의 설교 내러티브는 아래의 네 단계로 간단하게 정리될 수 있다.

1. 우리는 무엇을 행해야 하는가(도입과 초기 대지. 본문 속에서 발견하는 문화적 내러티브)
2. 그러나 우리는 행할 수 없다(중간 대지. 문화의 압점 누르기)
3. 그러나 행하신 분이 한 분 계신다(말미 대지. 그리스도로 해결하기)
4. 이제야 비로소 우리는 변화할 수 있다(적용. 그리스도의 적용)

'복음 부흥', 팀 켈러의 설교의 핵심은 이것이다. 그의 설교는 그리스도인과 비그리스도인들이 하나님에게 예배하는 것을 목표로 하고 있다. 그의 복음 설교는 오늘날 설교자들이 잊어버렸던 것이 무엇인지를 깨닫게 만든다. 본문과 청중, 문화와 변증 그리고 성령의 은혜를 통해 마음을 변화시키는 것이 그것이다. 그의 설교에는 하나님의 사랑(affection)이 있다. 이것은 은혜를 잊을 수 없도록 한다. 그 중심에 그리스도가 있기 때문이다. 복음은 사람을 변화시킨다.

설교자가 추구해야 할 가장 중요한 요소는,
말씀을 통해 청중이 그리스도의 사랑을 경험하고,
마음으로부터 시작된 변화가 삶으로 번지게 하는 것이다.

팀 켈러를 읽는 중입니다

추천 도서 《당신을 위한 사사기》[44]

사사기는 흥미진진한 본문이다. 하나님이 사용하신 놀라운 인물들이 결집되어 있다. 많은 이들이 사사들의 승리의 소식을 읽고 들으면서 그들을 모델로 삼기도 한다.

하지만 사사기는 각 인물마다 일정한 의문을 품게 만든다. 왜 이렇게 모자란 사람들이 하나님의 구원의 도구로 쓰임 받는가? 때로는 사사라고 할 수 없는 아비멜렉 같은 인물을 통해 악으로 악을 갚아 선을 이루시는 하나님의 손길을 보면서 혼란해지기도 한다. 더구나 사사기 말미에서 이스라엘의 은혜의 통로였던 레위들이 몰락하면서 동족 간 살육전의 중심에 서는 것을 볼 때 우리의 혼란이 가중된다. '어떻게 이런 이들을 당신의 백성으로 부르신 것인가?'

물론 그 중심에는 "사람이 각기 자기의 소견에 옳은 대로 행하였더라"(삿 21:25)는 말씀이 있다. 이 말씀으로 사사기를 들여다볼 때, 교훈적인 인물마저 왜 그렇게 실망스러운 인물로 몰락하는지를 이해하게 되기도 한다. 하지만 사사기는 잘 들여다보지 않으면 놓칠 수 있는 숨겨진 아이러니가 곳곳에 심겨져 있다. 특별히 삼손 이야기와 레위 사람의 첩이 죽는 사건이다. 그리고 이런 아이러니들은 궁극적으로 그리스도를 중심으로 풀 때에야 비로소 사사기 해석이 완성되어지게 됨을 알 수 있다.

사실 성경에는 이런 아이러니한 본문들이 많이 숨어 있다. 그렇기 때문에 설교자들이 풀어내기 어렵기도 하다. 감사하게도 팀 켈러는 이 책에서 본문을 그리스도 중심적으로 잘 풀어서 설명하고 있다. 본문에 숨겨진 그리스도의 이미지들을 일일이 드러낼 때, 우리는 본문에 숨겨진 진면목을 보게 된다.

《팀 켈러의 설교》에서 언급한 대로, 그는 사사기를 내러티브로 문화적 압점들을 눌러 가면서 강해적, 주제적 그리고 연역-귀납적으로 풀어 가고 있다. 이 내용들은 오늘을 어떻게 살아야 할지 답답할 때 현대적 적용점을 발견하게 만든다.

특별히 우리가 이 시대에 느끼는 문화적 갈등은 무엇인가? 전쟁 같은 하루하루 속에서 내일이 두려워질 때, 하나님의 은혜는 여전히 존재하는가? 어느덧 내 삶 중심에 하나님보다 더 큰 존재로 다가온 것들을 어떻게 해야 하는가? 하나님은 우리를 자비로 덮을 것처럼 하면서 왜 받아들이기 힘든 고통을 통해 단련하시는가? 많은 은혜를 받았지만 지금은 신앙이라고 말할 어떤 모습마저 찾을 수 없게 된 나는 이제 어떻게 해야 하는가? 기독교 지도자들의 몰락을 보면서 낙심한 마음을 어떻게 해야 하는가? 그런 사람들에게는 무엇이라고 말해야 하는가? 한국 사회 안에서 '헬조선, 3포, 5포, 7포, 9포 세대'를 논하는 지금, 하나님은 과연 우리의 참구원자이신가? 이는 그리스도인과 비그리스도인이 동시에 가지고 있는 질문일 것이다. 누가 이 질문에 대한 복음적인 대답을 해 줄 수 있겠는가?

팀 켈러는 이 책에 여섯 가지 내용을 담고 있다. 그는 1) 무자격자들에게 베풀어 주시는 하나님의 은혜가 얼마나 큰지를 보여 준다. 2) 삶의 일부만을 드린 채 하나님을 모시고 사는 신앙이 얼마나 유약한지를 보게 만든다. 3) 은혜를 가볍게 여기고 율법을 지키지 못하는 이스라엘이 무엇을 붙들어야 하는지를 생각하게 만든다. 이것은 신앙의 차이를 만들어 낸다. 4) 반복되는 이스라엘의 평화와 전쟁은 갱신되지 않는 신앙의 위험성을 깨달아 깨어나게 만든다. 5) 인간 사사들의 한계가 더 큰 은혜를 주목하게 만든다. 6) 역사의 수레바퀴를 돌리는 분에 대한 의심을 털어 내고 신뢰를 회복하게 만든다.

《당신을 위한 사사기》는 이 시대의 문화적 압점을 누르면서 그리스도로 현실을 바라보도록 돕는다. 또한 가나안을 '멸절'시키는 이스라엘의 전쟁에 대한 난제도 이해하도록 돕는다. 팀 켈러의 여러 책 중 그의 설교의 특징이 분명히 드러난 것이 많지만, 《당신을 위한 사사기》만큼 설교자에게 직접적으로 유용하며 청중들에게 현실 적용적인 책은 없다고 생각된다. 또한 그의 설교 방식과 문화적 접근을 배우고 싶거나 비그리스도인들에게 작은 도움을 주고 싶다면, 이 책을 전달할 것을 추천한다. 여로 모로 도움이 되는 값진 책이라 생각된다.

복음은 우리를 겸손하게 하고, 서로를 연합하게 한다. 그러나 복음으로 서로 하나 되는 것만으로는 참된 연합을 이룰 수 없다. 서로가 한 방향으로 나아가는 운동성이 있으려면 이 복음이 세상과 어떤 연관성이 있는지에 대한 명확한 이해가 필요하다.

5. 연합을 통한 복음 생태계

/ 고상섭 목사

복음 생태계란 무엇인가

《팀 켈러의 센터처치》는 세 가지 중요한 신학적 비전을 기록한 책이다. 복음-도시-운동이 그것이다. 이 세 가지 신학적 비전은 각각의 정의와 내용들이 있지만, 전체가 하나의 비전이 되기도 한다. 복음을 통해 도시의 문화를 변화시키는 운동성을 가지는 것이다. 이것을 복음 도시 운동(Gospel City Movement)이라는 한 단어로 표현하기도 한다.[1]

그렇다면 복음 도시 운동이란 무엇인가? 팀 켈러는 어느 지역에서 교회나 교회 네트워크가 빠르게 성장할 때, 사람들은 하나님이 거기서 무엇인가 역사하고 계시다는 것을 느낀다고 말한다. 그런데 실제로 그 일은 '그리스도인의 재배치'인 경우가 많다고 한다. 어느 도시에서 부흥하는 교회가 있을 때, 대부분 다른 교회 교인들이 교회를 옮기는 수평 이동이 많다는 것이다. 만약 그렇게 된다면 그리스도의 몸은 도시 안에서 전혀 성장하지 못한 채 단순히 재배치되고 있을 뿐이다. 그는 도시 전체가 변화되려면 그 이상의 무엇이 필요하다고 말한다. 그 이상의 무엇, 그것이 바로 복음 도시 운동이다.[2]

> 도시 전체가 복음으로 변화되려면, 도시 안에 효과적인 몇몇 교회가 있는 것 이상이 필요하다. 단순히 부흥의 에너지를 터뜨리고 새로운 회심자가 생기는 것 이상이 필요하다. 복음으로 도시를 변화시키려면 운동성이 필요하다.[3]

복음 도시 운동이 일어나면 그 도시의 인구 성장률보다 그리스도인의 비율이 더 빠르게 상승한다. 이것을 운동이라고 부르는 이유는, 하나의 교회가 아니라 여러 교단과 네트워크의 경계를 뛰어넘는 에너지로 이루어지기 때문이다. 운동은 어떤 한 교회에 머물거나, 특정 집단의 지도자들이나 특정한 지휘 본부에서 멈추지 않는다. 운동은 유기적이며 자발적으로 형성되고, 또한 상호 작용하면서 서로를 지지하고 유지시키며 자극하는 일련의 힘의 역학이다. 팀 켈러는 이것을 '복음 생태계'(Gospel Ecosystem)라고 부른다.[4]

복음 생태계라는 말로 복음 도시 운동을 표현하는 이유는, 생물학적 생태계가 상호 의존적인 유기체들과 시스템, 자연의 힘으로 구성되는 것과 마찬가지로, 복음 생태계는 상호 의존적인 조직, 개인, 사상 그리고 성령님의 능력과 인간의 노력으로 구성되기 때문이다. 생태계의 모든 요소들이 제자리에 있고 균형을 이룰 때, 전체 시스템은 전체

와 개체로서 모두 건강하게 성장한다.[5]

팀 켈러가 '생태계'라는 말을 통해 복음 도시 운동을 다시 표현한 것은 생태계라는 단어를 통해서 전달하고 싶은 메시지가 있기 때문일 것이다. 생태계가 아닌 단순한 복음 도시 운동이라는 말은 인간의 노력만을 통해 이룬다는 의미로 오해할 소지가 있어 보인다. 팀 켈러는 '생태계'라는 말을 통해 상호 의존, 시스템, 자연의 힘이 모두 합쳐진 조화된 상태를 말하고 있다. 즉, 참된 복음 도시 운동은 개교회의 부흥으로 이루어지는 것이 아니라, 서로 연합하는 상호 의존과 시스템 그리고 성령님의 능력이 함께 어우러질 때 이루어지는 것임을 강조하는 것이다.

팀 켈러는 이것을 원예의 비유를 통해 설명한다. 그는 원예를 목회에 비유해서 말하고 있다. 밭에 있는 나무가 열매를 맺으려면 농부의 수고가 있어야 하고, 밭의 상태가 좋아야 하며, 또 하늘에서 비와 햇빛이 골고루 내려야 한다. 이런 상호 작용이 어우러질 때 비로소 열매를 맺을 수 있다. 원예사의 기술과 근면이 필요하고, 땅의 상태와 기후가 좋아야 한다. 원예사의 기술과 근면은 목회자의 실력과 노력이라 할 수 있다. 땅의 상태는 교인들의 마음 밭의 상태라고 해야 할 것이다. 그리고 기후는 바로 성령님의 주권적 역사다. 여기서 팀 켈러가 강조하고 싶은 것은 성령님의 역사다. 인간적인 노력도 필요하지만 그것만으로는 복음 도시 운동을 일으킬 수 없다는 것이다. 반드시 성령님의 역사가 함께 있어야 한다.[6]

요컨대 우리는 성령님의 섭리 없이는 복음 운동을 만들 수 없다. 운동은 하나님의 영에 의해서 힘을 받고 복을 받는 생태계와 같다.[7]

그러면 성령님이 사용하셔서 복음 도시 운동을 일으키는 생태계란 어떤 것인가? 팀 켈러는 세 개의 동심원으로 설명한다.

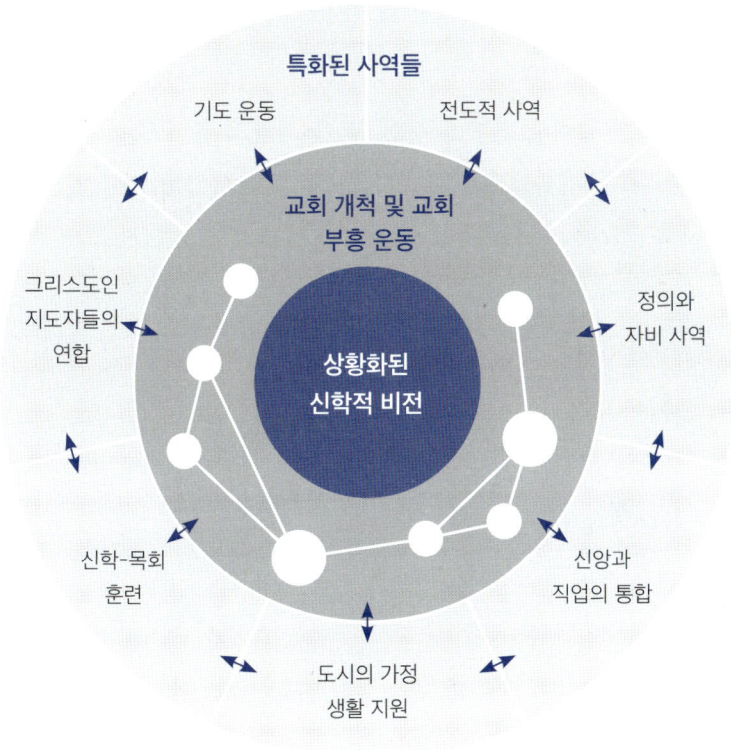

도시를 위한 복음 에코시스템

'복음 생태계'를 만드는 일을 '복음 도시 운동'이라고 부르는 이유는, 단순한 연합이 아니라 복음과 도시를 거쳐서 연합이라는 운동이 이루어지기 때문이다. 즉, 《팀 켈러의 센터처치》 1부 복음과 2부 문화에 대한 이해가 3부 연합 운동으로 이어지는 것이다.

결국 《팀 켈러의 센터처치》의 백미는 '복음 생태계'다. 팀 켈러는 복음 생태계를 위해서 복음과 문화를 설명했다고 해도 과언이 아닐 정도로, 복음 생태계는 팀 켈러의 비전이자 이 세상을 향한 교회의 응답이다. CITY TO CITY라는 단체도 복음 생태계로 시작되었다. 한 교회가 아닌 지역 교회의 연합을 통해 '복음 생태계'를 구축하는 것은, 팀 켈러의 마지막 소원일 뿐 아니라 교회의 이미지가 바닥에 떨어진 이 시대의 우리에게도 함께해야 할 비전이 되어야 할 것이다.

앞의 도표에서 한국적 상황에서 접목 가능한 세 가지 중요한 것들을 소개하려 한다. 복음과 연합, 문화와 연합, 연합을 통한 복음 생태계 만들기이다.

1. 복음과 연합 운동

연합에서 제일 중요한 것은 '복음으로 인한 겸손'이다. 팀 켈러는 복음을 정의할 때, 복음이란 "우리가 행하는 무엇이 아니라, 우리를 위해 행해진 무엇이며 우리가 반응해야 하는 어떤 것"[8]이라고 말한다. 복음은 그리스도가 행한 무엇이지, 내가 행한 무엇이 아니라는 말은, 구원에 있어서 인간의 어떤 행위와 노력도 첨가되지 않는다는 것이다. 이것을 '전적 은혜'라고 말한다. 이 복음은 인간에게 두 가지 고백을 하게 한다. "첫째, '나는 내가 감히 생각했던 것보다 훨씬 더한 죄인이고 허물 많은 존재입니다'라고 고백하는 것이다. 둘째, '나는 내가 감히 바랐던 것보다 더 많은 사랑을 받고 용납되었습니다'라고 말하는 것이다."9

복음은 먼저 인간의 전적 타락을 깨닫게 하고, 우리 자신에게는 어떤 것도 기대할 수 없다는 것을 알려 준다. 동시에 하나님의 완전한 사랑을 받고 있기 때문에 사랑받는 존귀한 자녀임을 깨닫게 해 준다. 이러한 복음의 이해는 신자의 대인관계에 영향을 미치는데, 행위로 구원받은 것이 아니라 은혜로 구원받았기 때문에 다른 사람을 나보다 낫게 여기게 된다.

그는 《팀 켈러, 하나님을 말하다》에서 이렇게 말한다.

하나님의 은혜는 남들보다 윤리적으로 더 나은 삶을 사는 이들이 아니라 제대로 살지 못하는 현실을 인정하고 구세주가 절실하게 필요함을 깨닫는 이들에게 임한다. 그런데 크리스천들은 믿지 않는 이들 가운데 자신들보다 훨씬 인격적이고 슬기롭고 훌륭한 사람들이 있음을 염두에 두어야 한다. 어째서 그런가? 크리스천들은 스스로의 윤리적인 공로나 지혜, 덕성 때문이 아니라 인류를 위해 그리스도가 이루신 역사 덕분에 하나님의 용납을 받은 까닭이다. 대다수 종교와 인생 철학은 신앙적인 성과에 한 인간의 영적인 신분이 달렸다고 추정한다. 그 교리를 좇는 이들로서는 자연스럽게 믿지 않는 사람들보다 우월하다는 의식을 갖게 되고 또 그렇게 행동하기에 이른다. 그리

스도의 복음은 어떤 경우에도 그와 같은 결과를 낳지 않는다.[10]

연합은 겸손에서 오고, 겸손은 나보다 남을 낫게 여기는 것이다.

"아무 일에든지 다툼이나 허영으로 하지 말고 오직 겸손한 마음으로 각각 자기보다 남을 낫게 여기고 각각 자기 일을 돌볼뿐더러 또한 각각 다른 사람들의 일을 돌보아 나의 기쁨을 충만하게 하라"(빌 2:3-4).

그러나 남을 낫게 여겨야겠다는 것은 인간의 결심으로 이루어지지 않는다. 만약 오늘부터 나보다 남을 낫게 여겨야겠다고 생각하고 실천하게 되면 두 가지 결과를 낳게 된다. 첫째는, 아무리 노력해도 나보다 남을 낫게 여기지 못하는 현실에 대한 절망이다. 둘째는, 나보다 남을 낫게 여긴다고 생각되는 일을 경험할 때, 나는 나보다 남을 낫게 여기는 사람이라는 자부심으로 나를 다른 사람보다 더 나은 사람이라고 생각하는 교만이다. 겸손이라는 영역은 인간의 노력으로 도달할 수 있는 위치가 아니다. 그럼 어떻게 해야 하는가?

바울은 빌립보서에서 다음과 같이 말한다.

"너희 안에 이 마음을 품으라 곧 그리스도 예수의 마음이니 그는 근본 하나님의 본체시나 하나님과 동등됨을 취할 것으로 여기지 아니하시고 오히려 자기를 비워 종의 형체를 가지사 사람들과 같이 되셨고 사람의 모양으로 나타나사 자기를 낮추시고 죽기까지 복종하셨으니 곧 십자가에 죽으심이라"(빌 2:5-8).

결국 다른 사람을 나보다 낫게 여기는 겸손은 그리스도의 마음을 품는 것에서 비롯된다. 그리스도의 마음을 품는 것이란, 그리스도가 나를 위해 행하신 일을 먼저 기억하는 것이다. 그분이 죽기까지 복종하신 십자가의 죽음을 통해 우리는 은혜를 경험하게 되었다. 아무런 행위를 하지 않은 나를 위해 자기희생적 사랑을 보여 주신 그 은혜를 경험하게 될 때 비로소 다른 사람을 나보다 낫게 여기게 되는 것이다. 이것이 연합의 핵심이다. 먼저 하나님이 우리를 위해 행하신 은혜의 사건이 있고, 그 복음이 우리를 겸손하게 하며, 그 겸손이 연합으로 인도하는 것이다.

종교와 복음의 차이를 설명할 때도 그 중심에는 겸손이 있다. 종교적인 사람은 상대방으로부터 비난을 당할 때 격노하거나 무너진다. 그에게는 좋은 사람으로 보이는 자아상이 굉장히 중요하기 때문이다. 그래서 자기 이미지가 실추될 때 분노한다. 왜 분노할까? 자신을 전적으로 타락한 존재가 아닌, 어느 정도 괜찮은 사람이라고 생각하기 때문이다. 인간은 상대방이 자기가 생각하는 자기보다 자신을 낮게 평가할 때 무시당했다는 생각이 들고 분노하게 된다. 그러나 복음의 사람은 다르다. 복음은 비난을 당할 때 동일하게 씨름하지만, 자신을 '좋은 사람'으로 보이는 것이 필수적이라고 생각하지 않는다. 자신의 정체성은 자신의 공로에 있는 것이 아니라, 그리스도 안에서 자신에게 주어진 하나님의 사랑에 있다는 것을 알기 때문이다. 결국 대인관계에서 이러한 차이를 가져오는 것은 겸손이다. 우리는 복음의 은혜로 겸손할 때 연합을 이룰 수 있게 된다. 그렇지 않으면 서로가 좋을 때는 연합하지만, 관계가 어려워질 때는 연합이 깨어지게 된다.[11]

은혜는 겸손을 낳아야 하는데, 잘못된 은혜는 교만을 낳는다. 구약의 이스라엘도 동일한 착각에 빠졌다. 자신들은 구원을 얻은 백성이지만, 이방인들은 구원받지 못한 백성이라 생각했다. 그래서 은혜로 거저 받은 구원을 마치 자신의 계급인 양 생각했다. '나는 너보다 더 나은 존재'라는 생각이 은혜 때문에 생긴 것이다. 가장 겸손해야 할 은혜가 가장 교만할 수 있는 이유가 되기도 한다.

2. 문화와 연합 운동

복음은 우리를 겸손하게 하고, 서로를 연합하게 한다. 그러나 복음으로 서로 하나 되는 것만으로는 참된 연합을 이룰 수 없다. 서로가 한 방향으로 나아가는 운동성이 있으려면 이 복음이 세상과 어떤 연관성이 있는지에 대한 명확한 이해가 필요하다. 세상을 악한 곳이라 생각하면서 교회는 세상과 어떤 관계도 맺지 말아야 한다는 생각으로 단절하고 살아가는 아미쉬 공동체와 세상을 변혁의 대상으로 생각해서 세상의 정치와 사회 문화 속으로 더 깊이 들어가야 한다고 생각하는 재건주의자들은 서로 하나로 연합하며 운동성 있는 일을 하기가 쉽지 않을 것이다. 복음의 문제가 아니라 문화에 대한 이해가 다르기 때문이다.

팀 켈러는 교회가 자신이 속한 도시에 대해 어떤 자세를 가져야 하는지를 다음과 같이 말한다.

첫째, 그리스도인은 도시에 대해 감사하는 태도를 길러야 한다. 《팀 켈러의 방탕한 선지자》에서 요나는 하나님의 말씀에 순종해서 니느웨로 갔지만, 그는 그 도시를 사랑하지 않았다. 도덕적 우월감을 가지고 있었기 때문이다. 우리가 속한 도시는 여러 가지 부정적인 일들이 많지만, 이곳은 하나님이 일하기 원하시는 곳이며, 하나님이 도시의 변화를 통해 일하심을 믿어야 한다.[12]

둘째, 그리스도인은 그들이 사는 곳에서 역동적인 대항문화가 되어야 한다. 그들이 도시에서 살아가는 것만으로는 부족하다. 우리는 특정한 종류의 공동체로 살아야 한다. 하나님이 원하시는 도시 사회는 이기심이 아니라 섬김에 기초한다. 그 목적은 문화적인 풍성함을 가지고 온 세상에 기쁨을 전파하는 것이다. 그리스도인은 모든 세상 도시 안에서 대안 도시가 되도록, 또한 모든 인간 문화 가운데 대안 문화가 되도록 부르심을 받았다. 그래서 성, 돈, 권력이 어떻게 비파괴적인 방식으로 사용될 수 있는지 보여 주어야 한다.[13]

셋째, 그리스도인은 도시의 전체적인 유익을 위해 깊이 헌신된 공동체여야 한다. 그리스도인들은 단지 도시에서 사는 것에 만족하지 말아야 한다. 또 단순히 대항 공동체의 문화를 형성하는 것으로 만족하지 말아야 한다. 우리는 믿음과 삶의 모든 자원을 가지고 도시 전체의 유익을 위해 희생적으로 섬기는 데 헌신해야 한다. 특별히 빈곤층에게 그리해야 한다. 그리스도인은 세상의 소비 지향적인 태도에 현혹되지 말아야 하며, 세상을 섬기는 방식으로 살아가야 한다. 궁극적으로 우리가 이 도시에 사는 이유는 도시를 섬기기 위해서다. 그리스도인은 사랑의 언어와 행동을 통해 이웃에게 평화와 안전, 정의 그리고 도시의 번성을 위해서 일해야 한다.[14]

교회는 예레미야의 말씀처럼 도시의 '샬롬'을 위해 일해야 한다.[15]

> "너희는 내가 사로잡혀 가게 한 그 성읍의 평안을 구하고 그를 위하여 여호와께 기도하라 이는 그 성읍이 평안함으로 너희도 평안할 것임이라"(렘 29:7).

예레미야 선지자가 활동하던 시대는 바벨론에 포로로 끌려가 있던 때다. 하나님은 그 시대 속에서 바벨론의 평안을 구하라고 말씀하신다. 이 시대가 중요한 이유는, 오늘날 한국의 시대가 바벨론의 시대와 비슷하기 때문이다. 바벨론은 기독교 국가가 아니다. 기독교를 배척하는 정부와 세상 속에서 교회가 어떻게 살아야 할 것인가를 잘 보여주고 있다.

팀 켈러는 《팀 켈러의 복음과 삶》에서 이 구절을 이렇게 해석했다.

> 예레미야 시대에 바벨론 사람들은 이스라엘 백성들을 향해 자신들과 동화되어 영적 정체성을 잃어버리길 원했고, 거짓 선지자들은 도시 안으로 들어가지 말고 영적 정체성을 지켜야 한다고 주장했다. 그러나 하나님은 놀랍게도 예레미야를 통해 포로들에게 가장 뜻밖의 말씀을 전하셨다. 도시 안으로 들어가 살면서 그 땅의 사람들과 구별

된 영적 정체성으로 도시를 섬기라는 말씀이었다.

성경에서 반복해서 보는 것은 하나님이 도시와 그 안에 사는 사람들을 아끼신다는 것이다. 하나님은 그때처럼 지금도 도시에 큰 관심을 가지고 계신다. 그러므로 우리도 그래야만 한다. 도시는 특히 그렇게 할 많은 기회를 준다 … 당신은 당신이 거하고 있는 도시를 위해 살고 있는가? 아니면 그저 재미와 자신의 경력을 위해 도시를 이용하고 있는가! 당신은 지금 도시를 위해 기도하고 있는가?[16]

그는 또 이렇게 말한다.

결국, 그리스도인들은 권력 투쟁과 강압을 통해 단지 우리 종족과 집단의 번영을 위해서가 아니라, 도시 모든 사람의 유익과 그들을 섬기기 위해서 사는 것이다. 세속주의는 사람들을 개인주의적으로 만드는 경향이 있고, 전통적 종교성은 사람들을 타 집단에 대해 배타적으로 만드는 경향이 있다. 반면 복음은 인간 마음의 자연적인 이기심을 깨뜨리며 그리스도인들이 희생적 봉사로 도시를 유익하게 살도록 이끈다.

그리스도인들은 도시에서 살기를 추구해야 한다. 단지 위대한 교회를 만들기 위해 도시를 사용하는 것이 아니라, 교회의 자원들을 사용해서 위대하고 발전하는 도시를 추구해야 한다. 우리는 엄밀히 말해서 이것을 '교회 성장' 모델이 아니라 '도시 성장' 사역 모델이라고 부른다. 이는 센터처치의 신학적 비전에서 나오는 사역의 자세이다.[17]

이것을 미로슬라브 볼프는 '문화 참여'(cultural engagement)라고 말한다. 이것은 두 개의 No와 하나의 Yes로 구성된다. 첫째, 문화의 전적인 변혁(Total Transformation)에 No라고 말한다. 둘째, 문화의 적응(Accomodation)에 No라고 말한다. 볼프는 변혁과 적응이 아닌 참여를 말하는데, 그가 말하는 '문화 참여'란 문화를 지배하거나 버리는 것 사이의 중간을 의미한다. 이것은 "그 안에 머물면서 자신의 독특성을 표출하는 것이며 떠나지 않으면서 다르게 사는 것"[18]이다.

3. 연합을 통한 복음 생태계

연합을 통한 복음 생태계를 만드는 일을 하기 위해선 먼저 복음과 문화에 대한 이해가 필수적이다. 팀 켈러는 이렇게 질문한다.

> 어떻게 하면 도시의 교회들이 복음 운동이 될 만큼 충분히 연합할 수 있을까? 나아가 이 운동들이 또 다른 운동이 될 수 있을까? … 이러한 생각 뒤에 있는 중요한 가정은 한 종류의 교회가 어떤 교회 모델이나 신학 전통이 되었든 도시 전체를 전도할 수 없다는 것이다. 도시를 전도하려면 다른 교회들과 기꺼이 협력하는 자세가 요구된다. 비록 다른 신념과 관습을 가진 교회들이라 할지라도 말이다. 이런 관점을 '범 교회성'(catholicity)이라고 부른다.[19]

지역 전체는 한 교회가 아닌 연합을 통해서만 효과적으로 전도할 수 있다. 이러한 '연합'의 기초에는 한 교회가 모든 것을 할 수 없다는 연약함의 인식, 즉 겸손이 전제되어야 한다. 어떤 교회들은 다른 교회와의 차별성을 부각시킴으로 자신들의 순수함을 드러내려 한다. 그러나 자신과 다르다고 해서 다른 교회를 깎아내리거나 비판한다면 모든 그리스도인들이 관용이 없다는 보편적인 비판에 빠지게 된다. 만일 교회가 연합하지 않는다면, 세상은 우리를 실패한 이들로 볼 것이다.[20]

이 복음 생태계에서 몇 가지 중요한 점을 살펴보자.

1) 교회 개척 운동

팀 켈러는 지역 교회들이 복음 생태계로 함께 연합하는 가장 중요한 사역을 교회 개척 사역이라 정의한다. 왜 교회 개척 사역을 중요하게 언급하는 것일까? 교회 개척이 바로 역동적인 복음 운동의 결과이기 때문이다. 교회 개척은 대개 교회 안에 갈등이 있거나 지도자들의 자존심 충돌이 일어날 때, 또 교회가 부흥해서 사람들의 숫자를 교회 크기가 감당하지 못할 때 일어난다. 그러나 팀 켈러는 교회 개척을 목표로 교회가 사역을 해야 한다고 강조한다.

리디머교회는 다섯 가지 사역을 중요하게 생각한다. 첫째는 하나님에게 연결하는(예배와 전도), 둘째는 서로에게 연결하는(훈련과 교제), 셋째는 도시에 연결하는(정의와 자비 사역), 넷째는 문화에 연결하는(직업과 신앙의 통합) 그리고 다섯째는 교회 개척 사역이다.[21] 그렇다면 교회 개척을 교회의 중요한 사역으로 생각할 만큼 강조하는 이유는 무엇일까? 팀 켈러는 한 교회의 부흥이 아닌 도시 전체의 그리스도인을 증가시키는 가장 주된 방법은 교회 부흥이 아니라 교회 개척이라고 말한다. 부흥하는 교회가 있어도 주로 수평 이동인 경우가 많으므로, 결국 새로운 신자들이 교회에 등록하려면 새로운 교회가 개척되어야 한다. 팀 켈러는 《Church planter manual》에서도 "새로운 교회는 새로운 세대와 주민, 그리고 새로운 그룹의 사람들에게 다가갈 수 있는 최선의 방식"이라 말한다.[22]

팀 켈러는 한 복음주의 교회의 예를 들어 설명한다. 그 교회는 100명의 교인이 있는 교회였기에 교회 개척을 생각하지 못했다. 적은 인원으로 추진한 교회 개척이 예산과 사람들의 상실로 이어질까 두려웠기 때문이다. 하지만 50명을 다른 지역으로 보내어 새로운 교회를 개척하게 했다. 그 후 2년밖에 지나지 않았는데 지금은 350명 정도의 사람들이 출석하고 있다. 그 사이 개척을 해 준 모교회도 다시 한 번 모든 좌석이 채워졌다. 그것도 단 3주 만의 일이다.

사람들은 대개 교회가 부흥하고 숫자가 많아져야 개척을 생각한다. 그러나 정체되어 있는 교회가 활력을 얻는 방법은 교회 개척이다. 100명의 정체된 교회는 시간이 지나도 계속 정체 상태로 머물러 있을 확률이 높다. 그러나 50명을 떼어서 따로 개척을 하면 개척된 교회는 새롭게 개척되었기 때문에 활력이 있고, 50명을 떼 준 교회도 경각심과 더불어 활력이 생기게 된다. 결국 교회 개척이 교회 부흥과 역동성을 회복하는 출발점이 되는 것이다.

역사가 있거나 전통적인 교회는 새롭게 개척된 교회만큼 비신자들을 품지 못한다. 미국의 교회에 대한 여러 연구 결과에 의하면, 새로 시작된 교회의 교인 3분의 1 내지 2가 이전에는 교회를 다녀 보지 않았던 사람들이다. 이에 비해 10-15년 이상 된 교회에 등록하는 새 교인들은 80-90퍼센트가 이미 다른 교회에 다니던 사람들이다.[23]

그러므로 한 도시에서 그리스도인의 수를 확실하게 늘리는 유일한 방법은, 새로운 교회의 숫자를 확실하게 늘리는 것이다. 또한 기존 교회를 갱신하는 것도 새로운 교회를 세우는 한 가지 방법이다. 사람들은 대개 기존 교회의 부흥을 위해 일하는 것이 먼저라고 생각한다. 그러나 팀 켈러는 기존 교회가 갱신할 수 있는 가장 최선의 방법이 교회 개척이라고 말한다.[24]

새로운 교회가 많아지면 지역에 있는 그리스도의 교회에 새로운 생각들을 불러일으킨다. 이는 결국 도시 안에 있는 전체 교회를 위한 연구 개발(R&D) 센터가 된다. 기존 교회는 새로운 방식보다는 전통을 따르는 편이다. 하지만 새로운 교회가 새로운 시도들을 해 나간다면, 이것은 전체 교회에 영향을 미치게 된다.[25] 새로운 교회들은 새롭고 창의적인 지도자들을 도시에 일으킨다. 모험심과 창의성, 위험, 혁신을 높이 평가하는 이들은 기존의 리더십들이 하지 못했던 일들을 해내기도 한다. 우리는 하나의 교회가 지역 전체를 감당할 수 없다는 사실을 알아야 한다.[26]

지역 교회가 다양한 사람들을 품으려면 다양한 교회들이 새롭게 생겨나야 한다. 특히 젊은이들은 언제나 새로운 교회에 압도적으로 많이 있다. 기성 교회의 스타일이 아닌 다른 예배 스타일을 원하기도 하고, 새로운 감수성으로 다가갈 수도 있기 때문이다.[27]

아무리 큰 규모라 할지라도 하나의 교회로는 다양하고 큰 도시의 필요를 모두 채울 능력이 없다. 크고 작은 수백 개의 교회들이 움직일 때 문자적으로 도시의 모든 이웃과 집단을 뚫고 들어갈 수 있다.[28]

또 팀 켈러의 교회 개척 운동의 특이성은 교단과 교파를 초월한 개척이다. 장로교에 대해 거부감을 가지는 사람들이 있는가 하면 오순절교회에 잘 맞지 않는 사람들도 있다. 그래서 다양한 교파의 지역 교회가 연합할 때 더 많은 사람들을 그리스도에게로 인도할 수 있다.

새로운 교회를 개척하는 것은 도시의 신자 수를 증가시키는 가장 좋은 방법이며, 또한 교회라는 전체 몸을 갱신하는 좋은 방법 중의 하나다. 정체된 교회의 부흥을 다시 한 번 맛보기 원한다면, 지금 당장 교회를 개척하라!

2) 정의와 자비 사역

이는 단순히 개교회가 구제를 하는 정도가 아닌, 지역의 모든 교회와 비영리 단체들이 연합해서 도시의 필요를 채우는 과정이다. 도시의 그리스도인들은 반드시 그 이웃에 대한 돌봄을 통해 세상에 알려져야 한다. 팀 켈러는 문화에 대한 강연에서, "그 도시에서 우리 교회가 없어지면 세금을 더 내야 한다는 생각이 들 정도로 도시 사람들에게 꼭 필요한 교회가 되어야 한다"고 말했다.[29]

단순히 '구제'라 하지 않고 '정의'라고 말하는 이유는, 성경에선 가난한 이와 약자를 돌보는 일이 하나님의 정의와 연결되기 때문이다.

"사람아 주께서 선한 것이 무엇임을 네게 보이셨나니 여호와께서 네게 구하시는 것은 오직 정의를 행하며 인자를 사랑하며 겸손하게 네 하나님과 함께 행하는 것이 아니냐"(미 6:8).

미가서에 나오는 '정의를 행하며 인자를 사랑하는 일'에서 '정의'는 히브리어로 '미쉬파트'인데, 이는 구약성경에서 200번 이상 다양한 형태로 사용되었다. 이 단어에는 '인간을 공평하게 대하다'라는 뜻이 담겨 있다. 레위기 24장 22절은 이스라엘 백성에게, "거류민에게든지 본토인에게든지 그 법을 동일하게(미쉬파트)" 해야 한다고 경고한다. 인종이나 지위와 상관없이 옳고 그름에 따라 유무죄를 가려 벌을 주어야 한다는 얘기다. 누구든 똑같은 잘못을 저질렀으면 동일한 형벌을 받아야 한다.[30]

미쉬파트는 징벌이든 보호든 보살핌이든, 마땅히 돌아가야 할 몫을 주라는 뜻이다. 특히 4대 취약 계층인 고아와 과부 및 나그네와 가난한 이들을 보살피고 보호하라는 의미로 미쉬파트라는 말이 거듭 사용되었다. 결국 성경 말씀에 따르면, 이런 집단을 어떻게 대우하느냐가 한 사회의 미쉬파트(정의)를 평가하는 척도가 된다.[31]

취약 계층에 속하는 사람들을 외면하는 행위는 단순히 구제와 자선의 부족이 아니라, 하나님의 정의를 짓밟는 행위다. 이 말을 '구제'라고 하면, 하면 좋지만 안 해도 굳이 문제가 없는 행위가 된다. 그러나 성경은 고아와 과부를 돌보지 않는 것을 심각한 범죄 행위로 취급한다. 단순히 불쌍한 사람을 돕는 개념이 아니라, 하나님의 정의를 세우는 일이기 때문이다.

또한 '자비'라고 부르는 이유는, 단순한 동정심이나 불쌍한 마음으로 자선을 베푸는 것이 아니라 하나님과의 관계성에서 흘러나오는 것이기 때문이다. 일반적으로 '의로워지다', '공정해지다'라는 히브리어 단어는 '짜데카'인데, 이는 올바른 관계들 가운데서의 삶을 가리킨다. 알렉 모티어는 '의롭다'라는 말을, "하나님과 올바른 관계를 맺고 있는 까닭에 삶에서 맞닥뜨리게 되는 모든 관계를 바로잡는 일에 자연스럽게 헌신한다"는 의미로 정의한다.[32]

'정의와 자비' 사역은 하나님과의 관계, 즉 복음에서부터 흘러나온다. 사실 정의와 자비 사역뿐 아니라 팀 켈러가 말하는 모든 사역은 복음이라는 뿌리에서 은혜 가운데 자연스럽게 흘러 내려온다. 하나님의 은혜로 구원받은 백성이 하나님을 사랑할 때 하나님과 바른 관계를 이루지 못한 세상의 모든 것들을 바로잡고 싶은 마음이 들고, 거기에 순종하고 헌신하는 것이 사역으로 열매 맺는 것이다. 따라서 기본적으로 하나님과 관계를 바로 맺는 데서 출발하는 것이 '짜데카'이지만, 그 열매로 얻는 의로운 삶은 처음부터 끝까지 사회적이다.[33]

이런 성경적 기초를 가진 지역 교회들이 연합해서 그 지역을 섬기는 삶은 생각만 해도 가슴 뛰는 일이다. 기독교에 대한 세상의 부정적인 반응은, 어쩌면 빛과 소금으로 살지 못하는 교회의 모습 때문일 것이다. 정의와 자비의 연합 사역은 복음으로 사람들을 초대하는 발판과도 같다.

3) 신앙과 직업의 통합

팀 켈러는 각종 직업을 가진 사람들이 도시 전역에서 함께 모여 신앙적 교제와 직업 모임, 곧 사업, 미디어, 예술, 정부, 학계 등에서 일하고 있는 그리스도인들의 네트워크를 형성해서 그들이 책임성과 탁월성 그리고 그리스도인으로서의 구별성을 가지고 일할 수 있도록 돕는다.[34]

팀 켈러는 성도들이 직장에서 어떻게 신앙과 통합을 이루어 일해야 하는지에 대한 성경적 원리를 가르쳐야 할 책임이 교회에 있다고 말한다. 그렇지 않으면 교회 안에서는 말씀대로 살지만 직장에서는 직장의 세계관을 따라 살아갈 수밖에 없다. 《팀 켈러의 일과 영성》의 공동 저자인 캐서린 L. 알서도프도, 직장에서 그리스도인으로서 하나님에게 쓰임을 받으며 세상과 다른 방식으로 회사를 운영하고 싶었지만 본보기로 삼을 만한 모델이 거의 없었다고 말한다. 단순히 직장에서 복음을 전했다는 이야기나 돈으로 구제를 했다는 이야기 말고 복음으로 어떻게 직장생활을 해야 하는지에 대한 가르침은 없었다는 것이다.[35] 그래서 이런 성도들에게 직업과 신앙을 통합하는 원리들을 설교와 다양한 프로그램을 통해 제시함으로, 성도들이 도시와 직업, 직장, 이웃들을 사랑하라는 하나님의 명령을 받은 소수 집단이라는 의식을 가지고 살도록 돕고 있다. 다양한 직군의 사람들이 이 도시를 어떻게 섬길지를 고민하고 실천하는 네트워크를 만들어 연합 사역을 펼치면, 이는 지역 문화를 변화시키는 데 큰 역할을 할 것이다.

변화를 이끌어 내는 티핑 포인트

팀 켈러가 처음 뉴욕에서 사역을 시작했을 때, 복음을 통해 뉴욕에 헌신하는 전문직 종사자들은 1퍼센트에 불과했다. 25년이 지난 지금은 5퍼센트 정도로 성장했다. 팀 켈러는 이런 연합을 통해 뉴욕의 인구 중에 복음으로 사는 사람들의 숫자가 10퍼센트가 넘기를 기도하고 있다. 그런데 왜 꼭 10퍼센트가 넘어야 되는 것일까?

10퍼센트는 상징적인 숫자다. 교도소에서도 그리스도인의 숫자가 10퍼센트가 넘으면 문화가 바뀐다고 한다.[36] 팀 켈러는 단지 한 교회의 부흥 정도가 아니라, 도시 전체가 부흥하는 운동성을 가지기를 소망하고 있다. 그것을 위해 연합하며 사역해서 개척된 많은 교회들을 통해 도시의 전체 인구 중 10퍼센트가 복음으로 살아갈 때, 도시 전체의 문화가 변화된다는 확신을 갖고 있다.

예를 들어, 지역 사회는 새로운 부류의 거주민들이(더 부유하든지, 더 가난하든지, 또는 문화적으로 나머지와 다르든지) 인구의 5퍼센트를 차지하기 전에는 전반적으로 큰 변화 없이 그대로다. 하지만 새로운 거주민들의 비율이 5-25퍼센트에 도달하게 되면(문화에 따라 다르다), 전체 지역은 이들로 인해 움직이기 시작하며, 빠르고 의미 있는 변화를 경험하게 된다.[37]

복음 생태계는 이런 일들이 일어나는 통로가 된다. 복음으로 변화된 그리스도인들의 숫자가 도시 가운데 충분히 많아져서 그리스도인의 영향력이 도시의 공공 및 사회생활 가운데 눈에 띄게 드러나고 인정할 만한 수준이 되면 도시가 변화된다. 팀 켈러는 이런 비전을 가지고 계속 기도하고 있고, 자신이 죽어도 이 비전은 계속되어서 뉴욕의 10퍼센트의 복음의 증인들이 문화를 바꾸게 될 날을 기대하고 있다.

> 그러나 상상해 보라. 만일 맨해튼과 같은 곳에 많은 신자들이 있어서, 대부분의 뉴요커들이 자기가 존경하는 한 명의 그리스도인을 실제로 안다면 어떤 일이 일어나겠는가? 많은 도시 거주민들을 기독교의 메시지로부터 방해하는 강력한 장벽들이 제거되는 것이다. 그렇게 되면 수만 명의 영혼들이 구원받을 수 있게 된다. … 도시의 그리스도인들이 예술, 과학, 학문, 기업 등에서 핵심 역할들을 수행할 때 그리고 동시에 그들이 가진 권력, 재물, 영향력을 사회의 주변부에 있는 사람들의 선을 위해 사용할 때 과연 어떤 일이 벌어지겠는가?[38]

팀 켈러는 예수님이 다시 오실 때까지 그 일이 100퍼센트 완성되지 않을 것을 잘 알고 있다. 그러나 그날을 소망하며 오늘도 최선을 다해 그 일을 위해 살아야 함을 이야기한다.

우리는 완벽한 모델이 될 수는 없다. 그러나 그리스도를 가리키는 나침반이 될 수는 있다. 그 하나님 나라의 소망을 바라보며, 오늘 복음으로 연합하며 도시를 변화시키는 운동성을 위해 계속해서 기도하며 또한 노력해야 할 것이다.

* 다음은 합신의 교단지 〈기독교개혁신보〉에 기고했던 글이다. 복음과 연합에 관해 생각하면 우리의 교만이 연합을 막고 있는 것 같았다. 그 문제를 해결해 보고자 기고했던 글이다.

개혁주의 교회는 팀 켈러로부터 무엇을 배울 수 있는가?
———— 따뜻한 개혁주의

개혁주의를 공부하는 모임에서 이런 이야기를 들은 적이 있다. "나는 개혁주의를 사랑하지만, 자칭 자신을 개혁주의자라고 말하는 사람들과는 좀 거리를 두는 편입니다." 이야기를 듣자마자 무슨 말인지 바로 이해가 되었다. 개혁주의자라고 자처하는 이들 중에는 전투적으로 다른 사람들에 대해 비판적인 성향의 사람들이 있다. 또 우리 자신을 돌아보아도 개혁주의 신학의 탁월함과 통일성에 매료되어, 다른 신학과 우리와 다른 사람들에 대해 비판적일 때가 많은 것 같다. 그래서 개혁주의 안에서도 자성의 소리가 있을 때마다 자주 듣는 말이 바로 '따뜻한 개혁주의자가 되라'는 말이다.

왜 개혁주의자들은 따뜻하지 않고 공격적으로 보이는 것일까? 팀 켈러 목사는 그런 현상을 신학은 바르나 성품의 문제라고 진단하지 않는다. 개혁주의자가 따뜻하지 못하다면, 그것은 그의 신학의 기초부터 잘못된 것이라 말한다. 개혁주의는 그 자체로 따뜻함을 포함하고 있다는 것이다.

2018년, 팀 켈러 목사가 한국에서 목회자 콘퍼런스를 가졌다. 그곳에 참석했을 때 가장 크게 놀란 것은 세미나에 참석한 목회자들의 다양한 신학적 배경이었다. 많은 세미나를 참석하기도 하고 진행하기도 했지만, 이렇게 다양한 신학적 배경을 가진 사람들이 한 자리에 모인 것은 처음이었다. 세미나는 대개 개최하는 교단 또는 목회자의 성향과 비슷한 사람들이 오는 편이지, 전혀 다른 신학적 배경을 가진 사람들이 모이지는 않기 때문이다. 어떻게 개혁주의를 표방하는 목회자의 세미나에 다른 신학의 배경을 가진 사람들이 이렇게 많이 모일 수 있는 것일까?

그 이유는 팀 켈러의 전달 방식 때문이라 생각한다. 팀 켈러는 확실한 개혁주의자이지만, 그것을 전달하는 방식은 매우 겸손하다. 아마도 뉴욕에 있는 회의주의자들에게 복음을 전하면서 더욱 훈련된 것 같다. 포스트모던 시대에는 복음의 내용도 중요하지만, 복음의 전달 방식도 중요하다. 권위를 탈피하는 시대에 권위적으로 전달해서는 사람들의 마음을 얻지 못한다.

콘퍼런스 강사로 온 사람들 중에 팀 켈러에게 학생 때부터 가르침을 받았던 목회자가 있었다. 그에게 팀 켈러 목사의 특징을 물었더니 1초도 지체하지 않고 "겸손합니다"라고 대답했다. 30년 가까이 함께 있었던 사람의 증언이라 더 충격적이었다. 다른 많은 특징이 있을 텐데 '겸손'을 가장 먼저 이야기했다는 것은 그의 삶에 가장 두드러지는 특징이기 때문일 것이다. 겸손은 단순히 훈련을 통해 도달하는 영역이나 태어나면서부터 갖게 되는 성격이 아니다. 그것은 복음을 통해 열매 맺는 것이다.

복음은 겸손을 낳는다

팀 켈러는 복음을 말할 때, 인간이 행하는 무엇이 아니라 예수 그리스도가 인간을 위해 행하신 무엇이라 정의한다. 바로 그리스도 예수가 죄인을 구원하기 위해 자신을 대속물로 드린 그 은혜의 구원을 복음이라 말한다. 만약 인간이 행위로 구원을 얻었다면 다른 사람을 무시할 수도 있고, 자신의 잘남을 자랑할 수도 있을 것이다. 그러나 우리의 구원은 인간의 행위가 아닌, 오직 은혜로 인한 구원이다. 은혜로 구원을 얻은 사람은 자랑할 것이 없다. 또 믿지 않는 사람들 중에서도 우리보다 더 윤리적으로 뛰어난 사람이 있다는 것을 의미한다.

그래서 은혜의 구원을 경험한 사람은 자신의 죄인 됨에 대한 깊은 인식을 통해서 결국 다른 사람을 자신보다 낫게 여기는 삶으로 드러나게 된다. 결국 우리가 사람을 대하는 대인관계는 죄인 됨에 대한 인식의 바로미터라고 할 수 있다. 죄인 됨에 대한 깊은 자각이 있는 사람이 어떻게 다른 사람을 무시하고 공격할 수 있겠는가?

개혁주의 신학은 이러한 하나님의 절대 주권과 인간의 전적 타락을 기초로 하는 신학이다. 그렇다면 철저한 개혁주의자들이야말로 죄인 됨을 고백하며 다른 사람을 자신보다 낫게 여기는 겸손의 사람이라 할 수 있다. 그러나 그 복음이 잘못 인식되면 율법주의자로 변질된다.

그러면 자신은 도덕적 탁월함이 다른 사람보다 더 나은 존재라는 생각이 자리 잡게 된다.

은혜의 감격과 죄인 됨에 대한 철저한 자각을 상실한 개혁주의는 결국 예수님을 닮아 가는 것이 아니라 바리새인을 닮아 가게 된다. 《팀 켈러의 탕부 하나님》은 잘못된 복음의 예를 잘 설명해 준다. 이 책은 누가복음 15장을 기초로 한 설교다. 둘째 아들이 집을 나가서 탕자로 돌아왔을 때, 첫째 아들은 그를 받아 준 아버지에게 불만을 느끼며 "내가 여러 해 아버지를 섬겨 명을 어김이 없거늘"(눅 15:29)이라고 말한다. 자신이 열심히 율법을 지키며 도덕적으로 살았던 것을 강조하고 있다. 그가 열심히 한 만큼 어떤 보상이 있어야 한다고 생각한 것이다. 그러나 개혁주의 선행이란 하나님이 주신 은혜에 감격해서 그 반응으로 순종하는 것이다. 자신의 행위를 어떤 보상이나 우월함으로 생각하지 않는 것이다.

첫째 아들은 또 이렇게 말한다. "아버지의 살림을 창녀들과 함께 삼켜 버린 이 아들이"(눅 15:30). '이 아들'이라는 표현은 자신의 동생을 무시하는 것처럼 들린다. 자신은 더 의로운 존재라고 생각하기 때문에 배제를 통해 다른 사람을 무시하며 자신을 높인 것이다.

> 도덕주의자들은 자신을 의롭게 여기는 충동 속에서 다른 사람들보다 자신이 우월하다고 느끼며, 자신들의 문화를 최고의 것으로 우상시한다 … 다른 한편으론, 우리가 도덕적으로 누구보다 더 우월한 것은 아니라는 점을 깨닫는다. 우리는 오직 은혜로만 구원받기 때문이다

> … 죄와 은혜는 우리가 자랑할 것이 아무것도 없음을 깨닫게 한다.[39]

팀 켈러는 상대방을 정죄하고 무시하는 개혁주의자들이, 신학은 바른데 성품에서 문제가 조금 있는 것이라고 말하지 않는다. 성품을 조금 고친다고 균형 있는 사람이 되는 것이 아니라, 그의 신학의 기초가 은혜 위에 있지 않음을 그의 삶을 통해 드러내 주는 것이라 말한다.

겸손은 연합을 낳는다

이것은 구약의 유대인들이 가졌던 오류와 동일하다. 하나님은 은혜로 구원해 주셨지만, 그들은 그 구원을 특권으로 생각하고 이방인들을 무시했다. '나는 알고, 너는 모른다'라는 교만한 인식을 가졌기 때문이다.

우리는 세상의 빛으로 부름을 받았지만, 이 말이 우리가 세상보다 더 뛰어난 존재라는 말은 아니다. 개혁주의 신학은 다른 어떤 신학보다 통일성과 균형이 있는 신학이라 생각하지만, 그것이 다른 사람들보다 우월한 신학이라고 생각한다면 이는 복음과 은혜의 방식과는 거리가 먼 생각일 것이다.

팀 켈러는, 복음은 우리를 반드시 겸손하게 하고, 그 겸손은 다른 사람을 나보다 낫게 여기는 것으로 드러나며, 결국 사람과 사람 사이에 '연합'을 가져온다고 말한다. 개혁주의 신학은 탁월한 신학이지만, 크신 하나님의 전부를 다 이해하는 신학이라고는 말할 수 없을 것이다. 다른 신학이 개혁주의보다 부족한 부분들이 많을지라도, 그들과 연합하고 대화하며 배울 때 우리는 우리가 보지 못했던 더 크신 하나님에 대해 이해할 수 있을 것이다.

다르다고 협력하지 못하는 것은 아니다. 교회가 연합하는 범교회성을 부인하는 우월주의는 문화적 유연성과 겸손한 복음의 부재를 반영한다. 또 팀 켈러는 한 교회가 지역의 모든 것을 다 감당할 수 없다는 것을 깨닫고, 교단은 서로 달라도 그 지역을 섬기기 위해 연합할 것을 강조한다. 은혜의 복음이 겸손을, 그 겸손이 결국 연합을 낳는 것이다.

이제 '따뜻한 개혁주의자가 되자'라는 말보다 그냥 '개혁주의자가 되자'라고 말해야 할 것이다. 왜냐하면 따뜻한 개혁주의자가 되어야 하는 것이 아니라, 개혁주의자라면 반드시 따뜻하고 겸손한 사람이 되기 때문이다.

"당신은 (따뜻한) 개혁주의자인가?"

추천 도서 《운동에 참여하는 센터처치 3》[40]

《운동에 참여하는 센터처치 3》은 《팀 켈러의 센터처치》 3부, 운동에 해당하는 부분을 따로 묶은 책이다. 이전의 하나로 된 책과 다른 장점은 각 파트마다 논평자들의 논평과 팀 켈러의 답변이 들어 있다는 것이고, 아쉬운 점은 이전의 책에서 박스로 설명되어 있던 부분들이 다 생략되었다는 것이다. 그래도 다양한 논평자들의 논평과 팀 켈러의 답변을 들을 수 있다는 것은 많이 유익한 점이다.

이 책은 세 부분으로 되어 있다. 'Part 1 선교적 교회'는 missional church의 정의와 개념을 세워 준다. 선교적 교회라는 이름으로 다양한 책들이 나와 있기 때문에 missional이라는 정의가 각각 다르지만, 팀 켈러는 이전에 정의했던 선교적 교회의 문제점들을 제시하고, 또 선교적 교회의 여섯 가지 표지를 통해서 좀 더 균형 있는 선교적 교회의 모습을 드러내 준다. 선교적 교회는 반드시 우상과 맞서야 하고, 일상의 언어로 소통하며 상황화해야 하고, 삶의 모든 영역에서 선교를 수행하도록 사람들을 준비시키고, 반드시 공공의 선을 추구하는 반문화 공동체여야 하며, 비신자들의 질문과 구도자들의 교회 생활 및 그들이 사역 전반에 참여할 것을 기대하며 교회의 연합을 실천하는 것을 말한다. 또 단순히 이론을 제시하는 데서 끝나지 않고, 전 성도를 선교사로 만들어 가는 과정들을 구체적으로 언급하고 있다. 팀 켈러는 초대 교회의 모습처럼 온 성도들이 비공식적 선교사가 되어 복음적 삶을 그들의 삶의 터전에서 구현할 수 있도록 비전을 제시하고 그 방법들을 알려 주고 있다.

'Part 2 통합적 사역'은 선교적 교회가 되기 위한 방법으로서의 교회의 사역 방향을 설명하고 있다. 팀 켈러는 리디머교회의 다섯 가지 사역의 접점을 이야기한다. 첫째, 하나님과 연결하는 예배, 둘째, 사람과 연결하는 공동체, 셋째, 세상과 연결하는 정의와 자비 사역, 넷째, 세상의 문화와 연결하는 신앙과 직업의 통합 그리고 다섯째, 교회 개척 사역이 그것이다.

하나님과 연결하는 예배에서는 믿지 않는 사람과 믿는 사람들을 다 아우를 수 있는 예배와 설교에 대해 언급한다. 평소에 전도가 잘 이루어지는 교회가 되려면 설교를 들으면서 '믿지 않는 내 친구를 데리고 오면 좋겠다'라는 생각이 드는 설교를 해야 한다고 강조한다. 사람과 연결하는 공동체는 제자도를 배울 수 있는 가장 좋은 장이다. 오늘날 교회가 잃어버린 것이 공동체 속에서 성장하고 자라는 것이다. 세상과 연결하는 정의와 자비 사역은 모두 복음으로부터 흘러나오는 것임을 강조한다. 하나님과 바른 관계를 맺고 있기 때문에 하나님과 바른 관계를 맺지 않는 세상에 대해 아픔을 느끼며, 정의와 자비 사역을 통해 모든 영역에서 하나님 나라를 소원하고 꿈꾸게 되는 것이다. 단순히 구제가 아니라 정의라고 말한 이유는, 마땅히 돌려야 할 몫을 그에게 돌려주는 것이기 때문이다. 또 중요한 것은, 세상의 문화와의 관계로 직업과 신앙의 통합을 이야기하고 있다. 잘못된 직업관을 가지고 살아가는 많은 사람들에게 성경적인 원리를 통해서 복음이 일의 동기와 개념 그리고 일하는 방식에까지 영향을 미친다는 것을 알려 주고 있다.

통합적 사역은 결국 팀 켈러의 목회 철학이 어떻게 구현되는지를 보여 주는 모델이라 할 수 있다. 신학적 비전을 단순한 구호에 머물게 하지 않고 목회 속에서 실현시키는 과정이 바로 통합적 사역이다.

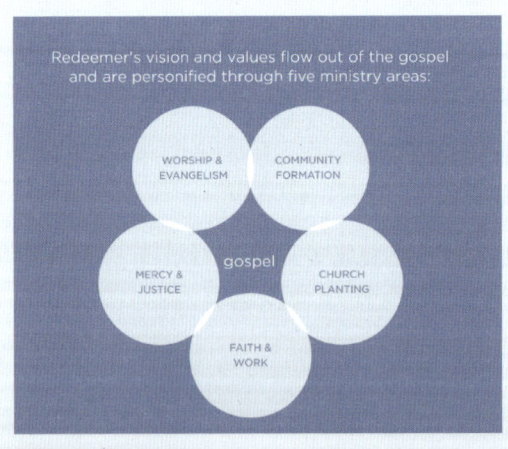

리디머교회 웹 사이트의 첫 페이지를 장식하는 그림이다. 다섯 가지 사역의 영역은 각각 따로 존재하는 영역이 아니라, 복음이 그 중심이 되어 사역으로 흘러 들어가고 있다. 팀 켈러는, "복음은 우리가 하는 모든 것들을 하나로 묶는다. 모든 형태의 사역은 복음에 의해 동기 부여가 되고, 복음에 기초해야 하며, 또한 복음의 결과여야 한다"[41]고 말했다. 결국 다섯 가지 사역은 복음을 통한 열매라고 할 수 있다. '어떤 사역을 할까?'라는 것이 고민의 시작이 되어서는 안 된다. 복음이 무엇인지를 깊이 묵상할 때, 그 복음은 자연스럽게 하나님과 사람과 세상과 문화에 영향을 미치게 된다.

Part 3은 '운동 역동성'을 설명하고 있다. 교회는 제도화되어야 함과 동시에 운동성을 가져 역동적이어야 한다. 제도화되지 않고 운동성만 있는 교회는 역동적이지만 오래 지속되거나 규모 있게 성장하지 못한다. 반면에 운동성이 사라진 제도화된 교회는 화석처럼 굳어져서 새로운 환경에 적응하지 못하는 변화 없는 교회가 될 것이다.

교회는 조직화된(organized) 유기체(organism)여야 한다. 오늘날 많은 교회들이 문화의 변화에 적응하지 못해 성장이 멈추어 있는 경우가 많다. 이런 교회들이 운동성을 가지려면 어떻게 해야 하는가? 팀 켈러는 교회 개척이 그 해답이라고 말한다. 교회가 부흥해서 개척을 하는 것이 아니다. 기존 100명의 교회가 50명씩 두 교회로 나누어서 개척을 하면, 개척한 교회는 새로운 운동성을 가질 것이고, 기존의 교회도 50명밖에 없기 때문에 이전과는 다른 역동성이 생긴다는 것이다. 결국 교회 개척은 단순히 개척된 교회뿐 아니라 모교회를 살리는 최선의 방법임을 이야기하고 있다. 그러나 한 교회의 개척뿐 아니라 지역을 섬기는 역동성 있는 운동이 되려면, 지역에 있는 모든 교회가 연합해서 지속적으로 교회를 개척할 때 지역에 변화를 일으키는 복음 생태계가 이루어진다고 말한다.

도시 속에 복음 생태계를 만들어 그 지역 전체를 변화시키는 하나님 나라 운동이 바로 복음 도시 운동이다. 이 일을 위해서는 먼저 복음으로 하나 된 교회들이 있어야 한다. 이들이 문화에 대한 바른 이해를 가지고 함께 연합할 때 복음 생태계는 가능해질 것이다. 자기가 속한 지역의 많은 교회들이 교파를 초월해서 복음으로 연합할 때 그리고 지역을 섬기며 개척 운동을 일으킬 때, 그 지역은 다시금 운동성 있는 부흥을 회복하게 될 것이다.

《운동에 참여하는 센터처치 3》은 《팀 켈러의 센터처치》의 결론에 해당하는 부분이다. 복음과 도시는 결국 이 연합된 복음 생태계를 위해 존재하는 것이라 할 수 있다. 이런 복음 도시 운동의 비전을 이 책을 통해 함께 나누고 기도하는 많은 공동체들이 생겨나서, 각 지역마다 복음 생태계가 만들어지는 역사가 일어났으면 좋겠다. 이 책은 목회 철학을 세우기를 원하는 많은 목회자들에게 길잡이가 되어 줄 것이다.

복음 도시 운동이 일어나면
그 도시의 인구 성장률보다 그리스도인의 비율이 더 빠르게 상승한다.
이것을 운동이라고 부르는 이유는, 하나의 교회가 아니라
여러 교단과 네트워크의 경계를 뛰어넘는 에너지로 이루어지기 때문이다.

'복음 도시 운동'에 대한 가장 올바른 이해는 기성 교회들이 갱신되어 교회 사역의 최종적인 타깃으로 개척 교회를 세우는 것이다. 건강한 교회 개척은 건강한 복음 운동을 촉발할 수 있기 때문이다.

6. 교회 개척

/ 박두진 목사

《팀 켈러의 센터처치》의 핵심은 '복음 도시 운동'이다. 그리고 팀 켈러의 사역의 백미는 '교회 개척'이다. 그것을 위해 복음에 대한 바른 이해, 도시 문화에 대한 새로운 인식 그리고 선교적 교회에 대한 필요성을 말하고 있다. 이 책은 단지 목회자들이 교회를 성장시키고, 설교를 잘하게 되고, 오늘 시대에 뒤떨어지지 않는 교회를 만들어 가는 매뉴얼은 아니다. 이 책의 진정한 목적은 도시 부흥을 일으키기 위한 '복음 생태계'를 세우는 것이다. 그리고 '복음 도시 운동'에 대한 가장 올바른 이해는 기성 교회들이 갱신되어 교회 사역의 최종적인 타깃으로 개척 교회를 세우는 것이다. 건강한 교회 개척은 건강한 복음 운동을 촉발할 수 있기 때문이다.

의아해하는 사람들이 있을 수 있다고 생각된다. '수많은 교회가 이미 존재함에도 불구하고 왜 도시에 또 교회를 만들어야 하나요?' 대부분의 사람들은 교회를 개척하는 것에 대해 부담을 느끼거나, 기성 교회를 섬기는 것이 훨씬 안전하다고 생각한다. 교회 개척은 막다른 길에 놓인 목회자들이 하는 것 정도로 치부하기도 한다. 하지만 팀 켈러는 이렇게 말한다.

> 연구와 경험의 결과로 보면 1만 명당 하나의 교회가 있을 때 인구의 약 1퍼센트가 교회에 간다. 반면 1천 명당 하나의 비율로 있으면, 도시 인구의 15-20퍼센트가 교회에 간다. 만일 이 숫자가 5백 명당 하나로 바뀐다면, 40퍼센트 또는 그 이상으로 올라갈 것이다.[1]

그의 통계는 눈이 휘둥그레지게 만든다. 하나님 나라 운동을 위해 교회를 개척하는 것만큼 비그리스도인을 변화시키는 데 결정적인 효과를 일으키는 것은 없다. 문제는 너무나 많은 교회와 목회자들이 교회를 왜 개척해야 하는지에 대한 마인드를 놓치고 있다는 데 있다. 교회 개척은 뜻있는 몇몇 교회만 하는 어메이징한 소식, 또는 기성 교회와의 갈등을 겪고 난 후에 모인 몇몇 성도들과 시작해야 하는 웃픈 상황에서 오는 현상, 때로는 막연한 진로 때문에 결정되는 것으로 여겨지곤 한다. 그러나 교회 개척은 도시의 부흥을 위해 필수적이며, 기성 교회의 갱신과 맞물려서 일어나야 하는 복음 운동이다. 팀 켈러는 《팀 켈러의 센터처치》 '운동' 파트에 이것을 잘 피력해 놓았다.

중요한 사실은, 교회를 개척하기 위한 '신학적 비전'이 제대로 서 있어야 한다는 점이다. 그렇지 않다면 목회자나 회중들은 처음부터 갈등을 겪을 가능성이 높다.

팀 켈러는 1989년 4월 첫 주에 개척 예배로 시작했다. 특이한 점은 첫 예배를 '예배'라 부르지 않고, '뉴욕에 새로운 교회를 시작하는 것을 고민하는 사람들이 서로 알아 가고 가르침을 제공하는 시간'이라고 불렀다. 첫 예배에 85명이 참석했고, 매주 50-60명이 모였다. 그리고 9월 무렵에는 100명이 참석하기 시작했다. 더욱이 많은 비그리스도인들이 친구들의 초대를 받아 참석하는 놀라운 일들이 일어났다. 오전에는 고전적인 음악을 바탕으로 한 예식을 갖춘 예배로, 저녁에는 현대적 예식으로 진행했다. 1990년 1월이 되었을 때 예배 평균 참석 인원은 200명을 넘어섰고, 그해 7-8월에는 400명에 육박했다. 지금은 6천 명의 교회로 성장했고, 네 곳의 독립된 예배 처소로 분립 개척해 각각의 담임 목사를 세워서 예배하고 있다. 현재 팀 켈러는 은퇴했고, 지금은 도시에 교회를 개척하는 사역에 집중하고 있다.

어떻게 그는 교회 개척에 성공적인 안착을 할 수 있었을까? 여러 가지 이유가 있을 수 있다. 그의 설교, 인품, 리더십을 인정하지 않을 수 없다. 그러나 가장 큰 것은, 교회를 세우는 신학적 비전의 탁월함에 있다. 그는 뉴욕의 문화를 연구했다. 그곳에 어떤 사람들이 살고 있고, 그들이 어떤 의식 구조를 가지고 있으며, 그들을 향해 어떻게 설교해야 할지를 고민했다. 그는 끊임없이 비그리스도인들을 만나 그들의 고민을 듣고 그들을 이해한 후 사역에 적용했다. 교회를 어떤 신학적 바탕에서 세워야 할지를 고뇌했다.

리디머교회를 세운 팀 켈러의 비전은 무엇인가? 맨해튼의 전문직 종사자들이 그리스도를 위해 그들이 알고 있는 사람을 전도하고, 뉴욕 시를 변화시켜 가는 것이었다. 그는 교회를 세울 때 세 가지 선언문을 만들었는데, 1) 그들 자신만을 위한 교회가 아닌 아직 그리스도를 믿지 않는 친구들을 위한 교회, 2) 교인들만을 위한 사역이 아닌 도시 전체의 평화와 유익을 위한 사역, 3) 일반적인 개별 교회가 아닌 모든 교회를 섬기고 새로운 교회를 개척하는 복음 운동을 꿈꾸었다.

이 선언문은 리디머교회가 가진 초창기 핵심 가치 위에 세워진 것이다. 이들의 핵심 가치는 네 가지였다. 첫째, 복음은 모든 것을 변화시킨다. 율법주의와 값싼 은혜를 지양한다. 둘째, 성경은 하나님의 말씀이며 언약이며 인격이고, 단순한 윤리 책이나 문학 작품이 아니다. 셋째, 도시는 하나님이 사랑하는 곳이기 때문에 도시를 거부하고 멀리하는 삶을 지양하고, 도시를 사랑하며 하나님 나라가 자라도록 해야 한다. 넷째, 교회는 지역을 품고, 다른 교회에 책임을 다하며, 교회와 지역은 연결되어야 한다.[2] 이것은 단순히 교회를 확장하기 위한 목표가 아니라, 도시에 선한 복음의 영향력을 미치기 위해서였다. 그리고 이것은 뉴욕의 복음화율이 상승하는 결과로 실현되어 가고 있으며, 뉴욕뿐 아니라 전 세계적인 교회 개척 운동을 일으키고 있다. 이처럼 어떤 신학적 비전을 가지고 있느냐는 교회의 사역 방향과 미래를 바꿀 뿐만 아니라, 도시의 문화와 운명까지 변화시킬 수 있다.

특별히 개척 교회를 꿈꾸며 도시의 부흥을 염원하고 있다면, 신학적 비전이 무엇인지를 생각해야 한다. 나도 팀 켈러의 도시 부흥을 위한 교회 개척 운동에 참여해서 교회를 개척한 지 4년째가 되었다. 여러 고비가 찾아왔고 난감한 상황을 겪었지만, 그때마다 산을 넘어갈 수 있었던 것은 '신학적 비전'에 있었다. 우리 교회는 성도만을 위한 교회가 아닌 비그리스도인을 품는 교회, 교회의 양적 성장만을 목표로 하는 것이 아닌 도시의 성장과 번영을 향한 교회 그리고 개교회보다 하나님 나라 운동의 관점으로 사역하는 교회를 꿈꾸고 있다. 비전은 결코 잠자게 만들지 않는다. 목사를 깨우고, 성도들을 깨우며, 교회를 깨운다. 잠자는 거인들이 일어나서 이런 신학적 비전에 동참하기를 꿈꾸어 본다.

그렇다면 우리는 구체적으로 어떤 신학적 토대를 가져야 할 것인가?

교회는 선교적 공동체다

1. 선교적 교회 운동의 흐름

선교적이라는 것은 무엇인가? 여러 정의와 여러 인물들의 의견이 제시되었지만, 팀 켈러에 의하면 하나님이 선교사이시며, 교회는 그분의 일하심에 참여(Missio Dei)하는 것이라는 관점이라고 할 수 있다.[3]

오늘날 기독교의 위상이 추락하고 있다. 사람들은 종교에 관심을 잃어 가고 있다. 그 이유가 무엇인가? 팀 켈러는 로스 다우섯의 《나쁜 종교》[4]라는 책을 통해 그 이유를 진단한다. 로스 다우섯은 미국 안에서 기독교가 영향력을 잃은 이유를 다섯 가지로 설명한다.

1. 좌파와 우파 사이의 정치적 양극화. 여기에 많은 교회가 편승했다

(기성 개신교들은 좌파로, 복음주의 교회들은 우파로). 그 결과 신뢰도를 잃었다.

2. 피임약의 개발과 그로 인해 가속화된 성의 혁명.
3. 국제화의 도래와 기독교가 곧 서양 제국주의라는 인상.
4. 물질적 번영의 막대한 성장(이는 언제나 신앙에는 방해가 된다).
5. 엘리트 그룹과 학문적 문화적 제도 기구들의 상실.[5]

팀 켈러는 이러한 이유를 들어 교회가 세상 속에서 더욱 선교적이어야 함을 강조하고 있다. 이것은 오늘날 한국 교회가 왜 어려움을 겪고 있는지를 현실적으로 보게 해 준다. 한국 교회는 너무나 많은 혼돈 속에서 신음하고 있다. 이런 와중에 선교적 교회에 대한 바른 재이해와 적용이 필요해 보인다.

교회에 대해 선교적이라는 언어가 사용되고 필요한 이유가 무엇인가? 교회가 문화에 종속된 나머지 그 역할을 너무나 많이 잃어버렸기 때문이다. 레슬리 뉴비긴은 자신을 파송한 영국 교회의 몰락을 눈으로 보면서 세상을 거스르는 반문화적인 변증적 시도를 주장했다. 그는 직업과 신앙을 통합하고, 세상 속에 들어가 세상을 변화시킬 수 있도록 교회가 성도를 양육하며(그는 변혁주의적이기도 하다), 바른 복음을 가르치고 반문화적인 교회 공동체를 세워야 한다고 말했다. 또한 데이비드 보쉬는 교회가 복음을 선포하고, 가난한 사람을 위한 정의의 문제를 해결해야 한다고 강조했다.[6]

하지만 팀 켈러는 선교적이라고 할 때, 중세 기독교 국가처럼 기독교 사회를 재창조하려고 하거나, 근대 합리주의 영향 아래에서 교회가 '영적 영역'에만 머무르는 오류를 피해야 한다고 주장한다.[7] 그 이유는, 합리주의는 실증을 강조한 나머지 종교와 학문을 적대적 위치에 서게 만들었으며, 기독교의 절대성을 주장하지 못하게 만들었기 때문이다.[8] 덕분에 기독교는 세상이 하나님과 상관없이 만들어졌다는 사람들의 정서를 바꾸기 위해 더욱 영적인 것을 강조했다(경건주의). 이런 모습은 결국 팀 켈러의 말처럼 교회에 위기를 불러오게 되었고, 이것을 새롭게 하는 선교적 교회가 필요하게 된 것이다.

오늘날 예배자들의 심각한 문제는 자신을 그리스도의 몸으로 인식하지 못하는 데서 온다고 생각된다. 교회는 잠시 와서 예배를 드리는 곳일 뿐이다. 문제는 이러한 태도가 대형 마트에서 필요한 물건을 사고 돌아가는 소비자처럼 보인다는 점이다. 예배는 하나님의 영광을 향하기보다 자기만족을 위한 예배(소매품)로 변질되어 버렸다.

더욱이 더 나은 삶(better life)을 살 수 있도록 가르쳐 주는 강단은 다른 종교와 차별이 있어 보이지 않는다. 교회는 성도들의 자아실현을 위한 훈련장이며, 성공을 꿈꾸는 헬스장처럼 변질되어 가는 주식의 하락장으로 볼 수 있다. 한편으로 자유주의 신학에 경도되어 무조건 사회 해방만을 생각하는 신학적인 문제도 적절성에 오류가 있어 보인다.

결국 팀 켈러의 말처럼, 교회는 이런 질문 앞에 서야 하는 때가 되었다. 1) 얼마나 대조적인 공동체로서 교회를 세워 가고 있는가? 2) 메시지를 얼마나 청중의 현실에 와닿게 전달하고 있는가? 3) 건물이 아닌 정의를 얼마나 높게 실현하고 있는가? 이런 질문이 호소력이 있는 이유는, 세상 속에 사는 이들에게 기독교는 더 이상 우호적인 대상이 아니기 때문이다.

실제로 한국 교회는 청년이 사라졌고, 청소년이 줄어들고 있으며, 어린이 교육부서가 없는 교회들이 늘고 있다. 가나안 성도라 하는 100만 명 중 90퍼센트가 신앙을 유지하고 싶어 하지만, 그리스도에 대해 관심 없는 사람이 73퍼센트라고 한다. 기독교는 그들에게 신앙이라기보다는 이미 종교로 전락한 지 오래된 것이다. 그럼 해결책은 무엇인가? 팀 켈러의 말처럼, 이런 회의주의자들을 향한 선교적인 교회는 시대의 요청이며, 교회는 결단만이 남아 있는 상태라고 할 수 있다.

그렇다면 선교적인 교회는 어떤 것인가? 크레이그 밴 겔더는 전도적이 되어야 하고, 성육신적이 되어야 하며, 상황화되어야 하고, 상호적이며 공동체적이어야 함을 주장한다.[9] 다시 말해서, 비그리스도인이 볼 때 매력적인 곳이어야 한다. 문제는 오늘날 교회의 초점이 선교를 주장하면서 선교의 진정성과는 거리가 멀어져 있다는 점이다. 특별히 교회는 성도들의 개인적인 필요를 만족시키는 데 집중하고 있다. 이러한 모습은 알렌 록스버그의 말처럼, 자연스럽게 교회는 예배에 사람을 오게 만들기 위한 방식으로 교회 성장 운동을 하게 되는 결과를 가져왔다.[10] 그러다 보니 교회는 세상을 향해 하나님이 원하시는 것이 무엇인지를 잊어버렸다. 실제로 오늘날의 교회는 지역 사회와 관련이 거의 없어 보인다. 이것은 반드시 해결되어야 할 문제다.

2016년 기준으로 한국의 1일 평균 자살 사망자 수는 35.8명이다. 특별히 청소년 자살률은 청소년 자연 사고와 질병을 합친 수보다 많다.

그만큼 사회가 어둡고, 지역마다 아파하고 있다. 세상 속에 보내진 교회는 과연 어디에 위치하고 있는가? 우리 교회들은 어떻게 지역 속에 몸담고 참여하고 있는가? 문제는 많은 이들이 문화에 대해 각기 다른 생각을 가지고 있기 때문에, 우리가 사는 도시는 교회보다 소중하지 않은 곳이기도 하고, 무관심하게 버려지거나 적대적으로 바라보아야 할 곳이기도 하다. 그러나 과연 우리가 사는 도시는 그러한 곳인가? 그렇지 않다. 도시는 교회가 보냄을 받은 사명지다. 선교적인 교회는 도시와 교회를 이분법으로 나누지 않는다. 교회는 성장 중심주의나 개인의 성공을 채워 주는 곳이 아니라, 도시를 사랑하며 섬기고, 도시의 번영과 지역 주민을 위해 기도하는 곳이 되어야 한다.

물론 이런 도시 비전을 처음부터 분명히 가진 채 교회 개척을 하기는 어렵다. 그러나 교회의 부르심을 선교적으로 생각하면 창의적인 접근 방법이 나올 것이라 생각한다. 우리 교회의 경우, 처음에는 지역을 돕는 선교적 교회가 되기 위해 기도만 하던 때가 있었다. 마침 그때 지역 안에 사회적 약자를 돕는 행사가 생겨났다. 교인들이 적극적으로 도와준 덕분에 두 번을 참여했고, 소정의 금액으로 도우며 지역민들과 인사하는 계기를 갖게 되었다. 그리고 교회에 헌물로 들어온 계란 800판을 지역 소상공인 사업장에 한 곳씩 돌아가며 선물하고 교류했을 때 지역 속에서 외톨이 같은 교회가 아닌, 지역을 품는 교회로 발돋움하는 계기가 되었다. 교회 홈페이지도 교회를 소개하는 것이 아니라 지역을 소개하면서 비그리스도인을 위한 페이지를 만들고 있다. 지역은 교회가 성장해야 할 장소가 아니라, 하나님 나라 관점에서 사랑하고 살리는 선교적 접근이 필요하기 때문이다. 이러한 선교적 접근이 복음을 배제하는 것은 결코 아니다. 복음 때문에, 더 사랑하기 때문에 시도할 수 있는 선택이다. 감사한 것은 우리 교회 성도들이 교회가 도시를 사랑하는 모습을 새롭게 생각하면서 아름다운 지역 사회를 꿈꾸는 결과를 가져오고 있다는 점이다.

2. 선교 중심 교회로 발돋움하라

선교적 교회라고 할 때 놓치지 말아야 할 의제(agenda)는 문화다. 팀 켈러는 문화에 대한 상황화를 항상 중시하고 있다. 지리적으로 가까운 일본은 놀랍게도 죄라는 개념이 별로 없다. 그리고 하나님을 의미하는 글자도 귀신 '신'(神)자를 쓴다. 하나님이라는 개념이 희박하다. 반면 한국에는 하늘이라는 개념이 있고, 하늘을 숭배했다. 이처럼 문화는 각기 다를 수밖에 없다. 그래서 복음을 전한다는 것은 전도의 차원뿐만 아니라 문화를 넘어가는 배려가 필요한 것이다. 일본에 가서 '죄를 회개하라'고 외치는 것은 그들에게 전혀 와닿지 않는 방법이다. 도리어 일본인들의 문화 속에 깊이 배어 있는 '외로움'을 이해한 후 '친구가 되는 것'이 더 좋은 접근이 될 수 있다. 그러므로 선교적 교회는 얼마나 문화의 차이와 비그리스도인의 문화를 잘 이해하고 있는가에 포인트가 있다. 팀 켈러의 말처럼, '이웃은 확대된 새로운 가족'이기 때문이다. 지역과 사회의 문화를 얼마나 이해하고 있으며, 그들의 필요를 어떻게 섬기는지가 관건이라고 할 수 있다. 문제는 '문화에 접근하는 복음'에 대한 바른 이해가 필요하다는 점이다.

팀 켈러는 '효과 없는 복음 제시'에 대해 이야기한다.[11] 그는 이것을 '이상한 복음'(alien gospel)과 '하나님 나라 복음'(kingdom gospel)으로 나누어 설명한다.

A. 이상한 복음	결과	공통점
죄가 얇음. 단순히 규칙을 어김. 우상 숭배를 모름.	은혜와 공로의 차이점을 모르게 됨.	
죄의 파괴성을 전달하지 않음.	나쁜 삶에서 나은 삶을 살게 되었음.	내가 올바로 살 때 나는 용납받는다.
B. 하나님 나라 복음	결과	
십자가 언급이 없음.	용기와 사랑의 모델 예수님.	
죄 용서와 능력을 받으려면 온 삶을 다해 그를 따라야 함.	방향만 알려 주고 그 안에 살도록 초청하지 않음.	

팀 켈러는 이 양쪽 복음의 문제점에 대해서 이렇게 말한다.

> 둘 다 예수님이 당신의 죄를 위해 죽었다고 말하지 않는다. 당신이 용서를 받아야 한다고 말하지 않는다. 지금까지는 그래도 괜찮다. 그러나 두 메시지는 죄의 모욕성, 깊이, 파괴성을 제시하지 못한다. 그러므로 복음의 검의 '날카로움'을 놓친다. 은혜와 공로 사이의 차이점 즉, 당신의 구주이신 예수님을 가슴에 안는 것과 단지 당신의 구주가 되도록 그분을 이용하는 것 사이의 차이점을 놓친다.[12]

다시 말해서, 선교적 교회라고 할 때 복음에 대한 분명한 정체성을 가지지 못한다면 문화 속에 제대로 복음을 세울 수 없다는 것이다.

이상한 복음과 하나님 나라 복음의 양쪽 입장은 어떻게 보면 그 차이를 정확히 인식하는 것조차 어려울 수 있다. 실제로 많은 목회자들과 성도들이 이상한 복음과 하나님 나라 복음을 왔다 갔다 하고 있다. 나 역시도 그랬다. 팀 켈러를 통해 신학적 비전을 가지고 복음 중심으로 교회를 개척하고 나서 찾아온 문제는 이것이었다. 성도들에게 복음을 분명하게 전했을 때 두 가지 명확한 반응이 찾아왔는데, 첫째는, 하나님 나라 복음과 이상한 복음이 가진 '자기 의'와 진짜 복음이 정면충돌한다는 것이었고, 둘째는, 위의 두 가지 복음이 훨씬 전하기 편한 진짜 복음 같다는 것이었다. 설교할 때 편한 것은 잘못된 것일 수 있다. 그러므로 복음은 항상 오직 은혜이며, 인간의 공로로는 전혀 될 수 없음을 전해야 한다.

놀라운 사실은 한 개인이 하나님의 은혜가 필요한 죄인임을 깨달으면 깨달을수록 은혜의 크기가 더욱 풍성해진다는 점이다. 그래서 복음은 끊임없이 반복되어야 한다. 팀 켈러의 말처럼, 사람의 변화는 예수님의 은혜를 전율하며 느낄 때 찾아온다. 다시 말해서, 복음은 죄와 십자가의 온전한 대조를 통해 은혜의 풍성함이 지속적으로 전달됨으로써 온전해지는 것이다. 분명한 사실은 죄로 인한 인간의 무능에 초점을 맞추지 않은 선교적 교회는 이상한 복음으로 가게 된다는 점이다.

D. A. 카슨은 문화에 사로잡힌 세상 속에서 대조 공동체, 설교의 맥락화, 교회 성장과 정의 구현을 강조하는 레슬리 뉴비긴과 데이비

드 보쉬의 문제를 이렇게 지적한다. "그러나 가장 놀라운 것은 (그들의 주장에는) 하나님의 진노에 대한 언급 자체가 전적으로 부재한 것이다."[13] 다시 말해서, 죄로 인해 사람이 얼마나 하나님의 뜻을 실현할 수 없게 된 존재인지를 부각하지 못한 채 선교에만 힘을 쏟는 것은 위험하다는 뜻이다.

이 문제를 지적하는 이유는, 죄의 맥락을 무시할 때 하나님을 하나님 되게 하지 못하게 만드는 결과를 가져오기 때문이다. 인간의 무능을 외면한 채 하나님 나라의 발전 이야기만 하는 것은 예수 그리스도의 십자가 복음이 주는 은혜의 감격을 떨어뜨린다. 죄인이 성공할 수 있는데 왜 은혜가 필요하겠는가? 복음의 필요성은 현저하게 약화되어 버린다. 선교적 교회에서 죄와 십자가가 빠지면 복음은 우스꽝스러워지고 마는 것이다. 그러므로 복음은 윌리엄 챔버스가 말한 것처럼 '수술'이다. 복음은 죄를 제거하고 나음의 은혜를 경험하는 것이다.

이상한 복음과 하나님 나라 복음, 이 양쪽의 입장은 결국 자신의 의로움으로 기뻐하고 그리스도의 은혜에 무감각할 뿐 아니라, 현대 사회를 향해 밀고 들어오는 강력한 문화 영향력을 분별해 내기 어렵게 만든다는 맹점이 있다. 특별히 이 시대는 유발 하라리의《사피엔스》에서 말하는 것처럼 과학을 맹신하고, 지금보다 나은 삶이 가능하고 행복을 줄 것처럼 말하고 있다. 그런 면에서 레슬리 뉴비긴이 주장한 '대조 공동체'로서의 교회는 주목받아야 한다.[14]

팀 켈러는 이런 문화에 대해 복음적으로 접근할 것을 요청한다. 그는 문화 속에 잘못된 우상이 있으며, 후기 기독교 사회에 사는 사람들에게 복음이 제대로 전달되지 않았음을 인정할 것을 요청한다. 또한 모든 신자는 제사장이기 때문에 관계와 도시와 직업을 통해 온전한 복음을 전달하고, 사회를 섬기는 공동체로서의 교회는 반문화적 모습으로 나아가야 한다고 말한다. 물론 여기서 그가 강조하는 반문화는 구별이지 분리는 아니라는 것이다. 그래서 기독교가 대조 공동체를 세우기 위해서는 비신자들을 차별하지 않고, 교회가 있는 지역 안에서 서로 간에 연합하고 지역을 위한 일들을 시도해야 하는 것이다.[15] 하비 콘의 말처럼, 도시는 변화시켜야 하는 곳이지 도시에 대해서 적대적이 되거나, 해방만을 생각하거나, 도시를 이용만 하거나, 순례자처럼 이원론으로 사는 것은 바람직하지 않기 때문이다.

3. 모든 사람을 선교사로 세우라

팀 켈러에게 있어 선교적 교회를 세우는 중요 지점은 평신도를 제자로 세우는 것이다. 사실 평신도가 중요함을 모르는 사람은 없을 것이다. 하지만 선교적으로 어떻게 사는 것이 진정한 평신도의 삶인지에 대해서는 구체적인 입장을 들어 본 사람들이 많지 않을 것이다. 특별히 한국 사회에서 기독교에 대한 이해는 갈수록 배타성을 띠고 있다. 교회 근처로 전도하러 나갈 때마다 느끼는 것은 '교회에 대한 반감'이다. 예전에는 '왜 기독교만 진리라고 합니까?'라는 질문이 많았다면, 지금은 '교회 자체의 필요성'을 의심받는다. 이런 사회의식 속에서 많은 그리스도인들은 자신이 그리스도인이라는 점을 드러내지 못하고 은둔하는 경향이 강해지고 있다.

팀 켈러는 이런 현대 사회의 눈길 앞에서 초대 교회에서 발견하는 평신도들의 모습을 강조한다. 그는 마이클 그린의 《초대교회의 전도》[16]에서 '비공식적인 선교사'들의 활동을 주목한다.[17] 비록 그들은 훈련받은 메신저와 전도자가 아님에도 불구하고, 자신의 집을 열어 비그리스도인들과의 일상의 대화를 통해 효과적으로 복음을 전했다는 점이다. 이것은 강단에서 일방적인 선포가 일어나는 오늘날의 교회와는 다른 도전을 준다. 그들의 대화는 양방향적인 것이었을 것이고, 한 집안의 가장이 변화되는 사건 또는 친구들이 전도되는 사건 등을 통해 복음은 점차적으로 확장되었을 것이다. 팀 켈러는 이것을 '전교인 복음 사역'(every-member gospel ministry)이라고 말한다.[18] 초대 교회는 핍박을 받았지만 은둔하지는 않았던 것이다.

만약 '전교인 복음 사역'을 오늘에 끌어온다면 어떤 결과가 올 것인가? 비그리스도인들에게 보다 효과적인 복음 사역을 할 수 있게 될 것이라고 생각한다. 특별히 리디머교회는 교인의 세례식을 비그리스도인 친구들을 초대해서 보여 주며 그들의 간증을 들려주는 형태를 통해 비그리스도인들이 교회에 다닐 수 있는 길을 만들어 주고 있다. 이처럼 복음 접촉점은 사실상 멀리 있지 않다. 우리는 일상에서 기회를 발견하고 연결할 수 있다. 문제는 일상에서 발견할 수 있는 것들을 교회가 얼마나 시도하느냐에 달려 있다. 팀 켈러는 한 교회에서 20-25퍼센트의 성도가 이러한 '전교인 복음 사역'에 참여한다면 교회는 강력한 역동성을 소유할 수 있다고 말한다.[19] 더불어 이런 일꾼들이 세워지기까지 기다릴 수 있어야 할 것이다.

교회를 개척하면서 가장 힘든 것은 비그리스도인들이 교회 안에 들어와 일꾼이 되어 가는 시간을 얼마나 인내할 수 있는가였다. '전교인 복음 사역'을 꿈꾸지만 사람은 단 번에 변화되지 않았고, 조급함은 늘 위기를 불러왔다. 내가 문제의 중심에 놓이기도 했다. 깨달은 것은, 사람은 내가 변화시키는 것이 아니라는 점이다. 일꾼도 하나님이 보내신다는 점이다. 목회자가 할 수 있는 최선은 성도를 사랑하는 것이고, 성도를 예배자로, 전도자로 세우기 이전에 목회자가 먼저 온전한 예배자의 일원 및 전도자가 되어야 한다는 것이었다. 조급함으로 쫓기기보다 카이로스의 은혜의 시간이 오기까지 크로노스의 일반적인 시간을 묵묵히 견뎌 내야 하는 것이었다. 그리고 때가 되었을 때, 하나님은 성도들을 일꾼으로 자라나게 만들어 주셨다.

팀 켈러가 제시하는 문화 토양 아래 선교적 교회가 되는 데 있어서 또 하나의 강조점은 상황화다. 이것은 그리스도인이 비그리스도인의 삶을 이해하고 참여하는 영역이다. 고린도후서 3장 1-13절에 나오는 것처럼, 우리는 '그리스도의 편지'다. 그리스도인은 비그리스도인을 하나님이 사랑하시는 자녀로 보기보다 차별하는 종교의 마음을 가지기 쉽다. 하지만 선교의 핵심 키워드는 '참여'다. 그리스도인은 비그리스도인의 삶에 참여하고 그들보다 탁월하게 일해야 한다. 그들과 같은 언어와 문화, 공동 영역에서의 활동이 필요하다. 성품에 있어서는 그들보다 더 따뜻하고 양심적이고 투명하고 공정해야 한다.[20] 물질 사용에 있어서도 이웃의 아픔에 참여할 수 있는 자리로 가야 한다.

어떻게 보면 상당히 낯설면서도 우리가 놓치고 살았던 부분이라고 할 수 있다. 그 이유는, 우리의 신앙생활이 세상 속에서 단편적이었기 때문이다. 세상 속에 연장할 수 있는 방안을 제대로 배우지 못했기 때문이다. 어떻게 보면 우리는 일방적인 방식으로 설교를 듣고, 복음도 일방적으로 선포하며, 이웃을 향해 다가갈 때도 그들을 불신자라는 일방적인 시선으로 바라본다. 이해하고 사랑하고 다가가는 '상황화'에서는 실패하고 있었던 것이다.

상황화의 실패는 교회 안으로 문제를 재생산하기 시작한다. 복음 전도를 하는 사람은 비그리스도인에게 거만해지기 쉽고, 전도를 하지 못하는 사람은 비그리스도인에게서 도망 다니기 쉽다. 교회 안에 있는 사람들은 교회를 다니지 않는 사람들이 어떻게 사는지, 무슨 생각을 하는지 알지 못한 채 성과 속을 구분하며 딴 세상을 살아간다. 이것이 오늘날 한국 교회의 크나큰 아픔이라고 생각한다.

하지만 알렌 크레이더의 말처럼, 기독교는 상당히 매력적이었다. 초대 교회는 강단도, 교회당도, 위원회도, 전도법도 없었다. 존중받지 못하고, 차별당하며, 죽임을 당했다. 그들은 철저히 '없음'에 속했다. 하지만 이방인들은 그들을 '있음'으로 보았다. 무엇인가 달랐고, 그들의 삶에 참여하게 만드는 특별한 '매력'이 존재했다. 그래서 초대 교회는 계속 10년마다 40퍼센트의 속도로 300년 동안 성장하게 되었다.[21]

그러므로 선교적 교회라 한다면, 우리가 사는 '도시 환경'을 이해해야 하고, 양육이 있어야 한다. 비그리스도인들을 어떻게 격려할지, 그들을 위해 어떻게 기도할지, 어떻게 그들에게 손을 내밀지, 자신을 어떻게 보여 주고 의도적인 만남을 시도할지, 공동체에 어떻게 데려오고, 자신에게 일어났던 믿음 사건을 어떻게 마음을 열고 나눌지를 깨닫게 해 주어야 한다. 그리고 이런 전도 사건이 일어나도록 다양한 소그룹을 준비하고 참여할 수 있도록 해 주어야 한다.

리디머교회를 다녀온 사람들이 하는 한결같은 말이 있다. 나에게는 이것이 아주 중요하게 들렸다. 초신자들이 리디머교회에 왔을 때 그들은 어색해하지 않았다는 것이다. 리디머교회는 그들에게 너무나도 자연스럽고 따뜻함을 느낄 수 있는 그런 교회였기 때문이다. 선교적 교회는 이렇게 신학적 비전을 통한 바른 복음과 상황화를 통해 비그리도인의 삶에 참여하도록 도와주어야 한다. 그렇게 된다면 교회는 반드시 도시에 복음의 영향력을 미치게 될 것이다.

모든 사역을 통합하라

1. 어느 하나의 사역에 치우치지 말라

오늘날 사람들은 더욱 정치적이 되어 있다. 교회를 향해서도 우파인지 좌파인지를 따져 본다. 대부분의 그리스도인들이 우리 교회는 어느 쪽에 가깝다고 말할지도 모른다. 그러나 복음적 교회는 양자를 통합해야 한다. 복음은 회심을 강조할 뿐 아니라 사회를 새롭게 만들기 때문이다(죄의 문제를 해결할 뿐 아니라, 사회 속에 숨은 우상과 가치에 도전해야 한다). 그래서 《팀 켈러의 센터처치》를 읽을 때 놓치지 말아야 할 것이 '균형과 통합'이다.

그런데 문제는 개교회마다 각기 비전을 가지고 있지만, 복음적인 입장에서 균형과 통합이 분명하지 않다는 점이다. 무엇인가에 올인하고 달려가고 있다면 그 방식이 도시에 맞는 방법인지, 문화적인 특징에 일치하는지를 생각해 보아야 한다. 왜냐하면 에드먼드 클라우니가 지적한 것처럼, 대부분의 교회는 파편적이기 때문이다. 성경은 교회를 다양하게 말하고 있지만, 교회를 세우는 사람들은 교회를 몇 가지로 제한해 버린다. 1) 제도로서의 교회로 교리, 신학 등을 강조하거나, 2) 신비적 공동체로서의 교회로 유기성을 강조하거나, 3) 성례로서의 교회로 공동체적 예배를 강조하거나, 4) 전달자로서의 교회로 전도와 설교를 강조하거나, 5) 종으로서의 교회로 사회 정의를 강조하는 파편적인 모습을 취하고 있다.[22] 그러다 보니 사역에 항상 무엇인가 부족함이 드러나게 되는 것이다.

팀 켈러는 이런 파편성을 극복하기 위해 '통합적 사역'(Integrative Ministry)이라고 부르는 네 가지 방향성을 강조하고 있다. 그 근거는 에드먼드 클라우니와 아브라함 카이퍼에게서 찾아볼 수 있다. 에드먼드 클라우니는, '성경적 사역의 목표는 예배, 양육, 증거'라고 했다.[23] 그리고 아브라함 카이퍼는 제도적 교회와 유기적 교회를 이야기하면서, 직분자들 중심의 지역 교회(제도적 교회)와 공식적, 비공식적 모임으로 연결된 그리스도인들 및 소그룹 제자 훈련(유기적 교회)의 모습이 있다고 했다. 팀 켈러가 추구하는 '통합적 사역'의 네 가지 방향성은 예배, 양육, 증거 및 제도적 교회와 유기적 교회의 균형성을 적절히 살려 놓은 것이다. 이것을 정리하면 아래와 같다.[24]

1. 사람들을 하나님께 연결하는 것	전도와 예배를 통해서
2. 사람들을 서로에게 연결하는 것	공동체와 제자도를 통해서
3. 사람들을 도시에 연결하는 것	자비와 정의를 통해서
4. 사람들을 문화에 연결하는 것	신앙과 직업의 통합을 통해서

사실 나는 이 통합적 사역의 비전을 교회를 개척하면서 사역에 그대로 적용해 보았다. 이렇게 균형적인 방향성을 이제까지 발견하지 못했기 때문이다. 교회를 개척하면서 사역의 방향성을 어느 정도 그려 보았지만, 어딘지 모르게 균형과 통합성이 떨어졌던 것이 사실이다. 그런데 팀 켈러의 네 가지 사역 방향을 보면서 여기에 답이 있다는 믿음이 생겼다. 그래서 교회를 운영하는 위원들과 함께 비전을 나누고 성도들에게 설명하며, 교회의 모든 사역을 이 방향으로 맞춰 가기로 결정했다. 이후 사역에 적용한 첫 부분이, 나누어진 다섯 개 목장마다 전도와 예배, 공동체와 제자도, 자비와 정의, 신앙과 직업의 통합에 초점을 두어, 각 목장이 네 가지 비전 중 하나씩을 섬기기로 결의했다. 그러다 보니 교회의 비전을 모든 장년들이 인식하게 되었고, 복음 중심의 교회를 세워 가는 데 효과적인 상황이 되었다. 물론 네 가지 비전을 위해 목장마다 더 많은 기도와 움직임이 필요한 것은 사실이다. 하지만 교회의 비전이 복음적으로 확립될 뿐 아니라, 교회 장년들이 중심이 되어 진행되기 때문에 앞으로가 더 기대된다.

2. 사역할 때 중요한 것은 하나님과의 관계다

'통합적 사역'에서 '예배'는 세상 속에서 접점을 일으키는 힘과 같다. 예배는 위로 하나님을 향하고, 아래로 전도하게 만든다. 주목할 점은, 예배의 방식이 점점 다양하게 바뀌고 있다는 점이다(설교 중심 예배, 구도자 중심 예배, 음악이 융합된 예배 등).

이런 상황에서 팀 켈러가 주목하는 예배란 무엇인가? 그것은 전도적인 예배다. 그는 존 프레임의 삼중적 관점(규범적 관점, 상황적 관점, 실존적 관점)에 입각해서 전도적 예배의 타당성을 제시한다.[25] 1) 규범적 관점으로서의 예배는 성경의 기준을 따라 만민이 구원받는 예배를 지향한다(시 105:1). 물론 각 예배마다 전통의 요소를 받아들여야 한다(은사주의적 예배, 성례 중심의 예배 등). 2) 상황적 관점으로서의 예배는 문화와 다른 전통에 열려 있어야 한다. 문화가 예배를 형성하기도 하고, 교회의 가치들이 예배를 만들어 가기도 하기 때문이다. 3) 실존적 관점으로서의 예배는 청중의 마음이 움직이는 예배를 고안해야 한다. 사역자의 독단적 스타일이 아니어야 한다. 이 세 가지 관점은 결국 전도적인 예배의 타당성을 보여 준다.

특별히 팀 켈러는 비그리스도인이 예배에 참여하도록 예배가 그들에게 이해되어야 한다고 주장한다. 왜냐하면 바울이 방언의 사용(고전 14:15-25)에 대해 권면하면서 예언이 예배에 참여한 비그리스도인에게 덕스럽다고 말했기 때문이다. 다시 말해서, 당시 초대 교회는 전도적인 예배를 지향했던 것이다. 고린도전서 14장의 예배는 성도들이 의도를 가지고 외부인에게 열어 놓은 예배임을 알 수 있다.[26] 그러므로 예배는 비그리스도인이 들어올 수 있도록 상황화되어야 한다.

딱딱한 신학적 언어보다는 일상의 언어 사용, 예배의 순서에 대한 설명 그리고 설교 중에 비신자들의 입장을 이해하고 있음을 표현해 주어야 한다. 예배에 음악적, 시각적, 미적인 수준을 가질 필요도 있다. 자비와 정의를 위해 헌금을 하는 것도 필요하다. 성례는 비신자들이 회심으로 들어갈 수 있도록 그들을 초대하는 기회로 삼을 수 있어야 한다. 무엇보다 구원은 오직 은혜임을 증거하고, 누구도 자신의 공로를 통해서는 구원받을 수 없음을 전하며, 그 이후 결신으로 초대해야 한다.

이러한 예배는 하나의 문제점을 가지고 있다. 비그리스도인들을 고려하다 보니 정작 그리스도인들 또는 일반 회중들에게 확고한 가르침을 주지 못하게 된다는 점이다. 나도 이 부분에 있어서는 팀 켈러의 상황화가 진리를 담대하게 선포하지 못하게 만드는 주저함을 심을 수 있다고 생각한다. 하지만 그는 이렇게 말한다.

> 이것은 진리의 담대한 선포를 회피하는 것이 아니다. 오히려, 복음으로부터 파생하는 진리가 아닌, 복음 자체의 불편함을 갖고 사람들을 이끄는 것이다.[27]

그는 성경에 나오는 이슈들을 책임을 다해 친절하게 가르쳐야 한다고 말하고 있는 것이다.

그가 지나치게 문화에 대한 적응성을 이야기하는 것은 사실이다.

그러나 복음을 비신자들이 알아듣게 말하는 것은 훨씬 큰 애정이 필요한 일이기도 하다. 팀 켈러에게 있어서 예배는 선교적이기 때문이다. 결정적으로 설교는 복음 자체에 집중하는 것이다. 그가 죄와 속죄 및 칭의, 우상 등에 대한 삶의 문제를 비껴가지 않는다는 점을 알아야 한다. 그는 복음을 마음으로부터 받아들일 수 있는 방식을 그리스도인과 비그리스도인들을 향해 동시에 증거하기를 선택한 것이다.

3. 사람과 사람의 마음이 통하게 하라

'통합적 사역'에서 '공동체와 제자도'는 사람과 사람을 연결하는 것이다. 현대 사회는 사실 외로움과 투쟁 중이다. 한국 사회에서도 열 명 중 일곱 명은 외로움과 싸우고 있다. 영국의 조 콕스 재단은, 외로움은 하루에 15개비의 담배를 피우는 것만큼 해롭고, 영국 성인 900만 명이 항상 혹은 자주 외로움을 느낀다고 발표했다. 그렇다. 현대인은 독립적인 것 같지만 안식을 주는 공동체가 무척 그립다. 그런 면에서 도시화가 진행되면 될수록 사람은 점점 개인주의가 심화되면서 삭막함과 재정적 압박과 빈번한 이동과 과도한 노동을 통해 고립되고 있다.

공동체는 해체되고 있다. 또한 현대 사회에서 성공과 성취가 결코 행복을 주지 못한다는 것은 이미 증명된 사실이다. 사람에게는 내부적인 힘이 외부적인 힘보다 더 중요한 것이다. 물론 자신의 신념이나 의지를 통해 자신의 내부의 힘으로 구원을 이루려는 이들에게는 외부로부터 오는 하나님의 은혜가 가장 적절한 복음이 된다. 그렇기 때문에 교회는 내면의 안식과 위로를 줄 수 있는 공동체로서의 역할과 위치를 고민해야 한다. 더불어 외부로부터 오는 은혜의 막대함을 알게 해 줄 수 있는 지체들이 필요하다.

팀 켈러는 복음을 통해 우리가 공동체를 어떻게 만들어 가야 하는지를 배우게 만든다. 그가 추구하는 것은 사회를 대신할 수 있는 공동체의 형성에 있다. 그리스도인 공동체는 그리스도의 죽으심을 기초로 하기 때문에 진정한 공동체를 만들 수 있다. 그리스도의 죽으심은 섬김과 겸손과 담대함을 가지게 하고, 교회 안에서 아름다운 연합과 진정한 책임감을 가지게 할 수 있기 때문이다. 이러한 공동체는 비그리스도인을 하나님에게로 인도하는 길이 된다. 또한 반문화적인 방향성을 가지고 성과 재물과 권력(힘)을 넘어서는 공동체를 보여 줄 수 있다. 공동체 안에서 일어나는 교제는 교회라는 토양 안에서 자신을 표현하면서 서로를 배우고 실천하는 가운데 최대한으로 자라날 수 있기 때문이다.[28]

어떤 이들은 여전히 공동체보다 개인의 삶과 신앙을 더 존중해 줄 것을 요청한다. 하지만 사람은 결코 혼자서는 영적으로 성숙할 수 없다. 무엇보다 교회사적으로 보아도 진정한 경건 운동은 공동체적이었기 때문이다. 팀 켈러는 이러한 공동체적인 경건 운동이 오늘날처럼 점차 개인적인 방향으로 나아가게 된 이유를 부흥주의가 가져온 결과로 지적한다. 부흥주의는 직접적인 경험과 자기 확신을 지나치게 강조했고, 이것을 교회의 공식적인 회원이 되는 것보다 더 강조했기 때문이라는 것이다.[29] 그렇게 발전하다 보니 경건이 개인화되면서 공동체보다 개인의 삶을 중시하게 되었다는 것이다. 하지만 참된 경건은 공동체를 통해서 나온다.

본회퍼는 공동체에 대해서 이렇게 말했다.

> 우리의 의는 "외부적 의"(alien righteousness)이다. 우리의 바깥에서 오는 의이다. 하나님께서는 [그리스도인들에게] 함께 만나서 공동체를 이루게 허용하셨다. 그들의 교제는 온전히 예수 그리스도 위에 세워진다 … 우리가 말할 수 있는 전부는, 그러므로 그리스도인의 공동체는 오직 사람이 오직 은혜로 말미암아 의롭게 되는 성경적이고 개혁주의적인 메시지에서 솟아나는 것이다. 이것만이 그리스도인이 서로를 사모하는 근거가 된다.[30]

그러므로 공동체는 내적인 힘의 중요성을 알려 주고 외부적으로 부어 주시는 구원의 은혜를 서로 간에 확인하면서, 그리스도 안에서 지체들 간에 견고한 연결이 일어나게 되는 것이다.

결국 공동체의 교제는 그리스도 없이는 존재할 수 없고, 그분을 힘입어 서로 사랑하고 존중하며 공동체를 존재하게 만든다. 그래서 공동체는 복음을 내포하고 있으며, 복음의 결과를 드러낼 수 있는 역동성을 가지게 된다.

나는 개척을 준비하면서 믿음이 좋지 못했다. 요즈음 개업식 화분에는 '돈세다 잠드소서'라고 써 있는데, 그때는 돈이 참 커 보였다. 장소를 찾을 때는 '전철역, 주차장, 엘리베이터' 3박자를 요구했다. 장소를 찾고 나서는 오지 않는 동역자를 기다리며 얼마나 현관문을 바라보았는지 모른다. 하지만 개척하고 뚜껑을 열어 보니 가장 힘든 것은 하나 되는 것이었다. 가정 안에서 힘들고, 교회 안에서 눈물이 났다. 그러나 깨달은 것이 있다. 돈과 사람과 건물이 내우외환(內憂外患)의 주범이라는 것이다. 이것을 회개하고 그리스도를 중심에 두고 보니 모든 것은 깃털이었다. 나는 그렇게 균형을 찾기 시작했다. 통장 잔고가 부족해도, 사람이 떠나가도, 건물이 비좁아도 숨을 쉴 수 있었다. 이처럼 정말 큰 실수는 공동체의 중심에 그리스도를 두지 않은 채 사라질 것에 힘을 쏟는 것이다. 교회 공동체의 중심은 피 흘리는 은혜여야 한다. "영원하신 왕 곧 썩지 아니하고 보이지 아니하고 홀로 하나이신 하나님"(딤전 1:17)이 임하셔야 한다. 교회를 따뜻하고 생기 있고 생수 있는 곳으로 만드는 힘은 그리스도에게 있다.

4. 도시 속에서 사역을 발견하라

'통합적 사역'에서 '정의와 자비'는 빼놓을 수 없다. 복음은 개인의 도덕성과 회심만을 요청하는 것으로 끝나지 않아야 한다. 왜냐하면 우리가 사는 도시는 생각보다 불의함과 사회적 약자들이 많이 존재하기 때문이다. 이런 붕괴된 곳에는 정서적, 관계적, 물질적인 필요가 필수적이다.

하지만 한국 교회는 유독 이 부분에 약한 모습을 보게 된다. 정의를 잘못 이야기하면 좌파가 되고, 생각하지 않은 우파의 벽을 만날 수 있다. 결국 어느 쪽에도 속하지 못하면서 손가락질만 당하기 십상이다. 하지만 예수님을 믿는 것은 정의와 자비다. 인간의 가장 기초적인 필요를 외면한다면 우파이건 좌파이건 복음이 아니다. 복음은 사회 정의를 도외시하지 않기 때문이다. 교회는 말씀을 증거하고 전파해야 하지만, 도시 사회 속에서 더불어 살아가는 공공성의 영역을 놓치지 말아야 한다. 선지자 미가는 "사람아 주께서 선한 것이 무엇임을 네게 보이셨나니 여호와께서 네게 구하시는 것은 오직 정의를 행하며 인자를 사랑하며 겸손하게 네 하나님과 함께 행하는 것이 아니냐"(미 6:8)라고 말했다.

하나님은 정의를 사랑하신다. 많은 교회들은 구제를 단지 자비와 긍휼에 입각해서 실천하려고 한다. 하지만 우리 이웃이 당하는 고통이 자비가 부족해서 얻는 절망이 아니라 불의에 의한 고통이라면, 자비의 마음만을 가지고 가는 것은 성경적이라고 할 수 없다. 그리고 자비에서 정의를 빼놓는다면, 그것은 진정한 자비라고 할 수 없다.

팀 켈러는 브루스 월키의 말을 인용해서 이렇게 말한다.

> 의인들은 공동체의 이익을 추구하기 위해서 자신이 손해를 감수하려는 사람들이다. 악한 사람들은 자기의 이익을 추구하기 위해서 공동체에 손해를 끼치려는 사람들이다.[31]

다시 말해서, 우리가 베푸는 자비는 개인의 이익 차원을 떠날 때에야 비로소 정의의 차원으로 갈 수 있다는 뜻이다.

많은 이들은 정의를 국가에 위임하려고 한다. 그러나 정의는 국가적인 차원에서 베풀어질 것만이 아니라, 자신이 이끌고 있는 사업장과 직장, 가정에서 시행되어야 할 일이다. 약자를 돕는 것을 단지 큰 단체가 시행할 긍휼로만 볼 것이 아니라, 개인적인 정의의 차원에서 행해야 할 일로 여겨야 한다. 그리스도인은 사회적 불의와 악을 개선할 사명이 있기 때문이다(레 19:34; 약 2:14). 이것에 대한 신학적 뿌리는 무엇일까? 정답은 명확하다. 우리가 은혜로 구원받았기 때문이다.

그렇다면 은혜로 구원받은 우리는 어떻게 정의를 올바로 실행할 수 있을까? 팀 켈러는 자비와 정의를 실행하는 데 세 단계의 과정을 제시하고 있다. 구제(원조), 개발(개인을 위한), 개혁(사회적 조건과 구조 등)의 다단계 지원이다.[32] 《팀 켈러의 정의란 무엇인가》에 등장하는 헤너(하버드 로스쿨을 졸업하고 유력한 로펌에 있었으나, 사회적 약자를 위해 뉴욕카운티 지방 검사로 들어가 빈민들을 괴롭히는 범죄자들을 소탕했다)나 마크 고르닉(백인 목사로서 볼티모어의 대표적 흑인 빈민촌인 샌드타운에 이사 가서 교회를 세우고, 뉴 송 교회와 함께 지역 사회를 구제, 개발, 개혁해서 새롭게 만들었다)의 경우를 보면, 정의를 세우는 것은 결코 뜬구름을 잡는 일은 아닐 것이라고 생각된다.

문제는 자비와 정의를 실행하는 데 있어서 여러 의견이 일치를 이루지 못할 때가 있다는 것이다. 우리는 초대 교회 역시도 구제하다가 시험에 들었음을 기억해야 한다. 팀 켈러는 이런 어려움에 대해 네 가지 질문을 가지고 노력할 것을 요청한다.

1) 우선순위의 수준: 얼마나 도와야 하는가?
2) "가난한 사람"에 대한 정의: 누구를 도와야 하는가?
3) 조건적인가 무조건적인가: 언제, 어떤 조건에서 도와야 하는가?

4) 구제, 개발, 개혁: 어떤 방법으로 도와야 하는가?[33]

그는 이렇게 말한다.

> 결핍에 처한 사람들을 위한 그리스도인들의 실제적인 행동들은 복음의 진리와 능력을 증명하는 것이다.[34]

한국 사회에서는 정의를 내건 행동이 낯설 수도 있다. 우리는 정의보다는 은혜가 익숙하다. 하지만 정의와 은혜는 불가분의 관계에 있다. 얀 후스는 이렇게 말했다. "사랑하라. 그러나 정의를 요구하라." 이웃을 향한 긍휼이 사실은 정의에 기초한 것이라는 점이다. 그러므로 긍휼은 은혜를 베푸는 차원보다 정의의 차원에서 접근하며 시도할 필요가 있다고 생각된다. 기독교 내에서 자비와 정의의 실천이 보다 지혜롭고 아름답게 실행되어지기를 소망해 본다.

5. 문화 사역에 새롭게 도전하라

'통합적 사역'은 '신앙과 직업'을 통합하는 것이다. 이 시대는 비기독교적 문화 또는 반기독교적 문화에 포위된 형국처럼 보인다. 이전에는 교회 다니는 사람을 나쁘게까지는 보지 않았지만, 지금은 기독교와 자신을 단절시키려는 움직임이 또렷해지고 있다. 이런 문화 현상 속에서 오늘을 살아가는 성도는 신앙을 지키는 것이 쉽지 않다. 특별히 직장 속에서 신앙을 통합하는 것만큼 불편한 것은 없다. 그래서 많은 이들이 이원론으로 신앙생활을 한다. 직장 따로, 신앙 따로의 가면 신앙이 되는 것이다. 우려스러운 것은, 가면을 혐오하고 겉보기만을 치중하는 율법주의적 신앙생활은 신앙을 도태시킨다는 점이다. 율법주의는 흑백논리로 기울어서 모든 것을 정죄할 때가 많다. 겉으로는 얌전하지만 속으로는 계속 비난의 화살을 날리기 쉽다. 이런 태도는 결국 신앙적인 깊은 반성도 방해하고, 사회생활 속에서 일어나는 문제의 해결도 방해한다. 자유방임적인 신앙도 예외는 아니다. 예배당 밖을 벗어날 때 은혜를 삶에 어떻게 적용할지를 알지 못하기 때문이다.

그렇다면 우리는 자신의 직업을 통해 어떻게 반문화적, 선교적 삶을 살 수 있을 것인가? 주목할 것은, 종교 개혁 때부터 직업을 전도 사역만큼이나 중요한 것이라고 믿어 왔다는 사실이다.[35] 아무리 작은 일에도 사명이 있기 때문이다. 루터가 말한 것처럼, "일은 하나님을 향한 예배이며 주님을 기쁘시게 하는 순종"[36]이다. 그래서 직업은 신성하다. "하나님은 소젖 짜는 여자아이의 일을 통해 친히 우유를 내고 계신다."[37] 그래서 팀 켈러는 직업에 대해 책임성, 구별성, 탁월성의 세 축을 가지고 살아가야 할 것을 강조한다.

그리스도인들은 더 이상 믿음을 일에서 분리하는 실수를 범하지 말아야 한다. 문제는 이런 이분법이 모든 사람들로 하여금 (일을 믿음으로 바라보지 못하게 하기 때문에) 잘못된 일에도 가치를 부여하는 오류를 범하게 한다. 관행이라는 이름으로 죄인 줄 알면서도 따라간다. 그래서 교회는 끝까지 복음이 미칠 수 있는 영향력을 직장과 연결해서 생각하도록 도와야 한다. 신앙과 직장은 분리될 수 없다.

팀 켈러는 이 일을 이론으로 끝내지 않았다. 리디머교회 안에서 일과 사명을 통합하고 균형 있게 살도록 평신도인 캐서린 알스도프를 책임자로 임명했다. 그는 신앙과 노동 사역 센터(Center for Faith & Work, CFW, 2003년)를 만들고 기금을 마련해서 지난 10년 동안 꾸준히 성도들을 양육했다(지금은 기간이 더 늘어났을 것이다). 그는 일터를 신앙과 분리하지 않고 1) 일을 통해 우상을 조명하고 죄를 녹이는 용광로로 바라보게 하며, 2) 그리스도인을 통해 세상이 어루만져진다는 사실을 훈련한다. 덕분에 리디머 교인들은 복음으로 삶의 틀을 잡았고, 세상을 섬기는 비전을 공유하며, 문화 속에서 교회에 대한 신뢰를 굳건히 가지게 되었다고 한다. 캐서린 알스도프는 이렇게 말한다. "교회가 나서서 지침을 마련하고 뒤를 받쳐 주지 않는 걸 불만스러워하던 끝에 이제는 크리스천들이 직업적인 소명을 기반으로 복음이 제시하는 소망과 진리를 더욱 잘 살아 내도록 도울 수 있는 기회"를 가졌고, 이제는 직장인들로 하여금 하나님의 음성을 신실하게 더 깊이 파고들며 일하도록 만들게 되었다고 회고했다.[38] 그렇다. 일과 영성이 균형을 갖추고, 우리가 책임성, 구별성, 탁월성을 가지고 나아간다면, 교회뿐만 아니라 세상 사람들 사이에서도 기독교에 대한 신뢰를 회복하는 데 큰 역할을 할 수 있을 것이다.[39]

더욱 역동적으로 사역하라

1. 사역할 때는 조직을 존중하라

팀 켈러는 선교적 교회라고 할 때 운동성에 초점을 둔다. 교회가 유기체로서 역동적으로 성장하고 자라지 않는다면 결코 도시와 문화를 변화시킬 수 없기 때문이다. 아무리 도시와 문화를 변화시키기 위해 세미나를 열고, 지도자 교육을 하고, 교리를 가르치고, 설교를 새롭게 하고 교회를 정화한다고 해도, 운동성이 없다면 변화가 일어나기 어렵다.

교회사적으로 보면, 한국 교회를 세운 것은 존 네비우스의 원리였다. 그는 '자립, 자전(스스로 전도한다), 자치'의 원리를 한국 교회에 가르쳤다. 이 원리는 교회를 건강하게 세웠을 뿐 아니라 재생산하는 역할까지 했다. 왜냐하면 네비우스의 원리가 강한 운동성을 가지고 확장되었기 때문이다.

팀 켈러는 선교적 교회를 한다고 할 때 교회에 운동성을 부여하기 위해 1) 비전, 2) 희생, 3) 화합과 유연함, 4) 자발성을 가져야 한다고 주장한다.[40] 동시에 그가 주의하는 부분은, 교회에 운동성이 있다고 다 된다는 말을 하지 않는다는 점이다.

그는 여기서도 균형과 통합을 추구한다. 교회는 그 자체의 운동성만으로는 일어나지 못하기에 제도와의 통합을 말한다. 어떤 이는 제도를 부정적으로 본다. 실제로 운동은 제도로 기우는 문제가 발견된다. 데이비드 허스트는, "비전은 전략이 되고, 역할은 의무가 되며, 팀은 구조가 되고, 네트워크는 조직이 되고, 인정은 보상이 되어 버리는 것"이 운동의 문제라고 말한다.[41] 하지만 제도는 운동성을 강하게 유지시키며 확산시킬 수 있다. 조직은 비전이나 희생, 화합과 유연함 및 자발성을 지속 가능하게 만들어 주기 때문이다. 제도는 꺼져 가는 불씨도 다시 불붙일 수 있기 때문에, 제도를 나쁘다고만 말할 수는 없다.

그래서 팀 켈러는, 뼈와 근육처럼 제도와 운동은 붙어 있어야 하고, 운동을 이끄는 사람들의 역할은 제도화의 위험 사이에서 그들이 탄배를 안전하게 항해하게 하는 것이라고 했다.[42] 교회를 개척해 가는 리더가 붙들어야 할 것이 이것이다. 운동성이 없는 교회 개척은 불가능하다. 더불어 제도의 뒷받침 없이 개척 교회가 계속 달리는 것도 불가능하다.

나도 교회 개척할 때를 생각해 보면, 기도 가운데 하나님이 '개척'을 명하셨다. 그때는 몸이 참 약했던 시기였다. 더욱이 보수 신학의 요람인 합동 측 목사라서 신비를 지양했다. 하지만 하나님의 명령이니 겸손히 순종했다. 놀랍게도 갈 곳으로 이끄셔서 군말 없이 짐 챙겨서 가야 했다. 하지만 당장 닥쳐 온 문제는 현실적인 것이었다. '개척을 누구와 할 것인가?'와 '재정은 얼마나 있는가?'였다. 아무것도 없는 가운데 하나님이 하시는 일을 보기 위해 '광야'로 나선 걸음이지만, 매 순간 기적이 아니고는 앞으로 나아가기 힘들었다. 감사한 것은, 오래도록 섬겼던 교회가 엄청난 기도 지원과 따뜻한 후원을 감당해 주었기 때문에 위기를 벗어날 수 있었다는 점이다. 개척 교회 뒤에 조직 교회가 있었던 것은 말로 할 수 없는 축복이었다.

사실 엄밀히 말해서 요즘은 'MH 개척'이 없다고 한다. MH는 '맨땅 헤딩'의 약자다. 개척하는 목사님들이 모여서 누군가 'MH 개척'을 한다고 하면 두 손 들고 말리곤 한다. 그만큼 개척하기 어려운 시기가 되었다. 옛날에는 개척할 때 가마니 깔고 예배하고, 강단 하나만 있으면 되었다고 한다. 냄새나고 꿉꿉해도 지하가 무슨 상관이냐고 했다. 하지만 지금은 국민소득 3만 달러를 넘긴 초연결사회의 중심에 서 있다. 모든 것이 현대적으로 바뀌었다. 이전에는 교회 오면 좋은 것이 있었고, 목사님도 학력이 가장 높은 편이었다. 지금은 그렇지 않다. 교회가 너무 뒤떨어진 곳이 되면 올 사람도 돌아간다. 그래서 교회의 운동성에 조직 교회가 함께해 주는 것이 얼마나 큰 힘이 되는지 모른다. 돌이켜보면 낙심되고 지칠 때마다 '기도하고 있습니다, 목사님'이라는 문자가 꼭 하나씩 와 있었던 것 같다. 그런 의미에서 조직 교회는 개척 교회를 부화시키는 인큐베이터와 같다. 운동과 제도는 뗄 수 없으며, 같이 가야 하는 생명체다.

2. 교회는 조직화된 유기체다

팀 켈러에게서 발견하는 것은 《팀 켈러의 센터처치》가 신학적 사변이 아니라는 점이다. 도시 부흥은 성령의 역사를 통해 현실에서 일어날 수 있는 사건이기 때문이다. 초대 교회를 보라. 교회는 사회 조직체 같은 인간 조직체가 아니었지만, 성령의 역사를 통해 전 세계로 뻗어 나갔다. 그 운동성의 중심을 보면 제도가 있었다. 특별히 성령은 일반 직분과 특별 직분을 부여해서 운동성을 일으키신다. 일반 직분은 선지자, 제사장, 왕적인 부분으로 이해할 수 있는데, 각 직분은 성령의 역사를 따라 교회를 유기체로 돌아가게 만든다.

일반 직분	선지자	제사장	왕
말씀	민 11:29 행 2:16-21 교회 안에서 성취	벧전 2:9 히 4:14-16	엡 2:6 그리스도와 함께 다스리며 통치
역할	말씀으로 서로를 권면하고 가르치고 격려하고 인도받는다.	자신을 산 제물로 드리며(롬 12:1-2) 선을 행함과 서로 나누어 주기(히 13:16)	회중이 직분자를 선출하고, 인준한다. 그리스도의 몸이 성숙하게 하고, 세상을 이기는 권한이 있다.

특별 직분은 사도, 선지자, 목사와 교사 및 다스리는 은사를 말한다. 예수님은 교회 사역자들에게 은사를 주고 사역을 맡기신다. 교회는 부르심과 은사를 확인하는 과정을 통해 유기적으로 자리를 잡게 되며, 건강하게 자라나게 된다. 교회를 유기체라고 하는 결정적인 이유는, 성령이 특별 직분을 맡은 사람과 일반 직분을 맡은 사람들 사이에서 일어나는 역동성으로 교회를 움직이시기 때문이다. 그러므로 교회는 제도가 필요하다. 조직과 체계를 갖추며 성장해 가야 한다. 성령은 교회 안에서 사람을 세우고, 서로 돕고 섬기는 가운데 지상 교회를 균형 있게 성장시키셨다.

문제는 시대는 급변하지만 교회는 그에 맞춘 운동성을 가지고 있지 못하기 때문이다. 지금 한국 사회의 큰 특징을 짚어 본다면, 1인 가구가 급성장한다는 것이다. 2000년대만 해도 16퍼센트였지만, 지금은 29퍼센트에 도달했다. 무종교인 가운데 종교를 가지고 싶은 의향은 21퍼센트에 불과해, 종교를 가지고 싶어 하지 않는 사람들이 더 많아지는 무종교 사회로 나아가고 있다. 종교 변화 추이는 개신교로의 전향보다 가톨릭으로 전향하고 싶은 사람들이 늘어나고 있다. 이유는 목회자에 대한 실망, 교회에 대한 불신, 믿음에 대한 지나친 강요 때문이라고 한다. 출산율은 전 세계에서 가장 낮다. 결혼에 대한 의향도 줄어들고 있다. 인구도 줄고 있다. 2020년이 지나가면 대학 입학 지원자보다 대입 정원이 많아진다고 한다. 개신교인의 고령화는 빠르게 증가하고 있고, 교회 학교는 이미 30-40퍼센트 감소하고 있다.[43] 이 외에도 이혼한 사람들, 독거노인, 한 부모 가정, 학대받는 청소년들, 외국인 이주자 등, 사회적으로 소외된 이들이 급속도로 늘어 가고 있다. 이들에게 가장 필요한 것이 무엇일까? 그들에게는 그들이 의지하고 살아갈 수 있는 건강한 대안 공동체가 필요하다. 하지만 과연 지금의 교회들이 이 모든 일을 다 감당할 수 있을까? 너무 제도화되어서 이들이 들어오기에 장벽이 너무 높은 것은 아닐까? 이들이 교회 안에 들어와서 잘 정착할 수는 있을까? 세상 사람들이 교회에 대한 실망을 버리고 다시 교회를 희망으로 바라보는 계기를 교회는 만들 수 있을까?

교회가 이런 문제를 해결하고 유기체로 건강하게 다시 자라나기 위해서는 어떻게 해야 할까? 팀 켈러는 이 문제를 극복하는 두 가지의 방안을 제시한다. 첫째는, 복음 부흥의 역동성을 확립하고,[44] 교회를 개척하는 것이다. 왜냐하면 개척 교회는 기성 교회보다 훨씬 더 깊은 공동체성을 가질 수 있기 때문이다. 명목상의 신자로서는 존재하기 어려운 구조다. 한 눈에 보기에도 공간이 좁다. 누구도 피해 나갈 수 없는 곳이 개척 교회다. 그래서 조금만 다니다 보면 저절로 가족같이 되어 가는 것이 개척 교회의 장점이다.

또한 개척 교회는 목사의 비전에 따라 교회의 구성원이 정해질 수 있다. 내가 아는 목사님은 한국인과 결혼한 외국인들을 대상으로 사역하고 있다. 어떤 분은 고아만을 대상으로 사역하고 있다. 또 어떤 분은 외국인 노동자만을 대상으로, 어떤 분은 청년들만을 대상으로 사역하고 있으며, 어떤 분은 문제 청소년들만을 대상으로 해서 목회를 하고 있다. 무슨 말인가? 개척 교회는 대형 교회보다 훨씬 다양한 계층을 품을 수 있으며, 특화된 사역이 가능하다는 것이다. 지역 속에 들어가서 지역의 문제를 적극적으로 겪어 내면서 소통하기에도 가장 적실한 구조로 되어 있다. 반면 기성 교회는 조직체라서 담임 목사에게 주어진 시간이 많지 않다. 담임 목사에게서 아래 누군가에게로 일이 내려가는 순간 역동성이 떨어진다. 의사 결정 시간도 오래 걸린다. 전적으로 그 일을 섬길 목회자를 찾기도 어렵다. 하지만 헌신된 한 목회자를 중심으로 같은 비전을 가지고 개척 교회를 세우려는 성도들이 있다면, 이야기는 달라질 수 있다. 이것이 팀 켈러가 주장하는 교회가 운동성을 회복하는 핵심이다.

특별히 기존 교회가 교회를 분립해서 개척할 때 교회에는 엄청난 유익이 있다. 교회를 개척하는 것은 하나님이 기뻐하시는 일이기에 기존의 교회에 성령님이 주시는 생기가 있다. 마른 뼈 같던 교회에 성령의 바람이 교회 개척과 함께 불어온다는 것이다. 교회를 개척시켰는데 도리어 교회가 더 건강해져서 군대처럼 일어서는 기적이 임하게 되는 것이다. 생각해 보라. 이것이 얼마나 큰 영광이며, 축복이며 축제인가. 한 교회를 품고 해산하는 일을 위해 기성 교회가 마더 교회(mother church)가 된 것이다. 물론 이 사역을 위해서는 준비가 필요하다. 교회의 핵심 사명을 만들어야 한다. 도시와 교회와 사역과 상황에 맞추어 비전을 갱신하고, 헌신과 헌금을 요청할 수 있어야 한다. 교회를 세울 사람도 준비되어야 한다. 교우들의 마음이 모여야 가능한 일이기도 하다. 제도화된 교회를 바꾸기 위해 시도하기에는 무모하게 보이고 벅찬 일일 수도 있다. 하지만 교회보다 하나님 나라 개념으로 한다면 충분히 의미 있고 가치 있는 일이다. 예루살렘교회가 그 시작이었다. 무엇보다 개척 교회를 낳는 일은 교회로서 가장 위대한 선택이다.

둘째는, 부흥을 직접 경험하는 것이다. 구약 시대의 이스라엘은 때에 따라 언약을 갱신하며 하나님을 마주했다. 그것은 민족적 부흥회였고, 그들은 하나님에게로 되돌아왔다. 역사적으로 여호수아 24장이나 사무엘상 12장, 느헤미야 8-9장에서 부흥을 발견할 수 있다. 언약 갱신은 세 가지 구성 요소가 있었는데,[45] 1) 하나님의 부르심과 교훈 아래 성경 말씀으로 돌아오기, 2) 이스라엘 공동체가 바라보는 새로운 도전에 대해 다음 단계를 고대하기, 3) 다음 단계를 위해 자신들의 삶과 자원을 하나님에게 바치기가 그것이다. 이런 부흥 운동은 교회 갱신에서 정말 중요한 일이다. 도시는 부흥이 일어나야 하는 곳이기 때문이다.

하나님은 지금도 부흥을 주기 원하신다. 탈봇신학교 정문에 쓰인 문구처럼, 우리는 "부흥을 위해 기도해야 한다". 교회는 지역을 살릴 수 있는 유일한 대안으로 부르심 받았기 때문이다. 이것은 오직 성령의 역동성을 중심에 둘 때 할 수 있는 일이다. 성령이 임하시면 교회가 부흥하게 된다(행 1:8). 성령이 임하시면 마른 뼈가 하나님의 군대가 되고(겔 37:4), 큰 산이 평지가 된다(슥 4:7). 이렇게 될 때 제도화된 교회는 다시금 잠을 깨어, 살았고 운동력 있는 교회가 될 것이다.

3. 교회 개척은 역동적 사역의 결과다

팀 켈러는 성령의 역사를 통해 일어나는 운동성의 중심에 교회 개척이 있다고 말한다. 이 말은 성경적인 근거가 분명하다. 바울은 복음을 전하고 제자들을 양육할 때 반드시 교회를 개척했다. 그는 아볼로와 함께 교회를 심고, 물을 주었다(고전 3:6-7).[46] 사도행전은 교회 개척 이야기다. 문제는 이 사역이 점점 무시된다는 점이다. 오늘날은 교회가 너무 많기 때문에 교회 개척은 필요하지 않다고 말한다. 내가 교회를 개척할 때, 어떤 사람이 왜 교회를 개척해서 성도들을 힘들게 하느냐고 질문했다. 현실적인 이야기였지만 마음은 아팠다. 이처럼 교회를 세우는 것은 쉽지 않은 일이다. 교회를 세운 지 세 달 만에 한 가정이 떠났고, 다섯 달 만에 또 한 가정이 나갔다. 교회를 세운다고 했던 청년들도 하나둘씩 떠났다. 외로움이 너무 심해서 잠이 오지 않았다. 하지만 버틸 수 있었던 이유는, 이 일을 하는 것 자체가 하나님의 부르심일 뿐 아니라, 복음이 제대로 서면 하나님이 일하실 것이라는 믿음이 있었기 때문이다. 무엇보다 살면서 한 번 있을까 말까 한 기적과 같은 일이 교회 개척이었기 때문이다.

어떤 목사님은 술집이 늘어나는 것보다 교회가 늘어나는 것이 좋은 일이라고 했다. 하지만 교회가 개척되는 것은 믿음 없는 사람도 싫어한다. 교회를 개척할 때 장소를 보러 많은 곳을 다녔는데, 100군데 정도가 교회라는 이유로 거절했다. 시끄러워서 거절당했고, 교회라는 이미지가 좋지 않아서 거절당했다. 속이 상하고 쓰렸다. 심지어 어떤 임대인은 담배를 태워 가면서 교회를 하려면 대형 교회를 하고, 큰 목사가 되고, 버스를 돌릴 수 있는 교회를 하라고 말해 주었다. 성공적인 교회를 하라는 뜻이었다. 하지만 자수성가한 그분의 덕담 이면에는 교회란 기업처럼 운영하는 곳이지, 복음으로 세워 가는 곳은 아니었다. 그에게 교회는 그냥 목사가 먹고살기 위해 운영하는 일종의 사업체였다. 그러나 진정한 교회는 어떤 곳인가? 교회는 예수님의 핏값이다. 아버지가 아들을 내어 주고 세운 영광스러운 곳이다. 예수님은 자신의 몸 된 교회를 통해 하나님의 위대한 일들을 이루기 원하신다. 도시를 바꾸고, 세상을 바꾸기 원하신다.

이것을 위해 바울은 항상 전도하고, 공동체를 세우고, 지도자를 개발했다. 이 방식으로 교회를 개척해 나갔다. 그가 세운 제자들은 결국 교회로 세워졌다.

바울이 개척할 때	바울이 떠나갈 때
전도→ 공동체 형성 → 지도자 개발	운동성
제자들(행 14:22)	교회들(행 14:23)

그러므로 교회 개척은 절대적으로 성경의 원리에 속한다. 팀 켈러는 교회 개척을 통합적 사역의 다섯 번째 부분으로 리디머교회에 안착시켰다.[47] 기성 교회에서 사역하는 많은 담임 목회자들에게 이 일은 결단이 필요하다. 교회의 건강성을 회복하려다가 교회가 약화되거나, 자신이 생각하는 핵심 일꾼이 교회를 이동하는 결과를 초래할 수 있기 때문이다. 그러나 교회보다 하나님 나라의 원리가 더 중요하다. 교회는 하나님 나라의 번성을 위해 보내심을 받은 것이다. 그리고 목회자는 그 교회로 보내심을 받은 것이다. 목회자는 교회의 주인이 아니다. 목회자는 성령을 따라 개척과 갱신을 위해 헌신할 당연한 이유가 있다. 이처럼 교회 개척은 교회가 성령의 운동성을 따라 해야 할 자연스러운 사역이 되어야 한다.

1. 사람들을 하나님께 연결하는 것	전도와 예배를 통해서
2. 사람들을 서로에게 연결하는 것	공동체와 제자도를 통해서
3. 사람들을 도시에 연결하는 것	자비와 정의를 통해서
4. 사람들을 문화에 연결하는 것	신앙과 직업의 통합을 통해서
5. 사람들이 교회를 세우게 하는 것	도시 부흥을 통해서

감사하게도 안산동산교회, 더사랑의교회, 예수향남교회, 남현교회, 분당우리교회, 은혜의동산교회 등이 복음을 중심으로 해서 교회 개척을 교회적으로 시도했으며, 계속 분립 개척을 진행하고 있다. 어떤 목사님은 성도를 떠나보내면서 우시기까지 했다. 너무 사랑하는 성도들이었기 때문이다. 하지만 복음으로 교회를 세우는 것만큼 중요한 일은 없기에, 매년 이 일을 다시 계획하며 준비하고 계신다.

무엇보다 교회를 개척해야 하는 이유를 팀 켈러는 이렇게 말한다. "도시의 그리스도인들을 증가시키는 주된 방법은 교회 부흥이 아니라 교회 개척을 통해서다."[48] 무슨 의미인가? 대부분의 교회가 성장하는 이유는 수평 이동 때문이라는 것이다. 한 교회의 위기가 한 교회의 풍요가 된다. 놀라운 사실은 새로 개척한 미국 교회 성도의 3분의 1 내지 3분의 2가 이전에는 교회를 다니지 않았던 불신자였다는 것이다.[49] 실제로 내가 개척한 교회도 비그리스도인들이 찾아온다. 오래된 교인이 오기보다 정말 구원에 대한 사모함이 있는 사람들이 와서 하나님을 찾고 있다. 반면에 많은 유입이 있는 근처 교회를 보면 오래된 교회다. 미국 교회의 통계를 보면, 10-15년 이상 된 교회에 새롭게 등록하는 사람들은 80-90퍼센트가 기존에 교회에 다녔던 성도들이었다고 한다.[50] 실제로 국내 대형 교회로 몰려가는 사람들도 대부분이 기성 교인들이다.

그러므로 우리는 색다른 결론에 이르게 된다. 개척한 교회들은 오래된 교회보다 여덟 배 이상의 높은 비율로 새로운 사람들을 예수 그리스도에게로 이끌 수 있다. 기존 성도들은 개척된 교회가 안정성에서 얼마나 떨어지는지 종교적인 감이 있기 때문에 웬만해서는 개척 교회로 가지 않는다. 오래된 교회는 프로그램이 좋고 장소도 효과적이어서 기성 교인들에게 더 큰 신뢰감을 주기 때문이다. 종교 생활에 훨씬 더 많은 편안함을 제공할 수 있다. 하지만 비그리스도인들에게는 기존 문화권의 벽을 크게 느끼게 만든다. 한 달 이상을 다녀도 자신을 몰라보는 곳이 교회일 수 있다.

반면 개척한 교회는 교회 내에 특별히 아는 사람이 많지 않아도 자신이 들어가서 자리를 찾기가 쉽다. 낯선 사람들로 인한 위압감이 덜하고, 자신의 이야기를 깊이 털어 놓을 사람을 발견하기 쉽다. 또한 그 사람에게 맞는 양육이 따로 진행될 수도 있다. 이런 이유로 인해서 개척 교회는 기성 교회보다 훨씬 일대일에 강할 수 있고, 그 한 사람을 위해 공동체가 역동성을 가지고 품을 수 있다. 특별히 개척 교회는 새롭게 조성되는 대단위 개발 지역에 들어가서 전도의 가능성을 높일 수 있다. 새로운 문화, 새로운 주민, 새로운 계층의 사람들이 서로 말문을 트고 교제권을 빠르게 형성할 수 있다.

중요한 사실은, 우리가 사는 도시에 교회는 더욱더 필요하다는 것이다. 팀 켈러는 미국 교회 역사를 정리하며 이렇게 말한다.

> 1820년에는 미국 시민 875명당 한 개의 기독교 교회가 있었다. 그런데 1860년에서 1906년 사이에, 개신교회는 인구 350명이 증가할 때마다 한 개의 교회를 세웠다. 그래서 1차 세계대전 직전에는 430명당 하나의 비율이 되었다 … 결과적으로 미국 인구 중에서 교회 생활에

참여하는 사람들의 비율은 지속적으로 증가했다. 예를 들어 1776년에는 미국 인구의 17퍼센트가 종교적 신자였다. 그러나 1916년에는 그 숫자가 53퍼센트로 올라갔다.[51]

팀 켈러가 이 이야기를 하는 이유는, 제1차 세계대전 이후 미국뿐만 아니라 전 세계적으로 교회가 약화되고 있기 때문이다. 이것을 역전시킬 수 있는 대안은 교회사 속에서 발견한 처음 교회가 설립되었던 때의 방법인 것이다. 만약 지금 시대에 인구 350명이 증가할 때마다 한 개의 교회가 세워진다면 어떤 일이 일어나겠는가? 이삭이 아브라함의 우물을 다시 팠던 것처럼, 교회의 개척만큼 세상을 하나님에게로 다시 되돌아오게 하는 방법은 없다. 팀 켈러는 이렇게 말한다. "인구 일천 명당 하나의 비율로 교회가 개척되어야 한다."[52]

그러므로 도시의 부흥을 위해 교회가 해야 할 가장 핵심적인 일은, 교회의 중요 인물들이 하나님 나라 운동을 위해 교회에 대한 권리들을 내려놓고 교회를 개척하는 것이다.

4. 도시 속에 복음의 생태계를 만들라

《팀 켈러의 센터처치》의 '복음 도시 운동'의 최종적인 도전은 복음 생태계를 만드는 것이다. 서로 다른 교회지만 복음을 중심으로 개척교회를 세우며 도시 부흥을 위해 함께 나아가자는 운동이다.

에드먼드 클라우니는 사도신경의 '거룩한 공회'(holy catholic church)를 가리켜, "전체 교회는 지역 교회보다 큰 것이다"[53]라고 말했다. 교회는 하나님 나라보다 클 수 없다. 하지만 교회가 하나님 나라를 위해 하나 되어 섬기는 일은 그렇게 흔하지 않았다. 한국에서도 개교회주의는 정평이 나 있다. 하지만 역사적으로 성도가 하나 되어 예배할 때 부흥이 임했다(스 10:1-15). 부흥은 결코 진공 상태에서 올 수 없다. 그러기에 부흥을 위해 교회가 연합해야 한다.

그러면 어떻게 해야 할 것인가? 루터교회 신학자요 교육가였던 루퍼투스 멜데니우스는 "본질적인 일에는 일치를, 비본질적인 일에는 자유를, 모든 일은 사랑으로" 하라고 했다. 팀 켈러의 말처럼, 도시 부흥을 위해 먼저 교회가 서로 사랑으로 한마음이 되기를 기도해야 한다. 리디머교회의 강점은, 이런 비전 아래 수년 동안 다른 교단이라 할지라도 교회를 개척한다고 하면 재정과 자원을 보냈다는 사실이다.[54] 비판적인 시선을 받기도 했지만 하나님 나라의 공공성을 위해, 도시 부흥을 위해 계속 시도했다고 한다. 티핑 포인트처럼 임계치가 임하면 도시 부흥이 일어날 수 있다고 믿었기 때문이다.[55] 이 사역은 지금 25년이 되었고, 뉴욕의 복음화율은 1퍼센트에서 5퍼센트가 되었다. 그리고 이 운동을 통해 전 세계 도시에 460여 개의 교회가 세워졌다. 한 교회의 힘을 무시할 수 없다. 그런데 만약 교회들이 연합해서 교회를 개척한다면 얼마나 놀라운 일이 일어날 수 있겠는가?

이미 우리나라는 1907년의 평양 대부흥 운동을 통해 한반도의 도시들이 부흥을 경험했다. 이러한 복음 운동은 오늘도 일어날 수 있다. 특별히 교회 갱신을 통한 교회 개척은 도시 부흥을 일으킬 수 있다.

팀 켈러는 이것을 복음 생태계라고 부른다. 교회가 복음 생태계라는 큰 그림을 가지고 교회마다 자신의 힘만으로 싸우는 것이 아니라, '신학적 비전'을 가지고 도시 부흥을 위해 교회를 개척하고, 서로 힘을 합치고 복음으로 연합한다면, 그때 도시의 복음화율은 우리가 상상할 수 없는 수준으로 올라갈 수 있을 것이다. 그러므로 이런 복음 생태계를 만드는 일에 교회들이 참여하고 일어서야 한다. 그럴 때 도시 부흥이 일어날 것이며, 만민이 하나님을 향해 예배하게 될 것이다. 도시 부흥은 교회 개척과 분리할 수 없다. 도시 부흥을 위해 교회 개척을 꿈꾸는 사람들이 일어나야 한다.

추천 도서 《팀 켈러의 정의란 무엇인가》

　교회 개척에 관심을 가진 사람들에게 이 책을 추천하고 싶다. 그 이유는 목회의 사역 방향에 대한 현실적인 도움을 주기 때문이다. 또한 팀 켈러의 통합적 사역에서 '자비와 정의'를 속속들이 이해할 수 있는 계기를 얻을 수 있으며, 교회 개척과 문화 맥락을 연결해서 중심을 잡게 만드는 중요 지점이 되기 때문이다.

　일반적으로 목회자들은 교회에 평강이 임하기를 그리고 하나님 앞에 온전히 예배드리기를 원한다. 교회에 은혜 사건이 계속 일어나고, 성도들끼리 정말 가깝고 막역해지기를 원한다. 하지만 《팀 켈러의 정의란 무엇인가》의 관점은 '이것이 정말 하나님의 뜻일까?'를 되묻게 만든다. 하나님의 평강은 교회에만 갇혀 있어서는 안 되기 때문이다. 하나님은 예배보다 사람들이 하나님의 마음이 어디에 있는지를 알기 원하셨다. 교회는 교회 내에 구원받은 사람들만을 모으거나 자신의 삶에 축복을 받기 위해서만 세워진 곳이 아니기 때문이다. 교회는 내가 사랑할 수 있고, 입맛에 맞는 사람들만 다녀야 하는 곳도 아니기 때문이다.

이 책은 이웃에 대한 정의를 도전한다. 무슨 말인가? 팀 켈러가 이 책을 통해 주는 도전은, 하나님의 뜻이 교회를 통해 지상 영역에 얼마나 온전히 이루어질 수 있는가를 보게 만든다. 단순히 교회를 개척했으니 교회가 성장하고, 건물이 생기고, 재정이 안정되고 일꾼이 많아지는 차원으로만 교회 사역을 바라볼 것이 아니라, 하나님 나라에 더욱 무게를 두게 만들고 있다. 왜냐하면 교회는 정의로운 곳이기 때문이다(사 42:1). 가령, 연약한 이웃에 대한 마음이 없이 교회 안에서 누리는 기쁨과 평강은 교회가 가져야 할 진정한 만족이 아니라는 말이다. 도리어 거룩한 불만족이 있어야 한다.

팀 켈러는 짜데카와 미쉬파트에 대해 이야기한다(의는 짜데카와 미쉬파트의 두 개념이 있다).[56] 짜데카(하나님과의 관계)는 항상 우선한다. 그러면 미쉬파트(벌을 내리고 부당함에서 건져 주는 것)는 자연스럽게 자리 잡게 되는 것이다. 만약 사회에 미쉬파트가 반복되고 있다면, 우리가 사는 세상에는 근본적으로 짜데카가 없는 것이다. 팀 켈러는 이 부분을 짚게 만든다. 참평강(짜데카의 기준)은 '사회적 약자'를 돌보는 것이다. "그의 거룩한 처소에 계신 하나님은 고아의 아버지시며 과부의 재판장이시라"(시 68:5). 그러므로 개척할 때는 교회의 사이즈만 바라볼 것이 아니라, 늘 세상을 바라보며 하나님의 뜻이 무엇인가를 생각할 필요가 있다. 이런 정의로운 생각은 낯선 일일 수 있다. 좀 더 간략히 적용하면, 교회 안에서 목회자의 성공 욕구에 앞서 약한 누군가를 바라보는 섬세함이 훈련될 수 있어야 한다. 교회에 일어난 '문제 덩어리를 해결해야 한다'가 아니라, 짜데카의 관점으로 세상을 바라보아야 한다. 약한 자 때문에 평안이 깨지는 것이 아니라, 약한 자를 생각하는 것이 하나님의 뜻이고, 그것이 진정한 예배이며 하나님의 정의이기 때문이다.

이 책은 하나님의 정의를 목회자뿐 아니라 평신도들에게도 요구한다. 많은 사람들이 가난한 이들을 보며 그들의 무능을 탓할 때가 많다. 하지만 그런 무능은 힘 있는 자의 이익을 보장하는 법체계에서 올 수도 있는 것이다. 다시 말해서, 약자의 무능을 제도의 무능으로 보는 관점이 필요하다는 것이다. 만약 그들의 불행이 재난과 (윤리적 문제가 될 수 없는) 개인 능력의 부족 때문이라면, 그들을 어떻게 도와야 할 것인가를 생각하는 것이 성경이 말하는 정의이고, 이 책이 던지는 질문이다.

생각해야 할 문제다. 만약 사회적 불의에 대해서 교회나 성도가 영적인 이야기만 하거나 약자의 아픔을 도외시한다면, 지금 사회가 요구하는 정의의 수준에도 미치지 못할 것이기 때문이다. 특별히 오늘날의 교회는 자신들의 안위만을 생각하는 '그들만의 리그'로 보인다. 하지만 예수님은 약자를 보살피셨고, 초대 교회는 그 부르심에 확실하게 순종했다. 이것이 정의였다. 특별히 초대 교회가 재정을 사회적 약자를 위해 흘려보낸 모습은 당시 사회에도 충격을 주었다. 이처럼 오늘날에도 교회 안의 물질보다 연약한 이웃을 생각하는 성경적 원리를 교회 내에 세워 낸다면, 세상 속에 교회다움에 대한 신선한 도전이 될 것이라고 생각한다.

  이 책은 이웃의 범위를 내가 원하는 대상으로 제한하지 않도록 만든다. 만약 내가 원하는 사람만 사랑하고 내가 원하는 일만 주장한다면, 교회와 목사는 꼰대밖에 될 수 없다. 그러나 예수님은 차별받는 사마리아인이 무조건적으로 유대인을 도운 것처럼, 예수님을 믿는 우리가 이웃의 범위를 '모든 사람'으로 확장할 수 있어야 한다고 말씀하신다. 그러므로 비그리스도인에 대한 배려가 없는 설교와 대화, 약한 이웃에 대한 마음과 돌봄에 대해 우리는 다시 생각해야 한다.

  특별히 개척 교회를 시작하는 목회자들이 사역 방향을 어떻게 잡을 것인가는 힘든 문제가 아닐 수 없다. 그런 면에서 이 책은 우월한 대답을 주고 있다고 생각된다. 먼저, 이웃을 교인으로 만들 대상으로 보기 전에 하나님의 형상으로서 소중히 여기고, 구원받은 은혜를 바탕으로 그들에게 다가가야 할 것을 발견하게 한다. 그리고 헤더나 마크 고르닉, 존 퍼킨스의 사역을 통해 어떻게 이웃의 필요를 실제적으로 채울지를 생각해 보게 만든다. 또한 나를 평균 이상으로 바라보는 견해를 조심하고, 겸손함을 가지게 도와준다.

  아픔이 가득한 세상에 진정한 샬롬을 가져오는 방법은 하나님의 아름다움을 먼저 보는 것이다. 조나단 에드워즈의 말처럼, 다른 이들을 섬기는 일은 하나님의 아름다움을 볼 때에야 비로소 시작할 수 있기 때문이다. 자신을 벗어나게 하는 방법도 오직 하나님으로 채워져야 하는 것이다. 정의는 거기서 시작되고, 교회도 거기서 시작할 수 있을 것이다.

복음은 우리에게 새로운 정체성을 준다. 우리의 직업과 일에서 우리의 정체성을 찾는 것이 아니라, 하나님과의 관계에서 우리의 정체성을 찾게 해 준다.

7. 팀 켈러의 일과 영성

/ 고상섭 목사

직업과 신앙의 통합

직장생활을 하는 그리스도인이라면 아마《팀 켈러의 일과 영성》이라는 책을 가지고 있거나, 적어도 이에 대한 이야기는 들어 보았을 것이다. 신앙 서적을 잘 읽지 않는 사람들 중에서도《팀 켈러의 일과 영성》은 읽어 보았다는 말을 종종 들었다. 직장과 관련된 여러 책들이 있지만 유독《팀 켈러의 일과 영성》을 많은 사람들이 읽는 이유는 무엇일까? 그것은 현실의 문제를 잘 반영해 주기 때문일 것이다.

직장 사역에 대한 다른 책들을 읽어 보면, 일은 에덴에서부터 있었기에 타락의 결과보다는 노동의 선함에 초점을 맞추는 경우가 많다. 또 우리의 일은 하나님과 세상을 섬기는 과정이라고 이야기하기도 한다. 그러나 그 정도의 성경적 원리만을 가지고서는 전쟁과 같은 직장생활을 버텨 낼 수가 없다. 오늘날 직장에서 생활하는 사람들에게는 단순한 원리가 아니라, 현실의 어려움을 반영한 해답이 필요하기 때문이다.

팀 켈러는 리디머교회의 네 가지 사역의 접점 중에서 '신앙과 직업의 통합'이라는 부분을 따로 둘 만큼 일과 영성을 중요한 사역으로 강조하고 있다.[1] 단순히 '열심히 일하라', '성공하라'는 정도의 메시지로는 포스터모던 시대의 직장인들에게 다가갈 수 없을 것이다. 팀 켈러는 교회에서 성도들에게 직업과 신앙을 통합하도록 가르쳐야 한다고 말한다.

그렇게 생각하게 된 계기가 있다. 리디머교회를 개척하고 얼마 되지 않았을 때, 한 유명한 탤런트가 예수님을 믿게 된 후 팀 켈러 목사에게 와서 이렇게 질문했다. "제가 그리스도인이 되었는데, 이제 방송에서 연기를 할 때 제가 해야 하는 역할과 하지 말아야 할 역할이 있습니까? 그리고 화내야 하는 연기를 할 땐 정말 화를 내야 합니까, 아니면 화내는 연기를 해야 합니까? 또 누군가와 연애하는 연기를 할 때는 그 사람을 정말 사랑해야 합니까, 아니면 사랑하는 연기를 해야 합니까?" 이 질문을 들었을 때, 팀 켈러는 아직 목회자로서 성도들의 현실의 문제에 어떤 해답을 줄 만큼 준비되지 못한 자신을 발견했다. 이것이 계기가 되어 직업과 신앙의 통합에 대해 고민하기 시작했고, 그 결과물이 바로《팀 켈러의 일과 영성》이라는 책과 다양한 직업에 관한 리디머교회의 프로그램들이다.

2018년, 팀 켈러가 한국에 와서 세미나를 개최했을 때 '일과 영성'이라는 주제로 강의를 한 적이 있다. 그때 강의했던 팀 켈러의 주제를 따라 직업과 신앙의 통합이라는 주제를 소개하려고 한다.

성경적 믿음이 일에 미치는 여섯 가지 영향

1. 성경적인 믿음은 일에 대한 새로운 정체성을 준다

사람들은 대개 자신의 직업에서 자신의 정체성을 찾는 경향이 있다. 특히 전문직인 경우에는 그 현상이 더욱 두드러진다. 설교자가 되기 전 런던에서 성공한 의사였던 마틴 로이드 존스는 의대생과 의료인들에게 강연을 하면서, "묘비명에 … '인간으로 태어나 의사로 죽다!'라고 또렷이 새겨 넣어야 할 것 같은 의사들을 수없이 만나는 특권을 누렸다. (의료인들이) 직면하는 가장 큰 위험은 소명을 잃어버릴지 모른다는 점이다 … 의사들에게는 특별한 의미를 갖는 시험이다"라고 말했다.[2]

이런 현상은 의사뿐 아니라 교사, 목사 등 다른 이들에게 유익을 끼치는 직업을 가진 사람들이 빠지기 쉬운 유혹이다. 스스로 고상하고 사람들을 섬기는 노동을 한다고 생각해서 상대적 우월감을 느끼기 쉽다.[3] 결국 자신의 직업이 자신의 정체성이 되는 것이다.

이것이 창세기 11장에 나오는 바벨의 모습이다. 창세기 11장은 12장의 구속사가 시작되는 아브라함의 부르심과 대조가 되는 사건이다. 하나님은 아브라함을 부르시면서 하나님의 약속의 땅에 하나님의 민족을, 하나님이 통치하시는 하나님 나라를 세우기를 선포하신다.

반면 그와 대비되는 11장의 바벨탑 사건은 인간들이 스스로 세우는 인간 나라의 전형을 보여 준다.

> "서로 말하되 자, 벽돌을 만들어 견고히 굽자 하고 이에 벽돌로 돌을 대신하며 역청으로 진흙을 대신하고"(창 11:3).

그들은 자신들의 신기술로 최고의 도시를 만들고 싶어 했다. 이 도시를 구축하려는 프로젝트에는 단순히 살 곳을 마련하는 정도의 마음이 아닌, 더 은밀하고 깊은 두 번째 의도가 숨어 있었는데, "성읍과 탑을 건설하여 그 탑 꼭대기를 하늘에 닿게 하여 우리 이름을 내고 온 지면에 흩어짐을 면하자"(창 11:4)는 것이었다.[4]

그들이 궁극적으로 원하는 것은, 최고의 기술을 통해 성읍과 탑을 건설해서 '우리의 이름을 내는 것'이었다. 그들은 자신들의 이름을 내고 싶었다. 기술을 통해, 일을 통해, 성취와 성공을 통해 자신의 이름을 드러내는 것, 이것이 인간 나라의 특징이다.

팀 켈러는 이 노동의 동기가 바벨탑이 무너지면서 끝난 것이 아니라, 오늘도 여전히 우리의 삶 속에서 도사리는 세계관이라고 말한다.

> 그날부터 지금까지, 노동의 동기는 바뀌지 않았다. 권력과 영예, 만사를 제 뜻대로 통제할 권한을 극대화하려는 의도가 분명하다. 하지만 이런 허세마저도 극도의 불안감을 선명하게 노출할 뿐이다. 인류는 업적을 남겨 '이름을 날릴' 심산으로 도시를 가꿨지만 이름이 결여되

어 있다는 건 곧 스스로 자신이 누구인지 모르고 있음을 반증한다.[5]

'이름을 낸다'는 말은 '정체성'을 확립한다는 의미다. 창세기 12장에서 하나님 나라를 시작하면서, 하나님은 아브라함에게 이렇게 말씀하신다. "내가 너로 … 네 이름을 창대하게 하리니"(창12:2). 누가 누구의 이름을 창대하게 하는가? 하나님이 아브라함의 이름을 창대하게 해 주겠다고 말씀하신다. 그러나 창세기 11장의 인간 나라에서는 스스로 자신의 이름을 내고 싶어서 혈안이 되어 있다.

결국 자신의 정체성을 어디에 두는가 하는 문제로 귀결된다. 자신의 정체성을 하나님과의 관계에서 찾지 못할 때, 불안한 영혼은 눈에 보이는 가시적인 무언가가 있어야 한다. 그래서 사람들은 자신의 직업에 정체성을 두는 경우가 많다. 이러한 세계관은 오늘날 많은 사람들에게 영향을 미치고 있다. 장래 희망을 물으면 대부분의 아이들이 직업을 이야기한다. 인생의 목적이 무엇인지를 물어도 비슷한 대답이 돌아온다. 어떻게 살고 싶은가보다 어떤 직업을 가지는지가 더 중요한 시대가 되었다. 이러한 모습이 바로 자신의 일에 정체성을 두는 시대임을 말해 준다. 창세기 11장의 바벨의 모습처럼 말이다.

팀 켈러는 이렇게 덧붙인다.

죄에 물든 마음에서 비롯된 욕망들은 현실 세계에 긴장을 불러오고 결국 붕괴에 이르게 한다. 스스로 중요한 존재가 되려는 교만한 갈망은 필연적으로 경쟁과 분열, 갈등을 일으킬 수밖에 없다. 자신을 드러내는 데 집중하는 삶이 동료 인간들 사이에서 일치와 사랑을 빚어내기란 불가능한 노릇이다. 그런 마음가짐은 스스로 숭배의 대상이 되든지 집단을 우상으로 삼든지 둘 중 하나를 선택해야 하는 비참한 지경으로 몰아간다. 인류가 그토록 애타게 구하는 영광과 관계는 오로지 하나님 안에서만 공존할 수 있다.[6]

자신의 일에 정체성을 둔 바벨이 무너졌듯이, 오늘날도 자신의 일에 정체성을 두는 모든 사람들은 반드시 무너지게 된다. 만약 자신이 생각한 것처럼 성공에 이르렀다고 가정한다면, 그는 반드시 교만해지게 된다. 자신의 성취와 노력으로 그 자리에 오르게 되었다고 생각하기 때문에 다른 사람보다 자신이 더 낫다고 생각하는 경향이 있다. 그리고 더 노력하지 못한 사람들을 향해 무시하는 경향을 보인다. 어떤 이들은 자신보다 못한 사람들에 대해서 더 관대하고 따뜻하게 대할 수도 있다. 그러나 그런 친절한 행위까지도 그 사람을 하나님의 형상으로 존중해서라기보다, 자신보다 못하기 때문에 더 높은 사람이 낮은 사람에게 베푸는 자선처럼 생각할 수도 있다. 결국 자신의 성취로 인해 경쟁에서 승리한 승리자라는 교만을 버리지 못하게 된다.

우리는 오직 은혜를 이해할 때만 그 교만을 버릴 수 있다. 내가 행한 모든 것은 나만의 노력이 아니라 그 노력까지도 다 하나님의 은혜임을 고백할 때, 우리는 성공이라는 교만의 덫에서 벗어날 수 있게 된다. 또 일에 정체성을 두었지만 실패할 경우에는 인생이 무너지는 좌절을 경험하기도 한다. 자신의 인생 전부가 실패했다고 생각할 때도 있다.

결국 일과 직업이 정체성이 되면 성공도 실패도 모두 잘못된 방향으로 우리를 이끌어 간다.

복음은 우리에게 새로운 정체성을 준다. 우리의 직업과 일에서 우리의 정체성을 찾는 것이 아니라, 하나님과의 관계에서 우리의 정체성을 찾게 해 준다. 팀 켈러가 복음을 설명할 때 자주 인용하는 문장이 있다.

> 복음의 능력은 두 가지 움직임으로 다가온다. 첫째, "나는 내가 감히 생각했던 것보다 훨씬 더한 죄인이고 허물 많은 존재입니다"라고 고백하는 것이다. 둘째, "나는 내가 감히 바랐던 것보다 더 많은 사랑을 받고 용납되었습니다"라고 말하는 것이다.[7]

복음은 내가 죄인이라는 깨달음과 또 내가 하나님의 사랑받는 자녀라는 깨달음을 동시에 준다. 내가 죄인이며 또한 사랑받는 자라는 사실을 동시에 느끼는 것이다. 자신을 바라볼 때는 자기 자신 안에 선한 것이 하나도 없는 죄인임을 발견하게 된다. 그래서 자신의 행위나 자신을 의지하지 않는 겸손을 가지게 된다. 내 안에서는 선한 것이 하나도 나올 수 없다는 철저한 전적 부패를 인식하기 때문이다.

하지만 그런 죄인 됨만을 인식한다면 절망할 수밖에 없을 것이다. 자신을 지탱할 어떤 힘도 없기 때문이다. 그러나 복음은 나 자신은 절망하더라도 나를 사랑하고 붙드시는 그리스도의 사랑이 있음을 깨닫게 한다. 그리스도의 십자가는 '내가 정말 죄인이구나!' 하는 죄인 됨을 알게 해 주는 동시에 '이런 죄인을 위해 죽으셨다면 나를 얼마나 사랑하는 것인가!' 하는 감격을 가지게 한다. 그래서 자신이 죄인이라고 고백하지만 무너지거나 절망하지 않고, 이런 죄인 된 나를 사랑하시는 그리스도의 사랑 때문에 담대해질 수 있는 것이다. 팀 켈러는 《당신을 위한 갈라디아서》에서 이런 복음의 정체성을 두 단어로 표현했다. "복음만이 우리를 자만과 자학에서 건져내 담대하고도 겸손하게 해 준다."[8] 이 겸손과 담대함은 죄인 됨에 대한 인식과 하나님의 사랑받는 자녀라는 인식에서 나오는 것이다. 그래서 복음의 정체성을 가진 사람들은 자신의 업적이나 행위를 의지하지 않는다. 어려움 가운데 씨름하지만 무너지지 않는다. 왜냐하면 자신 안에는 기대할 것이 하나도 없기 때문이다. 우리 인생의 모든 좋은 것은 다 하나님의 은혜로 오는 것이다. 이 복음의 정체성을 가질 때, 일과 직업의 성취와 실패에도 좌지우지하지 않는 인생의 길을 걸어갈 수 있게 된다.

리디머교회에 출석하는 두 청년이 있었다. 둘 다 기독교를 탐색 중이었고, 연극 분야로 진출하려고 오디션을 보고 있었다. 샘과 짐, 두 사람은 동일한 배역을 두고 오디션을 보았다. 아주 큰 작품의 중요한 배역이었다. 둘 중 누구든 그 역할을 맡게 되면 이름을 날릴 좋은 기회였다. 그러나 아무도 뽑히지 않았고 둘 다 떨어졌다.

평소에 누가 보아도 자신만만했던 짐은 완전히 무너져 내렸으나, 샘은 실망하는 정도에 그쳤다. 샘은 나가서 사업 쪽으로 다시 취직을 했고, 그 뒤로도 연극에서 손을 떼지는 않았다. 몇 년 사이에 교회 활동에도 아주 열심이었고, 사업에서도 어느 정도 성공을 이루었다. 연극이나 영화 쪽으로 간혹 기회가 있었으나 연기는 부업이 되었다. 이렇게 샘의 삶은 승승장구했지만, 짐은 달랐다. 짐은 자신의 업계에 분노해서 연기를 아예 그만두었고, 다른 일도 성이 차지 않아 한자리에 1년 이상 있지 못하고 이리저리 떠돌았다.

왜 이 두 사람은 다른 행보를 하는 것일까? 본래 두 사람 다 연극이 정체성의 핵심이자 자존심의 주된 요소였다. 그러다가 샘의 정체성이 변화됐다. 마음의 가장 중심에 있었던 연기가 그냥 좋은 것으로 바뀌었다. 연극을 사랑하는 마음이 사라진 것은 아니지만 더는 그것이 자아상과 자존감의 목을 조르지 못했다. 연기는 정체성의 본질이 아니라 일부가 됐을 뿐이다. 그래서 오디션에서 떨어졌지만 정체성에는 타격이 없었다. 샘의 정체성은 예수 그리스도 안에서 안전하고 무사하게 숨 쉬고 있었다. 그러나 짐은 연기를 하는 직업 그 자체를 자신의 정체성으로 삼았다. 짐의 실패는 심리적 나무에 도끼처럼 세게 박혔다. 오디션의 탈락은 그의 인생 전체가 무너지는 것 같은 절망이었다.[9]

일을 정체성으로 삼는 사람은 그 일이 자신의 뜻대로 되지 않을 때 깊은 절망에 빠진다. 그러나 내가 나의 행위로 이루는 정체성이 아니라, 예수 그리스도가 우리를 위해 무엇을 행해 주셨고 그분이 어떤 존재인가에 대한 복음의 주장을 믿게 되면, 이 세상에서 벌어지는 어떤 일도 감히 우리의 정체성을 건드릴 수 없다는 것을 알게 된다. 하나님의 사랑 가운데 우리는 변하지 않는 영원한 사랑을 받는 존재이기 때문이다.

우리는 더 이상 일과 직업을 통해 자신을 증명하려고 노력할 필요가 없다. 죄인인 나는 이미 그리스도 안에서 완전한 인정과 사랑을 받는 하나님의 자녀다. 복음은 우리에게 직업이 아닌, 하나님과의 관계를 통한 새로운 정체성을 부여해 준다.

2. 성경적인 믿음은 모든 일이 가치 있는 존엄한 일임을 알려 준다

성경은 "태초에 하나님이 천지를 창조하시니라"(창 1:1)로 시작한다. 태초에 하나님은 일하면서 세상을 창조하셨다. 태초에 '일'이 있었다고 할 수 있다. 일과 노동은 타락한 세상의 고통이 아니라, 태초에 있었던 하나님의 계획 가운데 하나다.

에덴동산은 죄가 없는 곳이지만 완벽한 곳은 아니었다. 왜냐하면 인간의 노동을 통해 발전 가능한 곳으로 만드셨기 때문이다.

> "하나님이 이르시되 우리의 형상을 따라 우리의 모양대로 우리가 사람을 만들고 그들로 바다의 물고기와 하늘의 새와 가축과 온 땅과 땅에 기는 모든 것을 다스리게 하자 하시고 하나님이 자기 형상 곧 하나님의 형상대로 사람을 창조하시되 남자와 여자를 창조하시고 하나님이 그들에게 복을 주시며 하나님이 그들에게 이르시되 생육하고 번성하여 땅에 충만하라, 땅을 정복하라, 바다의 물고기와 하늘의 새와 땅에 움직이는 모든 생물을 다스리라 하시니라"(창 1:26-28).

팀 켈러는, 창세기 1장 26절에서 '다스리라'는 명령은 단순히 인간이 스스로 다스리는 것이 아니라, 하나님을 위해 이 땅에 존재하는 일종의 부섭정(vice-regent)으로서 나머지 창조 세계를 관리하는 청지기 역할을 하도록 부름 받았다고 말한다.[10] 인간의 노동과 일은 하나님의 일에 동참하는 것이다. 그래서 세상에 있는 모든 일은 하나님이 맡기신 일이며, 하나님의 영광을 드러내는 일이다.

그리스도인 중에서 만약 직업 가치의 높낮이가 있다고 생각하는 사람이 있다면, 그는 이미 성경이 아니라 세상의 사고를 가지고 있는 것이다. 성경은 세상에 있는 모든 일이 곧 하나님의 일이며, 그 일은 곧 창조 세계를 다스리는 하나님의 일에 동참하는 것이라 말한다. 이것을 알지 못할 때, 자신의 성취나 직업이 다른 사람보다 더 우월하다고 생각하는 경우 낮은 직업을 가졌다고 생각하는 사람들을 무시하게 된다. 소위 말하는 '갑질 사건'은 바로 이런 존엄한 가치를 상실했기 때문에 발생하는 것이다.

그러나 오늘의 많은 직장인들은 모든 직업이 하나님의 일이라는 존엄한 가치를 인식하지 못하고 살아갈 때가 많다. 왜냐하면 잘못된 문화 내러티브를 믿고 있기 때문이다. 동양 사상에서는 천국을 묘사할 때 '무릉도원에서 신선놀음을 하는 것'이라고 설명한다. 서양도 마찬가지다. 아리스토텔레스는 "실업 상태(굳이 일을 하지 않아도 살아갈 능력이 되는)야말로 진정으로 가치 있는 삶의 첫 번째 요건"[11]이라고 말했다. 플라톤의 사상도 육체는 영혼을 가로막는 장애물에 불과했다. 팀 켈러는 이것이 그리스 사회 구조 전체의 문제였다고 말한다.

"그리스 사회구조 전체가 그런 세계관을 지탱했다. 엘리트들이 예술과 철학, 정치를 통해 정신을 수련하는 데 전념하도록 노예와 직인들이 노동으로 뒷받침해야 한다는 전제가 깔려 있었기 때문이다." 아리스토텔레스는 《정치학》(Politics) I.V.8에서 개중에는 노예가 되도록 태어난 인간이 존재한다는 대단히 유명한 말을 남겼다. 더러는 수준 높은 이성적 사고가 불가능하므로 열심히 일해서, 재능 있고 총명한 이들이 자유로이 명예로운 삶과 문화를 추구하도록 보조해야 한다는 뜻이다.[12]

이 사상은 오늘날까지 이어지고 있는 것 같다. 어느 영화의 대사처럼, 민중은 개, 돼지 같다는 말이 고위 공무원의 입술에서도 쉽게 흘러나오는 시대를 살아가고 있다. 또 소위 갑질이라고 부르는 많은 사건들 속에는 직업이 정체성이 되고, 또 직업을 통해 사람의 수준을 가늠하는 물질주의적 영향이 깔려 있는 것이다. 그래서 대부분의 사람들은 일이 필연적으로 악하다고 생각한다. 돈을 벌어서 가족을 부양해야 하기 때문에 일을 할 수밖에 없다는 인식을 가진다. 또 지위가 낮거나 수입이 적은 일은 인간의 존엄을 해친다고 생각한다. 그래서 경비원, 가사도우미, 세탁부, 요리사, 정원사를 비롯해 서비스 업종에 종사하는 근로자들을 업신여기는 사례가 많이 일어난다.

하지만 성경은, 일은 하나님의 역사에 동참하는 것으로, 모든 일은 하나님의 손과 발이 되어 행하는 하나님의 일이라 말한다. 루터는 이렇게 말했다.

교황, 주교, 신부, 수도사들을 '신령한 직분'으로 칭하면서 왕족, 귀족, 장인, 농부들을 '세속의 직분'이라고 부르는 건 모두 지어낸 소리(허구)다. 철저한 기만이요 위선이 아닐 수 없다. 그러므로 누구도 거기에 주눅들 이유가 없다. 크리스천이라면 누구나 진정으로 신령한 직분을 가졌으며 직무의 종류가 다르다는 것 말고는 아무런 차이가 없기 때문이다 … 사도 베드로의 말처럼 세례와 함께 제사장으로 드려졌기 때문이다. "너희는 … 왕 같은 제사장들이요, 거룩한 나라요"(벧전 2:9). 묵시록은 이렇게 가르친다. "피로 사서 … 나라와 제사장들을 삼으셨으니 그들이 땅에서 왕 노릇 하리로다"(계 5:9-10).[13]

루터는 모든 직업이 하나님 앞에서 동일하다고 말한다. 그리고 시편 147편은 이렇게 말씀한다.

"예루살렘아 여호와를 찬송할지어다 시온아 네 하나님을 찬양할지어다 그가 네 문빗장을 견고히 하시고 네 가운데에 있는 너의 자녀들에게 복을 주셨으며 네 경내를 평안하게 하시고 아름다운 밀로 너를 배불리시며 그의 명령을 땅에 보내시니 그의 말씀이 속히 달리는도다"(시 147:12-15).

여기서 '네 문빗장을 견고히 하시는' 분은 하나님이시다. 어떻게 하나님이 문빗장을 견고히 하시면서 성을 지켜 주시는가?

본문에 등장하는 '빗장'이라는 표현은 대장장이가 만드는 쇠막대기로만이 아니라 … 선량한 정부, 잘 정비된 도시의 법률들, 정연한 질서 … 그리고 지혜로운 통치자처럼 백성들을 보호하는 데 도움이 되는 모든 요소를 아우르는 말로 이해해야 한다.[14]

하나님은 법을 만드는 사람들, 경찰관들, 정치가들을 통해서 성을 지켜 주신다는 것이다. 결국 하나님이 친히 부르신 이들의 노동을 도구로 삼아 시민들의 필요를 채워 주시는 것이다. 일용할 양식을 통해 우리를 먹이신다는 말도, 기도하면 하나님이 직접 쌀을 우리 집으로 배달해 주신다는 말이 아니다. 농사를 짓는 사람, 유통하는 사람, 음식을 하는 사람, 나눠 주는 사람들의 손길을 통해 하나님이 양식을 주신다는 뜻이다. 그래서 루터는 이것을 '하나님의 가면'이라고 표현했다. 주님이 뒤로 숨은 채로 사실상 모든 일을 하신다는 것이다.[15]

결혼한 이들의 성적인 관계까지도 남자와 여자 없이 자녀를 갖게 하실 능력이 있지만, 하나님은 그러길 원치 않으셨다. 대신에 남녀가 연합하게 하셨다. 마치 인간의 공로인 것처럼 보이지만, 주님이 가면을 쓰고 하신 일이다.[16]

2017년 6월, 그리스의 환경미화원들이 재계약을 하지 못하는 문제로 파업을 한 사건이 있었다. 열흘 정도 쓰레기를 수거하지 않았을 때, 도시 곳곳은 악취가 심했고, 관광 사업은 차질을 빚게 되었다. 만약 청소를 하는 전 세계 노동자들이 전부 다 파업을 하거나 일을 하지 못하게 된다면 어떻게 될까? 아마 전 세계는 악취와 병균으로 인해 수많은 사람들이 병원 신세를 져야 하며, 심하면 죽음에까지 이르게 될 것이다. 많은 사람들이 청소하는 노동자들을 존경하지 않고, 또 많은 돈을 받지 못할 수도 있지만, 그 직업은 하나님의 창조 세계를 아름답게 유지하는 데 너무나도 중요하고 존엄한 일이다.

세상은 노동을 하지 않는 것을 최고의 가치로 둔다. 그리고 노동에도 고급스러운 노동이 있고 그렇지 않은 노동이 있다고 생각한다. 아리스토텔레스는 철학을 하는 삶이 노동을 하는 삶보다 더 가치 있는 삶이라 생각했다. 그러나 성경은, 모든 일은 종류와 상관없이 고귀하며 하나님의 창조 세계에 동참하는 것이라 말한다. 이 사실을 깨닫는다면 직업을 구하는 많은 젊은이들이 재능보다 보수를 위해 직장을 선택하는 일은 없어질 것이다.

사람들은 대개 자신의 은사와 관계없이 다른 사람들이 인정해 주거나 더 많은 보수를 받는 직업을 선호하는 경향이 있다. 그러나 세상의 일은 보수가 크든 작든 모두 하나님의 일이다. 이것은 직업 선택의 영역에서도 우리를 자유롭게 해 준다. 직업 선택에 있어서 일에 대한 성경적 관점을 가지지 못하면, 대부분의 사람들은 자아상을 북돋는 방법을 찾아내어 거기에 부합하는 일자리를 택하는 경향이 있다. 그런 기준에서 높은 점수를 받으려면 대개 세 가지를 생각한다. 돈을 많이 버는 직업이거나, 사회적인 필요에 직접 반응하는 직업이거나, 남들이 보기에 근사하고 신나는 직업을 가지는 것이다. 이런 선택의 기준에서는 일이 하나님의 역사에 동참하는 존엄한 가치를 가진다거나 이웃을 섬기는 것이라는 개념들이 사라지고, 오로지 자아를 실현하는

것에만 초점이 맞추어져 있다.[17]

이런 기준을 만족시키는 경우는 몇 사람 되지 않기 때문에, 대부분의 청년들은 직업의 선택에 있어서 패배감을 가지고 살아가게 된다. 그런 패배감 속에서 원치 않는 직장생활을 하기 때문에 일에 만족하지 못하거나 의미를 찾지 못하는 것은 당연한 노릇이다.

유시민 작가가 젊은 청년들에게 인생의 선배로서 조언을 하는 프로그램을 본 적이 있다. '대학 생활을 어떻게 보내야 하는가'라는 질문에 그는 먼저 인생이 짧고 덧없다는 것을 이야기한다. 짧고 덧없는 삶을 잘 살려면 인생의 의미를 찾아야 하는데, 그렇게 하려면 내가 원하는 삶을 살아야 하고, 내가 원하는 삶을 살려면 결국 내가 원하는 것을 할 수 있는 직업을 선택할 수 있어야 한다고 말한다. 그리고 그렇게 내가 원하는 직업을 선택하려면 다른 사람보다 더 잘해야 한다고 권면했다. 일반 은총의 관점에서 선배로서 좋은 조언을 해 준 것이지만, 이 말도 결국은 자기가 원하는 직업을 선택해야 한다는 조건이 있다. 문제는 많은 사람들이 자기가 원하는 직업을 가지지 못한다는 것이다. 또한 직업 자체가 그들의 정체성이 되어 버렸기 때문에 모든 직업이 존엄하다는 생각보다는 더 좋은 직장, 더 편한 직장에 대한 선호감이 커서 사람들이 패배감 속에서 살아가게 된다.

원하는 직업을 가졌다고 해도 문제는 해결되지 않는다. 원하는 직업을 가진 사람들을 인터뷰해 봐도 자신이 정말 원했던 그 삶이 아니라, 원하는 직업 안에서도 수많은 고통과 스트레스가 있다고 대답할 것이다. 팀 켈러는 본인이 원해서 목회자가 되었다. 그러면 행복한 삶을 살아야 할 것이 아닌가? 그러나 자신의 목회를 돌아보면 고통스러운 순간들이 너무 많았다고 고백한다.

우리의 직업 선택의 기준은 모든 일이 존엄하다는 생각을 할 때 자유로울 수 있다. 세상이 만들어 놓은 기준이 아니라, 모든 일은 하나님과 세상을 섬기는 이웃 사랑의 행위이기 때문이다. 옛 수도사들은 종교적인 행위를 통해 구속을 받으려고 애썼던 반면, 대다수 현대인들은 직업적인 성공에서 구원(자존심과 자부심)을 찾으려 한다. 그러다 보니 오로지 높은 보수와 지위를 보장하는 자리에 연연하며 비뚤어진 방식으로 그런 일들을 '섬기게' 되었다. 그러나 복음은 일에 기대어 자신을 입증하고 정체성을 지키라는 압력에서 해방시켜 준다. 이미 인정받고 안전해졌으므로 달리 애쓸 이유가 없기 때문이다. 아울러 단순 노동을 우습게 여기는 태도와 고상해 보이는 일거리를 부러워하는 마음가짐에서 벗어나게 한다. 이제 일은 종류와 상관없이 인류를 값없이 구하신 하나님과 더 나아가 이웃을 사랑하는 수단이 된 까닭이다.[18]

사람들이 애쓰고 수고해서 직업을 통해 얻으려고 하는 것은 단순한 돈과 성공이 아니라, 돈을 통해 따라오는 무엇, 성공을 통해 따라오는 무엇이다. 그것은 아마 구원, 자부심, 인정, 평안 등일 것이다. 그러나 그리스도인들은 이미 그리스도 안에서 그것을 소유하고 있으므로, 이제는 그저 하나님과 이웃을 사랑하기 위해 일하면 그만이다. 복음으로 단련된 눈을 가지면, 친히 지으시고 부르신 인간들을 통해 하나님이 행하시는 일들, 곧 소젖을 짜는 단순한 행위로부터 더할 나위 없이 고상한 예술적 또는 역사적 업적에 이르기까지의 모든 일들에서 하나님의 영광에 휩싸인 하나님의 세계가 보이게 마련이다.[19]

3. 성경적인 믿음은 우리의 일을 탁월하게 행하는 동기를 부여해 준다

모든 일이 존엄한 하나님의 일이라면, 우리는 자신이 속한 영역에서 어떤 일이든지 주님에게 하듯 해야 하며, 탁월하게 일해야 한다. 이 탁월함은 다른 사람들에게 인정받고 싶은 마음이나 자신을 증명하려 하는 경쟁심에서 나오는 것이 아니라, 하나님을 사랑하고 섬기는 감사에서 나오는 것이어야 한다. 구두를 수리하는 사람은 기도를 잘하는 사람이 아니라, 직업의 영역에서는 구두를 잘 고치는 사람이 되어야 한다. 그래서 구두를 잘 고치는 그 일이 바로 하나님이 기뻐하시는 일이며, 하나님의 창조 세계를 더욱 아름답게 만들어 가는 일이다.

팀 켈러에게 누군가 이런 질문을 했다. "어떻게 하면 내가 일하는 곳에서 그리스도인으로 살아갈 수 있습니까?" 아마도 그는 성경 공부와 기도와 전도를 하라는 이야기를 기대했을 것이다. 그러나 팀 켈러는 "일을 잘하십시오"라고 대답했다. 우리가 일을 통해 하나님과 이웃을 사랑하는 방식 중의 하나는 바로 '일을 잘하는 것'이다.

도로시 세이어즈는 이렇게 말했다.

> 교회가 총명한 목수를 대하는 걸 보면, 보통은 취하도록 술을 들이키지 말고, 여유 시간에 망나니짓을 하지 않으며, 주일마다 꼬박꼬박 예배에 출석하라고 타이르는 게 고작이다. 하지만 교회가 해 주어야

할 애기는 따로 있다. 신앙을 좇아 살려면 무엇보다 훌륭한 테이블을 만드는 게 우선이라고 가르쳐야 한다.[20]

사람들이 일을 탁월하게 하는 동기는 그것을 통해 자신을 높이거나 더 많은 보수를 받기 위해서일지 모르지만, 그리스도인의 동기는 하나님이 맡기신 일이라는 사명 때문이다.

교회에서 자주 듣던 말 중에 '내가 하나님에게 충성하면, 내 자식은 하나님이 키워 주신다'라는 말이 있다. 주님의 일을 하기 위해 교회에 충성하면, 자식을 돌볼 시간이 없어도 하나님이 그것을 보상해 주신다는 것이다. 그러나 그 말은 50퍼센트의 진리일 뿐이다. 하나님의 일을 열심히 한다고 직장 일이 잘되는 것은 아니고, 하나님의 일을 열심히 한다고 가정에서 부모로서의 역할을 하지 않아도 되는 것은 아니다. 오히려 하나님의 일을 하기 때문에 직장에서 더 열심히 일하고, 가정에서 시간을 내어 자녀들과 시간을 보내야 한다. 교회 일만 하나님의 일이 아니라, 우리가 속한 모든 일이 하나님의 창조 세계를 다스리는 귀한 일이기 때문이다.

탁월함은 다른 사람과의 경쟁에서 승리하라는 말이 아니다. 복음의 동기는 다른 사람과 비교하지 않고 모든 것을 주님에게 하듯 하기 때문에 날마다 탁월해지는 것이다. 탁월함은 목표가 아니라 섬김의 결과다. 팀 켈러도 일에 있어서의 탁월함과 능숙함은 곧 사랑의 표현이라 말했다. 노동의 본질은 이웃을 사랑하는 것이고, 능숙함은 사랑의 결과이기 때문이다.

1989년 2월 24일, 뉴질랜드로 가는 유나이티드에어라인 보잉 747기가 2만 2천 피트 상공에서 화물칸 앞문이 뜯겨 나가면서 항공기 옆구리에 커다란 구멍이 났다. 순식간에 승객 아홉 명이 허공으로 빨려나가 목숨을 잃었다. 흩날리는 파편에 손상을 입은 오른쪽 엔진 두 개가 멈춰 버렸다. 착륙이 가능한 지점까지 도달하려면 200킬로미터 남짓 더 날아가야 했다. 기장 데이비드 크로닌은 온갖 지혜와 38년에 걸친 비행 경험을 마지막 한 방울까지 다 짜냈다. 극적으로 무사히 항공기를 착륙시킨 그를 향해 항공 전문가들은 '기적적'이라는 수식어를 붙였다. 끔찍한 사고가 일어난 지 며칠 뒤, 어느 기자가 크로닌에게 화물칸 문짝이 날아가는 순간, 가장 먼저 무슨 생각이 들더냐고 물었다. 기장은 말했다. "승객들을 위해 잠깐 기도하고 곧바로 일에 집중했습니다."[21]

　일에 대한 능숙함은 부와 명예가 따라오기도 하지만, 그것이 능숙함의 목표가 되어서는 안 된다. 능숙한 솜씨는 이웃 사랑의 표현이며, 어떻게 세상에서 하나님과 더불어 일할 것인가에 대한 성도의 응답이다.

　여기서 또 한 가지 잊지 말아야 할 것은, '일 자체에 기여하는 것'(serve the work)이다. 일은 이웃 사랑의 한 형태지만 그것이 최종 목표가 되어서는 안 된다. 만약 하나님의 일을 행함에 있어 하나님을 사랑하는 것보다 이웃을 사랑하는 형태가 더 높은 위치에 있으면, 자신의 헌신과 수고를 통해 이웃을 사랑했는데 그 결과가 좋지 못할 때 좌절하거나 분노하는 경우가 있다.

　도로시 세이어스는 유명한 논문(Why Work?)에서 이 문제를 파고들었다. '공동의 유익'을 위해 그리고 '다른 이들'을 위해 일해야 한다는 것은 성경적인 말이지만, 거기에 머물러 있어서는 안 된다고 판단했다. 일을 하는 사람들은 '일 자체에 기여해야' 한다고 보았다.[22] 일 자체에 기여한다는 말은, 내가 하는 일 그 자체가 주는 만족과 기쁨을 누린다는 뜻이다.

한 예로, 공부하는 사람이 공부를 통해서 받을 결과를 위해 오늘을 참고 공부하는 것은 공부 자체를 섬기고 기여하는 것이 아니다. 공부의 결과와 상관없이 공부하는 과정에서 알아 가는 그 자체를 기뻐해야 한다. 세상에 있는 모든 지식은 다 하나님의 것이다. 우리가 공부하는 분야를 하나님이 모르시지 않는다. 우리가 세상을 조금 더 알아 가는 공부는 하나님을 더 알아 가는 것이고, 그래서 공부는 곧 예배다. 일 자체에 기여해야 한다는 말은, 내가 하는 일 그 자체의 아름다움을 만끽하는 것이다. 또 다른 예로, 청소를 하는 사람이 있다면, 그는 더러운 것이 깨끗해졌다는 하나님이 창조하신 세상의 아름다움 그 자체를 기뻐하는 것이다. 내가 일하는 행위 자체, 하나님의 일에 동참한다는 그 자체가 주는 기쁨을 누리는 것이 바로 '일 자체에 기여'하는 것이다. 이것이 이루어질 때, 우리는 일의 결과와 상관없이 흔들리지 않고 그 길을 꾸준히 걸어갈 수 있다. 나의 일이 곧 공동체를 섬기는 일이라는 생각 자체가 우상이 될 수 있음을 알아야 한다. 일 자체에 기여하는 것이 결국 참마음으로 이웃을 사랑하는 것이다.

4. 성경적인 믿음은 믿는 자에게 도덕적 나침반을 제공해 준다

포스트모던 시대의 비즈니스는 주로 '목적이 없는 수단'으로 표현된다. 현대인들은 브랜드를 통해 페르소나를 창출하고, 스스로 온라인에 정체성을 구축하라는 속삭임을 끊임없이 들으며 산다. 예일대학교 철학과 니콜라스 월터스토프 교수는 '행복한 삶'의 기준을 두고 현대 문화는 '잘되어 가는 것'이라고 정의하는 반면, 고대 문화는 성품과 용기, 겸손, 사랑, 정의 따위의 요소를 고루 갖추고 '잘 사는(경험적인 즐거움이 가득한) 것'으로 규정한다고 말한다. 그러므로 마케팅과 홍보 일을 하는 이들로서는 상품이 멋지게 작동할 뿐만 아니라 행복을 가져다준다고 선전할 수밖에 없는 형편이다.[23]

이러한 현실 속에서 직장생활을 하는 그리스도인들은 어려움을 겪을 때가 있다. 도덕적인 삶을 선택한다고 모든 결과가 다 좋을 수는 없기 때문이다. 팀 켈러가 한번은 홍보 회사의 남녀 중역과 이야기를 나누었다. 둘 다 어려움을 겪고 있었다. 여성은 화장품 회사에서 일했는데, 클라이언트들은 광고에 거짓된 메시지를 실어 주기를 바랐다. 또 남성 임원은 스포츠카에 섹스어필을 하라고 요구를 받았다. 반대 입장을 가진 두 사람은 거센 저항에 부딪혀야 했다. 남자의 경우 성적 이미지를 빼고 잘 달리는 명품 자동차를 강조하는 쪽으로 메시지를 바꾸었지만, 여성 임원의 경우는 결국 직장에 사표를 내야 했다.[24]

때론 여러 가지 불이익을 당할 수 있지만, 복음은 세상의 문화가 아닌 도덕적 기준을 우리에게 제공해 준다. 물론 그리스도인이라 해도 광고를 하면서 잠재 고객들에게 상품이 삶에 가치를 더해 주리라는 점을 부각시켜야 한다는 것을 부정하지는 않는다. 하지만 거짓말을 하면서까지 제품이 생명을 줄 수 있는 것처럼 알려야 한다는 뜻은 아니다.[25]

도덕적으로 너무 힘든 회사의 요구에 스트레스를 받는 성도들의 질문에 팀 켈러는 이렇게 답했다. "그 직장에서 있을 때까지 최선을 다해 있으십시오. 당신이 활용할 수 있는 기술과 관계를 사용해서 높이 올라갈 수 있을 때까지 정직하게 올라가십시오. 그러나 정말 양심에 부딪히는 문제가 있으면 그때는 사직서를 쓰고 새롭게 창업하십시오."

성도들이 복음의 동기를 가지고 도덕적 고민을 나눌 수 있다면 이미 복음이 그의 삶에 역사하고 있다는 이야기일 것이다. 교회는 성도들이 회사 생활 속에 고민하는 도덕적 어려움들을 나눌 수 있도록 도와주어야 한다.

오늘날 많은 회사들은 '목적이 없는 이윤을 추구'하는 경향이 있다. 다르게 표현하면, 법의 테두리 안에서의 이윤의 극대화가 목적이라고 말해야 할 것이다. 많은 근로자들의 마음과 직장의 문화마다 죄가 구석구석 퍼져 있다. 그 결과 하천 오염, 형편없는 서비스, 불공평한 분배, 특권을 가진 듯 오만한 태도, 전망이 없는 일자리, 인간성을 말살시키는 관료주의, 중상모략, 세력 다툼 따위가 판을 치게 됐다. 특별한 뜻을 품고 복음을 제시하는 대안적인 내러티브를 비즈니스에 적용해야 하는 중요한 까닭이 여기에 있다.[26]

복음은 직장의 문화 속에서 도덕적 나침반을 제공해 준다. 겉보기에는 다른 회사와 별 차이가 없어 보이지만, 복음이 기반이 된 회사는 고객들을 섬기고, 적대적인 관계와 착취가 없으며, 생산물의 탁월함과 품질을 대단히 강조하고, 설령 수익이 줄어들지라도 조직의 현장에서 일상적인 기업 활동에 이르기까지 전 영역에 골고루 미치는 윤리적인 환경이 갖춰져 있게 마련이다.[27]

팀 켈러는 던 플로우라는 자동차 영업자의 예를 소개한다. 그는 자동차 업계에서 최대한 고가의 차를 고객에게 권하면서 이윤을 남기는 방식이 지배하고 있다는 것을 알았다. 그것을 자신의 도덕적 양심으로 용납하기 어려웠던 던 플로우는 고객 한 사람, 한 사람에게 가장 품질 좋은 차량을 판매하는 데 초점을 두는 방향으로 영업을 했다. 그 결과 협상력을 갖춘 백인들보다 여성과 소수 민족들이 더 비싼 값을 치르며 자동차를 구입하고 있다는 것을 알게 된 던 플로우는 모든 차량에 동일한 수익률을 적용하기로 결심하고 누구나 같은 비용을 내고 차를 가질 기회를 보장해 주었다.[28]

복음이 아닌 많은 직업관은 자신의 이윤과 이익에 따라 선택하게 만든다. 그러나 복음은 우리에게 도덕적 나침반을 제공해 주기 때문에, 더욱 윤리적으로 일할 수 있게 하며, 더 건강한 직업 환경을 만드는 데 도움을 준다.

5. 성경적인 믿음은 직장에 관한 새로운 세계관을 갖게 한다

공장에서 제품을 만들 때, 그리스도인이 만드는 방식과 비그리스도인이 만드는 방식에 큰 차이가 있는 것은 아니다. 정성과 동기는 다르지만 '성경적인 제품 만드는 법'이란 것은 존재하지 않는다. 그러나

드라마 각본을 쓰는 일이나 도덕적인 성품을 가르치려 하는 교사의 경우에는 믿는 사람과 믿지 않는 사람의 방식이 동일할 수 없다. 그들 안에 있는 세계관이 다르기 때문이다. 이 세계관의 차이는 몇 가지 질문에 답하는 것으로 알 수 있다.

- 인생의 목적은 무엇인가?
- 선한 사람은 어떻게 살아야 하는가?
- 옳고 그름의 기준은 무엇인가?
- 내세가 있다고 생각하는가?

이런 질문에 어떻게 답하는지에 따라 어떤 직업군에 있어서는 상당한 차이가 나기도 한다. 성도들에게 일과 신앙을 통합시키기 위해서는 반드시 성경적인 세계관을 가지도록 도와주어야 한다.

앞에서도 언급된 니콜라스 월터스토프라는 철학 교수를 어느 가구 회사 회장님이 자신의 모임에 초청했다. 그 모임은 많은 회사의 회장들이 모인 자리였는데, 그곳에서 강연을 부탁했다. 어떻게 가구를 만들고 어떻게 장사를 해야 하는지는 잘 알지만, 어떤 도덕적 의무를 가지고 가구를 만들어야 하는지에 대한 해답을 듣고 싶다고 했다. 니콜라스 월터스토프는, 자신은 비즈니스를 잘 모르고 어떻게 해야 이익을 많이 내는지도 알지 못한다고 운을 뗀 후 이렇게 말했다.

"돈은 호흡과 비슷합니다. 모든 사람이 살기 위해서는 호흡해야 합니다. 그러나 어떤 사람도 호흡을 하기 위해서 살지는 않습니다. 비즈니스도 마찬가지일 것입니다. 이윤을 내지 못하면 회사는 존재할 수 없습니다. 그러나 이익을 내는 것이 비즈니스의 목적이 되어서는 안 됩니다. 이익은 목적 달성을 위한 도구일 뿐입니다. 목적은 인류에 더 선한 영향을 끼치는 것입니다."[29]

이것이 기독교적 세계관을 가지는 것이다. 돈은 중요한 수단이지만, 돈을 위해 비즈니스를 한다면 결국 호흡하기 위해 살아가는 사람처럼 의미 없는 삶이 될 것이다. 사람들은 교회를 통해 다른 세계관으로 세상을 바라볼 수 있어야 한다. 그렇지 않으면 세상이 주는 다른 문화적 관점으로 직업을 바라보게 된다.

플라톤은 주로 인간의 연약함이 문제의 근원이라 판단했고, 마르크스는 불공정한 경제 구조가 세상의 문제라고 보았다. 사르트르는 객관적인 가치는 존재하지 않는다고 말했고, 스키너는 인간은 환경의 지배를 받는다고 말했다. 오늘날 비즈니스 세계 속에 통용되는 세계관은 '기술의 능력이 세상을 더 낫게 바꾼다는 강력하고 낙관적인 복음'일 것이다. 그러나 복음적 세계관은 하나님과 이웃을 사랑하는 데 삶의 의미가 있으며, 그 작동 원리는 섬김이 되어야 한다고 명확하게 가르쳐 준다.[30]

성경이 말하는 세계관은 창조, 타락, 구속, 회복이라는 큰 스토리 안에서 우리의 일을 해석하게 해 준다. 비록 타락한 세상 속에 있지만, 우리의 일은 하나님 나라의 회복이라는 소망을 바라보며 일하게 해 주고, 우리의 위치가 어디인지 바로 알게 해 준다.

그렇다면 기독교 세계관을 가진 그리스도인 언론인이 있다면 어떻게 세상과 달라야 하는가? 복음적인 세계관은 자기와 다른 상대방을 극단적인 악으로 규정하지 않는다. 객관적인 장단점을 모두 분석하게 한다. 간단한 예를 들어 보면, 위기와 관련된 이야기를 할 때 현대적이고 인과론적인 세계관은 재빨리 비난할 대상부터 찾도록 유도한다. 허리케인 카트리나가 뉴올리언스를 강타한 직후부터 한동안 재난 보도가 뉴스의 기본을 이루던 시기가 있었다. 그때 뉴스는 신속하게 책임을 묻는 쪽으로 흘러갔다. 방파제를 건설한 회사의 부실 공사나 연방 정부의 늑장 대처 따위가 도마에 올랐다. 도시 계획의 허점이나 무책임한 정부 기관들의 잘못이 없다는 뜻이 아니다. 다만 피조물 가운데 누군가, 또는 무엇인가에 책임을 돌리려는 마음가짐은 복음적이라기보다 인간적인 충동이라는 점을 짚고 넘어가고 싶다. 타락과 부패는 자연과 인간의 내면에 존재하는 깨어짐의 결과라는 게 복음의 가르침이다. 복음이 들려주는 진실한 스토리는 구속과 갱신의 증거다. 복음적인 세계관에는 방치와 태만에 관한 사연보다 인내의 이야기가 더 잘 들어맞는다.[31]

6. 성경적인 믿음은 직업에 소망을 불어넣어 준다

직업에 대한 오해 중 하나는, 직업을 통해 세상을 변화시킨다는 낙관주의다. 또 다른 오해는, 내가 열심히 일해 봤자 세상은 아무런 변화도 없다고 생각하는 비관주의다. 많은 그리스도인들이 양극단을 오갈 때가 있다. 이렇게 양극단을 오고 가는 이유는 하나님 나라에 대해 오해하고 있기 때문이다. 예수님이 이 땅에 오시면서 하나님 나라는 이미 시작되었다. 그리고 예수님의 재림의 때에 하나님 나라는 극치에 도달할 것이다. 그래서 우리는 이미(already)와 아직(not yet)의 중간 지대를 살고 있다. 이때 '이미' 임한 하나님 나라를 너무 강조하면 승리주의에 빠지게 되고, '아직' 오지 않은 하나님 나라를 강조하면 냉소주의에 빠지게 된다.

팀 켈러는 이렇게 말했다.

> 이상주의는 속삭인다. "일을 통해 변화를 일으키고 영향을 끼치며 새로운 것들을 내놓으며 세상에 정의를 실현해야지!" 반면에 냉소주의는 비아냥거린다. "일한들 뭐가 변하겠어? 쓸데없는 희망을 품어선 안 돼. 그저 먹고살 수 있으면 그만이지. 너무 공을 들이지 말라고. 여건만 되면 당장이라도 집어치워!"[32]

이런 양극단을 배제하면서도 믿음으로 일하고 직장생활을 할 수 있는 방법은 무엇인가? 그것은 타락한 상황을 이해하면서 미래의 소망을 가지고 일하는 것이다. 팀 켈러는 창세기 3장 18절을 통해 이것을 설명한다.

> "땅이 네게 가시덤불과 엉겅퀴를 낼 것이라 네가 먹을 것은 밭의 채소인즉"(창 3:18).

먼저, 우리가 아무리 열심히 일해도 땅은 가시덤불과 엉겅퀴를 낸다는 것을 기억해야 한다. 세상이 변하지 않는다고 실망하는 사람들 중에는 타락한 세상에 대한 이해가 부족한 경우가 있다. 아무리 열심히 일해도 사람은 자신이 생각하는 결과가 나오지 않는 것이 정상이라는 것을 인정해야 한다.[33]

많은 사람들이 자신은 원하는 직업을 갖지 못했기 때문에 힘들지만, 원하는 직업을 가지면 행복할 것이라 생각한다. 그러나 참된 행복은 직업이라는 정체성에서 오는 것이 아니다. 팀 켈러는 목회자가 되고 싶은 사람이었다. 그것을 꿈꾸었고, 은사도 있었으며, 주위에서도 목회자가 되면 좋겠다는 이야기를 듣고 자랐다. 그리고 꿈꾸었던 목회자가 되었고, 목회도 나름 성과가 있었다. 하고 싶은 일을 하게 되었고, 줄곧 꿈꾸었던 일들이 리디머교회를 통해서 열매 맺어 가는 것도 볼 수 있었다. 그러나 자신의 목회를 돌아보면 가시덤불과 엉겅퀴를 계속 경험했다고 고백한다.

> 언젠가는 갑상선암에 걸린 게 밝혀져서 지극히 기본적인 부분을 제외하곤 사역 전체를 보류해야 했다. 아내 건강에 갑자기 문제가 생기는 바람에 여행 일정을 취소하는 건 물론이고 새로운 프로젝트를 추진하는 데 혼선을 겪었다. 한때는 교역자들이 불편한 심기를 내비치며 비전이 커서 내 지도력이나 자신들의 추진력으로는 감당하기 어렵다고 비판했다. 마음에 두고 있던 리더들은 일을 맡기려고 할 때마다 먼 데로 이사 가기 일쑤였다. 장차 이루고자 하시는 일을 어렴풋

이나마 보여 주신 하나님께 늘 감사하지만, 이처럼 불편한 상황이 닥치면 우주의 주인께서 맡겨 주신 조그만 땅뙈기에 가시덤불과 엉겅퀴가 맹렬하게 번져 나가는 걸 절감할 수밖에 없었다.34

결국, 자신이 원하는 직업을 가진다고 해서 행복한 것은 아니다. 원하는 직업을 가졌다는 사람들조차도 그 속에서 자신이 원하던 이상적인 삶은 아니었다고 고백할 것이다.

스콧 펙은 《아직도 가야 할 길》35에서 인생은 힘들다고 고백하면서, 이 힘든 인생을 힘들지 않게 살아갈 수 있는 유일한 방법은 인생이 힘들 것을 알고 사는 것이라 말했다. 성경은, 우리가 사는 세상은 타락했기에 아무리 열심히 일해도 가시덤불과 엉겅퀴가 난다고 말한다. 노력만큼 되지 않는 것은 어쩌면 이 땅에서 우리가 겪는 현실의 모습이다.

세상은 구글의 캐치프레이즈처럼 "세상을 깜짝 놀라게 할 만한 일을 하라"고 우리를 끊임없이 부추긴다. 그러나 성경은 현실을 냉철하게 분석하고 있다. 그러면 어떻게 살고 일해야 하는가? 이런 현실을 받아들이면서 냉소적으로 살아야 하는가? 아니다. 성경은 가시덤불 속에도 소망이 있다고 말씀한다. 창세기 3장 18절에는 가시덤불과 엉겅퀴가 있지만, 이어지는 구절은 '네가 먹을 것은 밭의 채소인즉'이라고 말씀한다. 가시덤불과 먹을거리가 모두 예고된 셈이다. 이 말은 본래 의도된 만큼은 아니지만, 일은 여전히 얼마만큼의 열매를 낳는다는 것이다. 좌절과 성취를 두루 담고 있다.36

팀 켈러는 《팀 켈러의 일과 영성》을 시작하면서 톨킨의 《*Leaf by*

Niggle》(니글의 이파리)을 서문에서 언급하고 있다. 화가인 니글은 하나의 이파리로 시작해서 큰 나무를 그린 후 그 나무 뒤로 마을이 있는 그림을 그리고 싶었다. 그러나 그는 죽을 때까지 자신이 생각했던 나무를 그리지 못하고 고작 이파리 하나만을 완성했다. 죽음이 다가왔을 때 그는 아직 못다 한 일들에 대해 아쉬워했다. 큰 꿈을 가졌지만 그의 인생을 통해 이룬 것은 고작 이파리 하나에 불과했기 때문이다.[37]

그러나 이 이야기는 여기서 끝나지 않는다. 천국으로 가는 길에서 니글은 아주 익숙한 곳을 만나게 된다. 그는 얼른 그리로 달려갔고, 거기에는 늘 꿈꾸었던 것이 실제로 존재해 있었다.

> 커다란 나무. 그의 나무가 완성된 모습으로 서 있었다. 잎이 벌어지고 있었다. 가지는 길게 자라서 바람에 나부꼈다. 자주 느끼거나 어림짐작으로 추측해 보았지만 좀처럼 포착할 수 없었던 바로 그 상태였다. 니글은 나무를 가만히 바라보았다. 그리곤 천천히 팔을 들어 활짝 벌렸다. 그리고 말했다. '이건 선물이야!'[38]

자신은 이파리 하나를 그렸지만, 자신이 상상하던 그 나무가 천국에 있었던 것이다. 팀 켈러는 이 챕터의 소제목을 'There Really is a Tree'(정말로 그곳에 나무가 있다)라고 이름 붙였다.[39] 이 비유는 우리에게 이 땅에서 일이 어떤 의미가 있는지를 잘 보여 주고 있다.

비록 완전한 모습을 구현하지 못하지만, 우리가 원하는 것을 다 이루지 못하지만, 가시덤불과 엉겅퀴를 내는 세상이지만, 우리의 수고와 땀은 그냥 사라지는 것이 아니다. 팀 켈러는 이것을 한 문장으로 표현한다.

> 완벽한 모범이 아니라 그리스도를 가리키는 나침반이 되라는 뜻이다.[40]

우리의 일을 통해 이 세상이 완전한 하나님 나라가 되는 것은 아니다. 나의 노력에도 불구하고 회사는 변하지 않을 수도 있다. 그러나 이 땅에서 변하지 않는다고 그것이 의미가 없는 것은 아니다. 우리가 완벽한 모델, 완벽한 결과를 가져올 수 없을지라도, 우리 순종의 방향이 하나님 나라를 가리키고 있다면 그 순종은 결국 천국에서 아름답게 완성될 것이다.

우리가 열심히 일하면서 꿈꾸는 하나님 나라는 결국 예수님이 다시 오실 때 완성될 것이다. 그때 예수님은 완성된 그 일을 마치 우리가 한 것처럼 대우해 주실 것이다.

나무를 꿈꾸었던 니글이 고작 이파리 하나만 그리고 인생을 마감했지만, 천국에서 그 나무는 니글의 나무이며, 그 마을은 니글의 마을이 된다. 이것은 성경적 선행의 원리와 비슷하다. 하나님의 은혜에 대한 감사의 반응으로 우리의 순종이 있지만, 하나님은 그 선한 행위를 통해 우리를 축복하고 격려해 주신다. 그 축복을 받은 우리는 또다시 그 모든 것이 하나님의 은혜이기에 더욱 감사하고 또 순종하게 된다.

그래서 이 땅에서, 가시덤불과 엉겅퀴를 내는 이 세상에서 오늘도 땀 흘리며 수고하는 우리의 수고가 의미 있는 것이다. 비록 이 세상에서 완성되지 않아도, 누구도 인정하지 않아도 우리의 방향이 옳다면, 그 이파리는 결국 천국에서 나무로 완성될 것이다. 실제로 그곳에 그 나무가 존재하게 될 것이다. 결국 성경적 믿음은 우리의 일터에 새로운 소망을 불어넣어 준다. 열매가 없어도 낙심하지 않는 천국의 소망을 주는 것이다.

창세기의 요셉을 보면서 이런 생각을 한 적이 있다. 요셉은 자신이 노예로 팔려갔을 때 애굽의 총리가 되는 것을 알지 못했다. 단지 오늘의 삶에 작은 순종을 했을 뿐인데 나중에 아름다운 결과를 보게 되었다. 그는 천국에 가서 더 크게 놀랐을 것이다. 자신의 작은 순종을 통해 훗날 출애굽이라는 하나님의 역사가 이어지기 때문이다.

룻도 마찬가지였을 것이다. 모압에서 베들레헴으로 와서 하루하루 연명하는 삶을 살다가 결혼해서 아기를 낳고 죽는 인생이었다. 그런데 천국에서 자신을 돌아보니, 사사 시대를 마감하고 왕정 시대를 여는 다윗의 조상이 된 것이다. 자신의 작은 순종과 일상의 모습 속에 엄청난 하나님 나라가 흐르고 있음을 알게 되었을 것이다.

이렇듯 하나님 나라는 눈에 보이지 않는 곳, 즉 우리의 일상 뒤로 흐르고 있다. 우리는 알지 못하는 하나님의 섭리와 계획이 우리의 일상 뒤로 흐르고 있고, 우리는 오늘의 삶에 작은 순종을 할 뿐이다. 그러나 천국에 가면 우리의 작은 일상의 순종을 통해 아무것도 이루지 못한 인생의 작은 퍼즐 조각이 아브라함부터 예수님의 재림에 이르기까지 큰 그림 속 하나의 퍼즐 조각으로 들어갈 때 엄청난 하나님 나라의 역사 속에 하나의 삶으로 동참되는 것이다. 우리의 작은 인생이 없으면 하나님 나라의 완성된 작품이 탄생하지 않는 것처럼, 하나님은 우리 인생을 하나님 나라라는 큰 그림을 이루도록 동참시키신다.

기억하라! 여전히 힘든 직장생활이지만, 오늘도 어려운 가정생활 속에 있지만, 우리의 작은 순종 뒤로 하나님 나라는 여전히 흐르고 있다. 천국에 가면 정말로 그곳에 나무가 있을 것이다. 단지 이파리 하나만 그리는 인생이지만, 우리는 하나님 나라의 완전한 모범이 아니라 하나님 나라가 저기 있다는 것을 가리키는 나침반으로 살고 있는 것이다.

"우리 주 예수 그리스도로 말미암아 우리에게 승리를 주시는 하나님께 감사하노니 그러므로 내 사랑하는 형제들아 견실하며 흔들리지 말고 항상 주의 일에 더욱 힘쓰는 자들이 되라 이는 너희 수고가 주 안에서 헛되지 않은 줄 앎이라"(고전 15:57-58).

추천 도서 《팀 켈러의 일과 영성》

오늘날 사람들이 가장 많은 시간을 보내는 곳은 가정이 아니라 직장이다. 그렇게 많은 시간을 직장에서 보내지만, 그 직장생활을 어떻게 해야 하는지에 대한 성경적인 가르침은 부족한 시대를 살아가고 있다. 팀 켈러의 리디머교회의 주된 사역 중의 하나가 바로 신앙과 직업의 통합이다. 직장 안에서 성경적 원리를 적용하지 않으면 모두 세속적인 직업관을 가지고 살아갈 수도 있기 때문이다. 《팀 켈러의 일과 영성》은 신앙과 직업을 어떻게 통합할지에 대한 고민에서 나온 책이다. 이 책은 세 부분, 즉 타락하기 전의 일, 타락한 후의 일로 구성되어 있다.

'Part 1 일, 하나님의 황홀한 설계'에서는, 일이란 일반 사람들이 흔히 생각하듯 힘든 것이며 극락이나 천국에 가면 일이 없이 무릉도원에서 신선놀음을 하는 것이 아니라, 일이라는 자체는 태초에 하나님으로부터 시작된 거룩한 것임을 드러내 준다. 일은 하나님의 것이다. 그리고 그 하나님의 일에 인간을 동참시켜서 함께하게 하시는 것이 하나님의 계획이다. 그래서 모든 일은 존엄하며, 모든 일은 하나님의 손과 발이 되어서 행하는 하나님의 일임을 알려 준다. 때문에 우리는 직업을 가지고 사람들을 평가해서는 안 되며, 모든 직업이 하나님의 일임을 존중해야 한다. 또한 일은 자아실현의 장이 아니라, 세상과 이웃을 섬기는 과정임을 깨닫게 해 준다.

'Part 2. 일, 끝없이 추락하다'는, 타락한 세상 속에서 어떻게 일을 해야 하는가를 다루고 있다. 승리주의는 일을 통해 세상이 변화될 것이라 말하지만 그런 일은 잘 이루어지지 않는다. 냉소주의는 아무리 일해도 세상이 바뀌지 않을 것이기 때문에 소용없는 일처럼 말한다. 그러나 이 모든 것은 '이미'와 '아직'이라는 하나님 나라에 대한 잘못된 이해에서 비롯된 것이다. '이미' 하나님 나라가 시작되었기 때문에 우리는 하늘의 소망을 맛보며 일할 수 있다. 그러나 '아직' 하나님 나라가 임하지 않았기 때문에 예수님이 오실 때까지 우리의 일은 고통스럽고 힘들 수 있다. 그렇다면 우리는 그 중간 단계를 사는 사람으로서 아무리 일해도 엉겅퀴와 가시덤불을 내는 세상임을 인식해야 하지만, 또한 하나님의 작은 위로를 마지막 날의 소망으로 알아 작은 기쁨을 누리며 일해야 한다. 우리는 하나님 나라의 완벽한 모델이 될 수는 없지만, 하나님 나라를 가리키는 나침반의 역할은 할 수 있기 때문이다. 타락한 세상 속에서는 균형이 필요함을 아주 탁월하게 묘사하고 있다.

'Part 3, 일과 영성, 복음의 날개를 달다'는, 복음의 정체성을 가지고 일한다는 것이 어떤 것인지를 알려 준다. 단순히 신우회에 참석하고 성경 공부하고 전도하는 것이 기독교적 회사 생활이 아니라, 우리 삶의 전반이 복음의 방식으로 운영되어야 함을 알려 준다. 복음은 결국 구체적인 행동 지침이 아니라, 안경을 쓰고 세상을 바라보는 세계관을 심어 주는 것과 같다. 일에 대한 이원론을 버리고, 세상 속에서 살지만 다르게 사는 방식을 통해 이 땅에 사는 하나님 나라 시민임을 알게 해 주며, 높은 보수나 인정을 따라 일하는 것이 아니라, 복음 안에서 이미 안정감을 누렸다는 것을 확신하며 일할 수 있도록 복음의 정체성을 심어 준다. 결국 우리가 일을 통해서 얻고자 했던 궁극의 무엇은 그리스도 안에 있음을 알게 해 주며, 일을 중요하게 생각하지만 또한 우상처럼 떠받들지 않도록 삶의 균형을 강조하고 있다.

마지막 에필로그에 나오는 리디머교회의 일과 영성의 통합 프로그램들은 개교회나 지역 교회의 연합에서 활용할 수 있을 것이다. 이 책은 직장생활을 하면서 어떻게 사는 것이 하나님의 영광을 위해 사는 것인지를 고민했던 많은 사람들에게 새로운 빛을 비춰 주는 책이다. 특히 타락한 세상 속에서 어떤 마음을 가지고 일해야 하는지에 대한 명확한 현실적 조명이 있기에, 오늘의 힘든 직장생활을 견디게 하는 소망을 보여 준다. 이 책을 읽는다고 힘든 직장생활이 하루아침에 좋아진다거나, 힘들고 어려운 상사와 후배들이 갑자기 달라지지는 않는다. 그러나 일과 영성의 통합을 통해서 우리는 힘든 직장생활을 견딜 수 있고, 이는 또한 하나님 나라의 소망을 가지고 일할 수 있도록 우리를 도와준다. 서문에 언급된 '니글의 이파리' 이야기처럼, 예수님은 우리의 작은 수고를 마지막 날 천국에서 완전한 일로 인정해 주실 것이다.

주

서문

1 CTC코리아 홈페이지 '리디머교회 역사'.
2 위와 같음.
3 팀 켈러, 오종향 역, 《팀 켈러의 센터처치》(두란노서원, 2016).
4 팀 켈러, 윤종석 역, 《팀 켈러의 탕부 하나님》(두란노서원, 2016).
5 팀 켈러, 윤종석 역, 《팀 켈러의 답이 되는 기독교》(두란노서원, 2018).

1. 복음: 세상을 변화시키는 하나님의 능력

1 팀 켈러, 《팀 켈러의 센터처치》, p. 98.
2 위의 책, p. 189.
3 팀 켈러, 정성묵 역, 《팀 켈러의 왕의 십자가》(두란노서원, 2013), pp. 45-46.
4 팀 켈러, 《팀 켈러의 센터처치》, p. 73.
5 위의 책, p. 115 참조.
6 위의 책, p. 131.
7 위의 책, p. 59 참조.
8 위의 책, pp. 58-59.
9 위의 책, p. 59 참조.
10 위의 책, p. 59.
11 위의 책, p. 99.
12 위의 책, pp. 53-54 참조.
13 팀 켈러, 《팀 켈러의 왕의 십자가》, p. 47.
14 위의 책, pp. 38-39.
15 팀 켈러, 《팀 켈러의 센터처치》, p. 98.
16 위의 책, p. 148.
17 위의 책, p. 144 참조.

18 위의 책, p. 148 참조.
19 위의 책.
20 위의 책, p. 66.
21 팀 켈러, 윤종석 역,《팀 켈러의 내가 만든 신》(두란노서원, 2017), p. 123 참조.
22 팀 켈러,《팀 켈러의 답이 되는 기독교》, pp. 328-329, 330.
23 팀 켈러,《팀 켈러의 센터처치》, p. 95.
24 위의 책, pp. 95-96 참조.
25 위의 책, p. 95.
26 위의 책, p. 97 참조.
27 위의 책, p. 96 참조.
28 위의 책, pp. 96-97 참조.
29 위의 책, p. 97.
30 위의 책, pp. 97-98 참조.
31 위의 책, p. 82.
32 위의 책, pp. 83-85 참조.
33 위의 책, pp. 85-86 참조.
34 위의 책, pp. 86-88 참조.
35 위의 책, pp. 79-80 참조.
36 위의 책, p. 280 참조.
37 위의 책, p. 167.
38 위의 책.
39 위의 책, p. 161.
40 팀 켈러,《팀 켈러의 탕부 하나님》, p. 16.
41 팀 켈러,《팀 켈러의 센터처치》, p. 136 참조.
42 위의 책, pp. 136-137.
43 팀 켈러,《팀 켈러의 탕부 하나님》, p. 16.
44 팀 켈러, 오종향 역,《팀 켈러의 방탕한 선지자》(두란노서원, 2019).
45 팀 켈러,《팀 켈러의 탕부 하나님》, p. 20.

2. 도시: 현대 도시인들에게 복음의 능력을 나타내는 교회

1 팀 켈러,《팀 켈러의 센터처치》, p. 186.
2 위의 책, p. 189.

3   위의 책, pp. 248-249.
4   위의 책, p. 292.
5   CTC코리아 홈페이지 '리디머교회 역사'.
6   팀 켈러,《팀 켈러의 센터처치》, pp. 293-294.
7   위의 책, p. 295 참조.
8   위의 책, p. 297.
9   위의 책, p. 298.
10 위의 책, p. 299 참조.
11 위의 책, p. 300 참조.
12 위의 책.
13 위의 책, p. 303 참조.
14 위의 책, p. 304 참조.
15 위의 책, p. 305 참조.
16 위의 책, pp. 322-323.
17 위의 책, pp. 299-309 참조.
18 위의 책, p. 318 참조.
19 위의 책, p. 324 참조.
20 로드니 스타크, 손현선 역,《기독교의 발흥》(좋은씨앗, 2016).
21 팀 켈러,《팀 켈러의 센터처치》, p. 319 참조.
22 위의 책, pp. 317-318 참조.
23 위의 책, p. 329.
24 위의 책, p. 352 참조.
25 위의 책, pp. 358-361 참조.
26 위의 책, pp. 361-362 참조.
27 위의 책, pp. 362-365 참조.
28 위의 책, pp. 375-377.
29 위의 책, p. 379.
30 위의 책, p. 390.
31 팀 켈러, 최종훈 역,《팀 켈러, 고통에 답하다》(두란노서원, 2018).
32 팀 켈러,《팀 켈러의 센터처치》, p. 386.
33 '네 가지 문화관의 핵심 통합하기'는 Blended Insights를 의역한 것으로, 모든 모델들의 문화적, 성경적 통찰 (insights)을 우리의 실제적인 관행 및 사역과 섞는 것(blended)을 의미한다.
34 위의 책, pp. 483-484 참조.
35 위의 책, pp. 484-485 참조.

36 위의 책, pp. 470-471 참조.
37 위의 책, p. 494 참조.
38 위의 책, p. 496.
39 위의 책, pp. 498 참조.
40 위의 책, pp. 500-502 참조.
41 위의 책, pp. 502-503 참조.
42 위의 책, pp. 505-506 참조.
43 위의 책, p. 615 참조.
44 팀 켈러,《팀 켈러의 내가 만든 신》, pp. 22-23.

3. 팀 켈러의 변증

1 팀 켈러, 최종훈 역,《팀 켈러, 하나님을 말하다》(두란노서원, 2017).
2 팀 켈러,《팀 켈러의 센터처치》, pp. 523-525 참조.
3 위의 책, p. 525.
4 위의 책.
5 위의 책, p. 189.
6 팀 켈러,《팀 켈러의 답이 되는 기독교》, p. 55.
7 코넬리우스 밴 틸, 신국원 역,《변증학》(개혁주의신학사, 2012).
8 팀 켈러,《팀 켈러, 하나님을 말하다》, pp. 23-24.
9 위의 책, pp. 46-47 참조.
10 팀 켈러,《팀 켈러의 답이 되는 기독교》, p. 46.
11 팀 켈러,《팀 켈러의 센터처치》, p. 254 참조.
12 위의 책, pp. 254-255 참조.
13 위의 책, p. 256 참조.
14 위의 책, p. 257.
15 위의 책, p. 377 참조.
16 위의 책, p. 357.
17 팀 켈러,《팀 켈러, 하나님을 말하다》, p. 55 참조.
18 팀 켈러,《팀 켈러의 센터처치》, pp. 357-358.
19 위의 책, p. 259 참조.
20 팀 켈러,《팀 켈러의 답이 되는 기독교》, p. 257.
21 위의 책, p. 259.

22 팀 켈러, 《팀 켈러의 센터처치》, p. 263 참조.
23 F. F. 브루스, 이용복, 장동민 역, 《사도행전》(아가페출판사, 2014).
24 팀 켈러, 《팀 켈러의 센터처치》, p. 266.
25 위의 책, pp. 266-267 참조.
26 위의 책, p. 270.
27 팀 켈러, 채경락 역, 《팀 켈러의 설교》(두란노서원, 2016), p. 157 참조.
28 팀 켈러, 《팀 켈러의 답이 되는 기독교》, pp. 146-147.
29 위의 책, p. 151 참조.
30 위의 책, p. 153.
31 팀 켈러, 《팀 켈러의 센터처치》, pp. 276-277.
32 팀 켈러, 《팀 켈러의 설교》, pp. 159-161.
33 팀 켈러, 케서린 L. 알스도프, 최종훈 역, 《팀 켈러의 일과 영성》(두란노서원, 2013), pp. 90-91.
34 팀 켈러, 《팀 켈러의 센터처치》, p. 282 참조.
35 위의 책, pp. 282-283 참조.
36 팀 켈러, 윤종석 역, 《팀 켈러의 인생 질문》(두란노서원, 2019), pp. 70-71.
37 위의 책, pp. 116-117.
38 팀 켈러, 《팀 켈러의 설교》, p. 159.
39 팀 켈러, 최종훈 역, 《팀 켈러, 결혼을 말하다》(두란노서원, 2014), pp. 100-101 참조.
40 팀 켈러, 《팀 켈러의 답이 되는 기독교》, pp. 72-73.
41 어니스트 베커, 노승영 역, 《죽음의 부정》(한빛비즈, 2019).
42 팀 켈러, 《팀 켈러의 내가 만든 신》, pp. 69-70.
43 팀 켈러, 《팀 켈러, 결혼을 말하다》, pp. 117-118.
44 위의 책, p. 118.
45 위의 책, p. 119.
46 위의 책.
47 위의 책, p. 122 참조.
48 위의 책, p. 127.
49 위의 책, pp. 127-129 참조.
50 위의 책, pp. 129-130 참조.
51 위의 책, p. 143 참조.
52 위의 책, pp. 144-145 참조.
53 팀 켈러, 《팀 켈러의 답이 되는 기독교》, pp. 15-16 참조.
54 위의 책, p. 16 참조.

55 랭던 길키, 이선숙 역, 《산둥 수용소》(새물결플러스, 2014).

4. 팀 켈러의 설교

1 팀 켈러, 《팀 켈러의 설교》, p. 19 참조.
2 위의 책, pp. 27-28, 242 참조.
3 윌리엄 퍼킨스, 채천석 역, 《설교의 기술과 목사의 소명》(부흥과개혁사, 2006).
4 팀 켈러, 《팀 켈러의 설교》, pp. 46-47 참조.
5 위의 책, pp. 49-57 참조.
6 위의 책, pp. 58-60 참조.
7 위의 책, pp. 44-57 참조.
8 위의 책, p. 77.
9 위의 책, p. 87.
10 위의 책, p. 93 참조.
11 브라이언 채플, 엄성옥 역, 《그리스도 중심의 설교》(은성, 2016), pp. 359-368 참조.
12 팀 켈러, 《팀 켈러의 설교》, p. 102.
13 위의 책, pp. 102-123 참조.
14 위의 책, pp. 135-138 참조.
15 위의 책, pp. 156-158 참조.
16 학원복음화협의회, 〈청년 트렌드 리포트〉(전국 대학생 생활 및 의식 조사, 1,200명, 대면조사), 2017. 08.
17 애니 딜라드, 김영미 역, 《자연의 지혜》(민음사, 2007).
18 케빈 벤후저, 김재영 역, 《이 텍스트에 의미가 있는가?》(IVP, 2008), pp. 733-734; 헤르만 바빙크, 박태현 역, 《개혁교의학1》(부흥과개혁사, 2011), p. 46 참조. 바빙크는 칸트의 인간의 사고를 중심으로 한 도덕 철학에 의한 신의 존재 증명과 슐라이어마허의 절대 의존 감정이라는 인간 중심적 해석이 신학을 인간학인 종교학으로 전락시켰다고 말했다.
19 팀 켈러, 《팀 켈러의 설교》, p. 164 참조.
20 위의 책, p. 173.
21 위의 책, pp. 167-168 참조.
22 《팀 켈러의 답이 되는 기독교》와 《팀 켈러, 고통에 답하다》를 읽어 볼 것을 추천한다.
23 그의 책 《사피엔스》와 《호모 데우스》(김영시 역간)를 추천한다.
24 팀 켈러, 《팀 켈러의 설교》, p. 185.
25 위의 책, pp. 201-204 참조.

26 위의 책, p. 209.
27 권성수, 《성령설교》(국제제자훈련원, 2009), pp. 421-422 참조.
28 팀 켈러, 《팀 켈러의 설교》, p. 212 참조.
29 조나단 에드워즈, 정성욱 역, 《신앙감정론》(부흥과개혁사, 2005).
30 팀 켈러, 《팀 켈러의 설교》, pp. 222-251 참조.
31 《팀 켈러의 설교》 362-365쪽을 보면 놀라게 된다.
32 John H. Gerstner, *The Rational Biblical Theology of Jonathan Edwards* I(Berea Publications, 1991), pp. 480-482.
33 B. Reynolds, *The Relationship of Calvin to Process Theology as Seen through His Sermons*, pp. 45-46.
34 Grant R. Osborne, *The Hermeneutical Spiral: A Comprehensive Introduction to Biblical Interpretation*(InterVarsity Press, 2010), pp. 99-100.
35 팀 켈러, 《팀 켈러의 설교》, p. 257 참조.
36 위의 책, p. 259 참조.
37 위의 책, p. 261.
38 위의 책, pp. 262-263 참조.
39 위의 책, pp. 267-273 참조.
40 Jonathan Edwards, *The Religious Affections*(e-artnow, 2018), p. 204.
41 팀 켈러, 《팀 켈러의 기도》, pp. 32-34 참조.
42 팀 켈러, 《팀 켈러의 설교》, p. 302 참조.
43 위의 책, pp. 303-308 참조.
44 팀 켈러, 김주성 역, 《당신을 위한 사사기》(두란노서원, 2015).

5. 연합을 통한 복음 생태계

1 팀 켈러, 《팀 켈러의 센터처치》, p. 778 참조.
2 위의 책, pp. 778-779 참조.
3 위의 책, p. 779.
4 위의 책.
5 위의 책.
6 위의 책, pp. 18, 779-787 참조.
7 위의 책, p. 783.
8 위의 책, p. 52.

9   위의 책, p. 99.
10 팀 켈러, 《팀 켈러, 하나님을 말하다》, p. 55-56.
11 팀 켈리, 《팀 켈러의 센터처치》, p. 138 참조.
12 위의 책, pp. 358-361 참조.
13 위의 책, pp. 361-362 참조.
14 위의 책, pp. 362-365 참조.
15 위의 책, p. 363 참조.
16 팀 켈러, 오종향 역, 《팀 켈러의 복음과 삶(성경공부)》(두란노서원, 2018), p. 16.
17 팀 켈러, 《팀 켈러의 센터처치》, pp. 364-365.
18 위의 책, p. 493 참조.
19 위의 책, p. 772.
20 위의 책, p. 774 참조.
21 위의 책, p. 749 참조.
22 Tim Keller, J. Allen Thompson, *Church planter manual*(Redeemer presbyterian church, 2002), p. 28.
23 팀 켈러, 《팀 켈러의 센터처치》, p. 754 참조.
24 위의 책, p. 756 참조.
25 위의 책, pp. 756-757 참조.
26 위의 책, p. 757 참조.
27 위의 책, pp. 758-759 참조.
28 위의 책, p. 760 참조.
29 위의 책, p. 640 참조.
30 팀 켈러, 최종훈 역, 《팀 켈러의 정의란 무엇인가》(두란노서원, 2012), p. 34 참조.
31 위의 책, pp. 34-35 참조.
32 위의 책, p. 42 참조.
33 위의 책, p. 43 참조.
34 팀 켈러, 《팀 켈러의 센터처치》, p. 786 참조.
35 팀 켈러, 《팀 켈러의 일과 영성》, pp. 12-14 참조.
36 팀 켈러, 《팀 켈러의 센터처치》, p. 788 참조.
37 위의 책, p. 787 참조.
38 위의 책, pp. 788-789.
39 팀 켈러, 《팀 켈러의 센터처치》, p. 102.
40 팀 켈러, 오종향 역, 《운동에 참여하는 센터처치 3》(두란노서원, 2018).
41 팀 켈러, 《팀 켈러의 센터처치》, p. 72.

6. 교회 개척

1. 위의 책, p. 761.
2. Tim Keller, J. Allen Thompson, *Church planter manual*, p. 12.
3. 팀 켈러, 《팀 켈러의 센터처치》, p. 520 참조.
4. 로스 다우섯, 이진복, 이항표 역, 《나쁜 종교》(인간희극, 2017).
5. 팀 켈러, 《팀 켈러의 센터처치》, p. 530.
6. 위의 책, pp. 523-530 참조.
7. 위의 책, pp. 525-528 참조.
8. 헤르만 바빙크, 《개혁교의학1》, p. 116 참조.
9. 팀 켈러, 《팀 켈러의 센터처치》, pp. 531-533 참조.
10. 위의 책, p. 534 참조.
11. 위의 책, p. 556 참조.
12. 위의 책, p. 559.
13. 위의 책, p. 561.
14. 위의 책, p 564 참조.
15. 위의 책, pp. 562-568 참조.
16. 마이클 그린, 김경진 역, 《초대교회의 전도》(생명의말씀사, 1984).
17. 팀 켈러, 《팀 켈러의 센터처치》, pp. 576-578 참조.
18. 위의 책, pp. 579-584 참조.
19. 위의 책.
20. 위의 책, p. 589 참조.
21. 위의 책, pp. 593-595 참조.
22. 위의 책, p. 614 참조.
23. 위의 책, pp. 614-617 참조.
24. 위의 책, p. 616 참조.
25. 위의 책, pp. 626-631 참조.
26. 위의 책, pp. 626-636 참조.
27. 위의 책, p. 647.
28. 위의 책, p. 655; 헤르만 바빙크, 《개혁교의학1》, p. 134 참조.
29. 팀 켈러, 《팀 켈러의 센터처치》, pp. 659-660 참조.
30. 위의 책, pp. 667-668 참조.
31. 위의 책, p. 678.
32. 팀 켈러, 《팀 켈러의 정의란 무엇인가》, pp. 171-173 참조.

33 팀 켈러, 《팀 켈러의 센터처치》, pp. 685-686 참조.
34 위의 책, p. 687.
35 위의 책, p. 693 참조.
36 팀 켈러, 《팀 켈러의 일과 영성》, p. 90.
37 위의 책, p. 88.
38 위의 책, pp. 19, 306-313 참조.
39 팀 켈러, 《팀 켈러의 센터처치》, pp. 696-702 참조.
40 위의 책, pp. 712-715 참조.
41 위의 책, p. 716 참조.
42 위의 책, p. 718 참조.
43 목회데이터 연구소, 〈목회데이터 연구소 주간리포트〉 '인구 통계', pp. 4-18.
44 《팀 켈러의 센터처치》 2부 '복음 부흥'을 보라.
45 위의 책, p. 739 참조.
46 위의 책, p. 744 참조.
47 위의 책, p. 749 참조.
48 위의 책, p. 754.
49 위의 책.
50 위의 책.
51 위의 책, p. 763.
52 위의 책.
53 위의 책, p. 772.
54 위의 책, p. 774 참조.
55 위의 책, pp. 778-789 참조.
56 팀 켈러, 《팀 켈러의 정의란 무엇인가》, pp. 42-48 참조.

7. 팀 켈러의 일과 영성

1 팀 켈러, 《팀 켈러의 센터처치》, p. 616 참조.
2 팀 켈러, 《팀 켈러의 일과 영성》, pp. 216-217.
3 위의 책.
4 위의 책, p. 142 참조.
5 위의 책, pp. 142-143.
6 위의 책, p. 144.

7 팀 켈러, 《팀 켈러의 센터처치》, p. 99.
8 팀 켈러, 윤종석 역, 《당신을 위한 갈라디아서》(두란노서원, 2018), p. 235.
9 팀 켈러, 《팀 켈러의 답이 되는 기독교》, pp. 198-199 참조.
10 팀 켈러, 《팀 켈러의 일과 영성》, p. 60 참조.
11 위의 책, p. 56.
12 위의 책, pp. 57-58.
13 위의 책, p. 85.
14 위의 책, pp. 85-86.
15 위의 책, p. 87 참조.
16 위의 책.
17 위의 책, pp. 132-133 참조.
18 위의 책, p. 90 참조.
19 위의 책, p. 91 참조.
20 위의 책, p. 94.
21 위의 책, pp. 94-96 참조.
22 위의 책, pp. 135-136 참조.
23 위의 책, pp. 184-185 참조.
24 위의 책, pp. 185-186 참조.
25 위의 책, p. 186 참조.
26 위의 책, p. 207 참조.
27 위의 책, pp. 207-208 참조.
28 위의 책, p. 208 참조.
29 '2018 팀 켈러 초청 목회자 컨퍼런스' 강연 내용 중에서
30 팀 켈러, 《팀 켈러의 일과 영성》, pp. 197-198 참조.
31 위의 책, pp. 210-211 참조.
32 위의 책, p. 117.
33 위의 책.
34 위의 책, p. 113.
35 모건 스콧 펙, 최미양, 조성훈 외 1명 역, 《아직도 가야 할 길》(율리시즈, 2011).
36 팀 켈러, 《팀 켈러의 일과 영성》, p. 117 참조.
37 위의 책, pp. 28-32 참조.
38 위의 책, p. 33.
39 위의 책, p. 17.
40 《팀 켈러의 일과 영성》에는 '달랑 이파리 하나뿐인 인생이라고?'로 번역되어 있다. p 28 참조.